大学生劳动教育教程

主编　王卫旗　王秋宏　刘建华

北京理工大学出版社
BEIJING INSTITUTE OF TECHNOLOGY PRESS

图书在版编目(CIP)数据

大学生劳动教育教程 / 王卫旗，王秋宏，刘建华主编. -- 北京：北京理工大学出版社，2021.2（2024.9重印）
ISBN 978－7－5682－9528－4

Ⅰ.①大… Ⅱ.①王… ②王… ③刘… Ⅲ.①劳动教育－高等职业教育－教材 Ⅳ.① G40-015

中国版本图书馆 CIP 数据核字（2021）第 021226 号

责任编辑：江　立　　**文案编辑：**曾繁荣
责任校对：周瑞红　　**责任印制：**边心超

出版发行 / 北京理工大学出版社有限责任公司
社　　址 / 北京市丰台区四合庄路 6 号
邮　　编 / 100070
电　　话 /（010）68914026（教材售后服务热线）
（010）68944437（课件资源服务热线）
网　　址 / http：//www. bitpress. com. cn

版 印 次 / 2024 年 9 月第 1 版第 5 次印刷
印　　刷 / 定州市新华印刷有限公司
开　　本 / 787 mm × 1092 mm　1/ 16
印　　张 / 14.5
字　　数 / 336千字
定　　价 / 45. 20 元

编写委员会

主　编：王卫旗　王秋宏　刘建华

副主编：林土水　吴海礁　林艺勇　谢家民

参　编：王李沙　陈燕峰　叶镇国　汪　圳

黄剑豪　陈清华

前言

PREFACE

2018年9月10日，习近平总书记在全国教育大会上呼吁“要在学生中弘扬劳动精神，教育引导学生崇尚劳动、尊重劳动，懂得劳动最光荣、劳动最崇高、劳动最伟大、劳动最美丽的道理，长大后能够辛勤劳动、诚实劳动、创造性劳动”。2020年3月，中共中央、国务院印发了《关于全面加强新时代大中小学劳动教育的意见》，就全面贯彻党的教育方针，加强大中小学劳动教育进行了系统设计和全面部署。实现中华民族伟大复兴的中国梦要靠一代又一代人的接续奋斗，任何一项伟大的事业都要靠辛勤劳动才能实现。

本书依据《大中小学劳动教育指导纲要（试行）》编写，面向学校，针对劳动教育是什么、教什么、怎么教等问题，进行了细化的专业指导。本书以学生为中心，在理论启发上切实考量学生已有的知识技能及本身具有的生活经验；活动设计操作性强，具有普适性和实效性。本书融思想性、科学性和实用性于一体，运用马克思主义唯物史观，阐述了全面的、本原的劳动观，把劳动看成人类创造世界、改造世界的一切实践活动；充分彰显了劳动形态的时代发展性，阐明了劳动与人类伦理、劳动与经济、劳动与法律、劳动与劳动关系、劳动与安全等的关系，揭示了劳动与每个人的生活和发展息息相关的真理；注意结合当代大学生在未来的职业发展和社会生活中可能遇到的各种劳动问题，普及必要的实用的知识。

由于编者的编写经验不足、写作水平有限，本书存在许多欠缺之处，希望读者多提宝贵意见，在此表示衷心的感谢。

编　者

目录 CONTENTS

上篇　认知劳动世界

中篇　培养劳动能力

下篇　提升职业素养

上篇

认知劳动世界

劳动与劳动教育的认知

劳动学科与常识

劳动法律与劳动权益

劳动素养

劳动与劳动教育的认知

导 读

劳动是人类社会生存和发展的基础，是人维持自我生存和自我发展的唯一手段。

人类的劳动是体力与智力的结合。随着生产力的发展和人们认识水平的提高，体力劳动和智力劳动渐渐分离。但是，体力劳动和脑力劳动作为一个整体不可分割，二者只是分工不同，没有高低贵贱之分。新的时代，人类劳动的形态已经发生了巨大的变化。虽然随着人工智能时代的到来，大部分可以自动化的机械性劳动都可以被替代，但是在新时代，体力劳动仍然是不可或缺的。体力劳动仍然是人们维持日常生活所必备的一种基本能力，体力劳动在培养我们的好奇心、想象力和批判性思维方面的作用是不可替代的。

新时代重提劳动教育是对劳动教育的认识回归本质。高等院校的学生应该把技能与劳动精神、工匠精神、劳模精神、职业精神相结合、社会实践与责任担当相结合，树立“大劳动观”，拓展劳动的广度与深度，重构个体与他人、社会与自然的关系，立志成长为一名爱劳动、会劳动、会感恩、会助人的德智体美劳全面发展的社会主义建设者和接班人。

任务一　劳动的概念与内涵

学习目标

1. 掌握劳动的概念和分类。
2. 了解劳动和价值。
3. 理解劳动的特性。

案例导入

大学生掏粪工上岗 经严格考核脱颖而出

掏粪工这个入不了很多人法眼的职业，却在济南市环卫局出现了激烈竞争的火爆场景。

2018 年 3 月 3 日，5 名大学生掏粪工正式签约拜师，他们分别来自济南大学、沈阳建筑科技大学、山东经济学院和山东政法大学。3 男 2 女中，有 4 人是本科学历，1 人是大

专学历，其中两人还是党员，他们是从 391 名报考者中“脱颖而出”的。

据了解，此次被录取的王延峰、邢鸿雁就来自“掏粪世家”：王延峰的姥爷是著名的全国劳模、掏粪工人时传祥，爷爷曾是肥料厂工人，父亲是掏粪工；邢鸿雁的父亲也是掏粪工。

分析：作为高校大学生，竟然能主动“降低身份”竞聘掏粪工，从事最脏、最累的工作，这不仅是对劳动无贵贱、劳动最光荣的最好诠释，更是对时传祥“宁可脏一人，换来万家净”精神的最佳传承，尤其是出自“掏粪世家”的两位大学生王延峰、邢鸿雁。这也正是“时传祥精神”所体现出的时代性、民族性和社会性。

一、劳动的概念和分类

劳动是人类社会存在和发展的最基本的条件，劳动在人类形成过程中，起了决定性的作用。劳动是人类的本质特征，社会上一切的物质财富与精神财富都来源于劳动，可以说，没有劳动，就没有人类的生活。

（一）劳动的概念

劳动是人类特有的，是人类为满足自身的物质和精神需要，有目的地调整及控制人和自然界之间的物质变换过程的一种改变自然物的社会实践活动。恩格斯在《劳动在从猿到人转变过程中的作用》一文中指出：在一定意义上说，“劳动创造了人本身”。所谓劳动是指人们运用一定的生产工具，作用于劳动对象，创造物质财富和精神财富的有目的的活动。

知识拓展

劳动生产工具的演变

制造和使用生产工具是人区别于其他动物的标志，是人类劳动过程独有的特征。劳动工具的演变，代表着人类社会的不断进步。

（1）石器时代，简单的石器工具。

（2）陶器时代，器皿工具的出现。

（3）铜器时代，青铜器工具出现。

（4）封建时代，大量冶炼和使用铁器。

（5）近现代产生和应用以蒸汽、电力等为动力的工具。

（二）劳动的分类

按照劳动的复杂程度，我们可以把劳动分为简单劳动和复杂劳动两大类。简单劳动是在一定的社会条件下，不需要经过特别的专门训练，每个普通劳动者都能从事的劳动；复杂劳动是和“简单劳动”相对的，需要经过专门学习和训练，从而在技术上比简单劳动复杂的劳动，它等于强化了的简单劳动。

根据劳动所依靠的主要运动器官的不同，我们可以将劳动划分为体力劳动、脑力劳动、生理性劳动。体力劳动是指以人体肌肉与骨骼的劳动为主，以大脑和其他生理系统的劳动为辅的人类劳动。脑力劳动是指以大脑神经系统的劳动为主，以其他生理系统的劳动为辅的人类劳动。生理性劳动是指除了体力劳动和脑力劳动以外的其他形式的人类劳动。

一般的人类劳动由脑力劳动、体力劳动与生理性劳动按照不同的比例关系组合而成。通常意义上的脑力劳动是指那些脑力劳动占主要比例的复合劳动，体力劳动是指那些体力劳动占主要比例的复合劳动，生理性劳动是指那些生理性劳动占主要比例的复合劳动。

二、劳动、劳动价值和指标

劳动是创造物质世界和人类历史的根本动力，是一切社会财富的源泉，按劳分配是合乎正义的分配原则，不劳而获、少劳多得可耻不义。劳动价值是由人类自身机体所产生的，是人的劳动能力的价值体现，是由人在劳动过程中所释放出来的。

（一）劳动的作用

1. 劳动创造了人类

劳动是人类适应自然和改造自然的独特方式。恩格斯说："首先是劳动，其次是语言和劳动一起，成为猿人发展的主要推动力，猿的脑髓逐渐变成了人的脑髓。"劳动创造智慧，智慧创造生产工具。人发明制造劳动工具让劳动创造获取更多的价值。如果没有劳动，便没有发明与创造，那样人类社会将永远停留在原始、野蛮的古代社会，根本不会创造出现在如此灿烂辉煌的物质财富和精神财富。劳动是人类生存的需要，也是安全的需要、爱的需要、发展的需要，是人最后自我实现的需要。

2. 劳动可以开发思维

人类的思维活动离不开实践活动，而智力的核心是思维能力。实践活动既有学习活动，又有创造活动，而劳动兼有学习与创造这两个功能。例如，在劳动过程中，往往会使大学生遇到课堂上、书本里没有的问题，这就会引起大脑思维的需要，大学生就要对劳动的结果有所预想，就要设计达到目的的过程。当大学生克服了劳动中的困难，解决了劳动中的问题，看到了自己的劳动成果，便会获得成功的喜悦，这将进一步激发他们的求知欲，增进学习兴趣，促进智力发展。而这一过程在其他活动中是难以实现的。

3. 劳动能培养吃苦耐劳的精神

劳动不仅是一种生活体验，也是锻炼我们动手能力、社会实践能力的重要途径，更是培养我们尊重劳动、勤俭节约、劳动光荣等价值观的重要方式。现在，大学生就业最让学校老师和企业头疼的是有相当多的大学毕业生在企业里干不了几天就辞职走人。他们受不了一点苦，没有坚定的意志，缺乏吃苦耐劳的精神。因此，大学生在学校里就应多参与一些力所能及的劳动，在活动中要能吃苦，勇于自我挑战，使自己敢于吃苦，乐于吃苦，从而培养吃苦耐劳的劳动精神。随着社会的进步、科学的发展，大学生在未来社会所从事的劳动越来越依靠智力而不是体力。尽管如此，基础劳动总是必需的，脑力劳动不会完全替

代体力劳动。

4. 劳动能培养责任意识

劳动是衡量一个人综合素质的最终形式。通过劳动教育，人的道德、知识、能力、素质可以得到全面、综合的提升和展示。劳动教育有助于培养大学生独立自主的生活生存能力；有助于增强大学生的公民意识和社会责任感。国内外大量的调查研究证明，从小养成劳动习惯，长大后更可能具有责任心，也更容易适应家庭生活和职场工作的需要，而不爱劳动的人恰恰相反，他们更可能成为生活与职场的失败者。

5. 劳动有利于培养正确的劳动价值观

思想决定行动，树立什么样的劳动价值观很重要，这将直接影响人们对劳动的态度和行为。教育的本质是培养人，从人的发展视角来看，其根本目的就是全面提高劳动者的素质，为了实现这一目的，每个人必须克服轻视劳动教育的观念，把劳动教育提高到全面贯彻教育方针的高度来认识。劳动教育是德育、技术意识、创新意识和文明意识相互作用与统一的一门课程，它具有其他学科不可替代的育人功能。新时代劳动教育是中国特色社会主义教育制度的重要内容，直接决定大学生作为社会主义建设者和接班人的劳动精神面貌、劳动价值取向和劳动技能水平。因此，要重视大学生的劳动教育，树立正确的劳动观，以劳动为荣，把劳动当作一种乐趣融入物质和精神生活之中。

6. 劳动是个人和家庭幸福的源泉

幸福是个人由于理想的实现或接近而引起的一种内心满足。追求幸福是人们的普遍愿望。幸福不仅包括物质生活，也包括精神生活；幸福不仅在于享受，也在于劳动和创造。在科学技术日新月异的未来社会，大学生必须具备多方面、多层次的劳动能力和勤奋工作的态度。不论将来从事什么工作，都需要有动手的技能技巧，这与知识的掌握既有联系又有区别。如果大学生在成长过程中就珍惜动手机会，有意识地培养训练自己的动手、动脑能力来解决生活中的问题，久而久之，就会使自己形成动手、动脑的好习惯，在未来社会中便能很好地适应生活和工作的需要。正如习近平总书记提出的：劳动是财富的源泉，也是幸福的源泉。人世间的美好梦想，只有通过辛勤劳动、诚实劳动和创造性劳动才能实现；发展中的各种难题，只有通过劳动才能破解；生命里的一切辉煌，只有通过辛勤劳动、诚实劳动和创造性劳动才能铸就。

（二）劳动指标

劳动指标是用劳动单位计量的总量指标。劳动单位是用一定时间内完成的一定工作量或用一个劳动力工作一定时间做计量单位。劳动指标也具有一定的综合能力。总量指标按计量单位的不同，分为实物指标、价值指标和劳动指标。例如，出勤工日、实际工时、定额工时等。

劳动时间、劳动总产量、劳动生产率、劳动总价值等常用作统计和比较的指标。

劳动时间是指在一定时间的一定区域内，生产某种产品的总的工作时间，这是衡量劳动的数量指标。

总产量是指在一定日历时间的一定区域内，生产某种产品的总数量，这是衡量劳动成果的数量指标。

社会必要劳动时间是指在一定日历时间的一定区域内单位产量的劳动时间，这是衡量劳动效率的质量指标。社会必要劳动时间与劳动效率负相关。

劳动生产率是指在一定日历时间的一定区域内单位劳动时间的产量，这是衡量劳动效率的质量指标。劳动生产率与劳动效率正相关。

总价值是指在一定日历时间的一定区域内，生产某种产品的总数量对应的货币的数量。这是衡量劳动成果的价值指标。

单位价值是指在一定日历时间的一定区域内单位产量产品的价值，这是衡量劳动成果的质量指标。

企业在运营管理中会制定比较完善的劳动评价指标体系，对劳动者的效率和质量进行衡量，判断劳动者创造的价值多少，以此作为劳动报酬水平。

三、劳动的特性

劳动具有生产商品的具体劳动和抽象劳动的双重属性。具体劳动是指生产目的、劳动对象、所用工具、操作方法、生产结果都各不相同的劳动，具体劳动生产了商品的使用价值。抽象劳动是指无差别的一般人类劳动，抽象劳动生产商品的价值。具体劳动和抽象劳动是同一劳动过程形成的相互联系又对立的两个方面。具体劳动创造商品的使用价值，它反映人和自然的关系，是劳动的自然属性。抽象劳动创造商品的价值（交换价值），它是价值的实体，代表的是社会成员通过交换相互支配对方劳动的社会关系，即代表的是人支配人的行为（劳动）权力，而不是具体的财富（使用价值），体现了商品生产过程中，社会成员相互交换支配对方行为（劳动）的社会关系。抽象劳动的凝结，形成商品的价值。

自觉性、目的性和创造性是人类劳动的本质特征。第一，劳动是有明确目的地改造自然的自觉活动。第二，劳动必须创造并使用一定的物质手段，主要是劳动工具。第三，劳动的对象具有广泛性，是以人类自身为主体改造整个世界并创造人化世界。第四，衡量人类劳动的尺度具有多维性，包括真理尺度、价值尺度和审美尺度，即真、善、美的统一。

课堂活动

关于“大学生快递脏衣服回家”现象的调研

一、活动目标

通过调研让学生充分认识到劳动的意义和价值，热爱劳动，崇尚劳动，积极参加劳动。

二、活动时间

一周时间。

三、活动流程

（1）教师向学生说明调研的背景和现象。

2014 年 3 月 9 日，在全国两会新闻中心举行的网络访谈中，国家邮政局市场监管司

副司长说，高校的快递业务有很大一部分来自学生把积攒一段时间的衣服寄回家去，家里洗完之后再通过快递寄回来。

“大学生将脏衣服快递回家洗”的现象折射出家庭教育与社会教育的偏失，大学生寄脏衣服回家洗，虽然不是普遍现象，但一些家长、教师和学校急功近利，往往从孩子小时候就对他们的衣食住行全部代为操办，从而造成大学生独立生活能力的逐步缺失。

由于父母过度溺爱造就的“小皇帝”“小公主”越来越多，甚至出现了很多没有“断奶”的大学生。除了邮寄脏衣服的，甚至还有父母买张机票将自己“邮寄”到孩子宿舍，给孩子洗完衣服后，再把自己“邮寄”回家。

(2) 教师将学生按照 4~6 人划分小组，以小组为单位进行调研。

(3) 调研结束后，每个小组形成一份调研报告。

(4) 每组推选一人陈述本组调研报告，其他小组可以对其提问，小组内其他成员也可以回答提出的问题；通过问题交流，将每一份调研报告中的问题都弄清楚。

(5) 教师进行归纳、分析，总结发生这种现象背后的原因，引导学生如何从自身做起，拒绝此类行为的发生。

(6) 教师结合调研报告和整个活动过程中各组表现对每个小组予以赋分。

任务二 马克思主义劳动观与新时代劳动精神的内涵

学习目标

1. 理解马克思主义劳动观的内涵。
2. 理解新时代劳动观念和精神，树立对劳动正确的唯物史观。
3. 了解新时代劳动精神的内涵与要求。

案例导入

行行出状元 快递小哥评上杭州高层次人才

快递小哥李庆恒被评定为“高层次人才”，获得 100 万的政府补贴的新闻火了。

只有高中学历的他，在普通人眼里，高层次人才跟他根本产生不了联系。90 后的李庆恒，高中毕业后就独自开始闯荡社会，在不起眼的快递行业已工作 5 年。从客服岗到一线快递员工，李庆恒的能力也在不断提升，真所谓厚积薄发。在被领导看到娴熟的业务能力后，李庆恒被指派参加了快递员有奖比赛，这也是他第一次参赛，却捧回了一个奖杯。此后，每年的比赛他都会参加，即使在最难的环节，李庆恒也能带领团队突破难关，结果就是奖励证书铺满了整个桌子。

而在浙江省第三届快递职业技能竞赛中，李庆恒更是带领团队拿下了金牌大奖，由于此次比赛的含金量较高，李庆恒最终获评杭州市高层次人才。

分析：随着快递业的迅猛发展，需要的快递员越来越多，对技能的要求也越来越高。俗话说："三百六十行，行行出状元"，李庆恒的热情和努力，为他带来了许多荣誉和奖金，而这些荣誉和奖金也是支撑他继续前行的力量。新时代大学生，应该树立正确的劳动观，干一行，爱一行，在喜欢的领域努力钻研，终有出彩的一天！

一个人只有树立了正确的劳动观，才能自觉强化劳动意识，用双手和智慧去创造人生，实现自己的理想，并对人生观、世界观的形成起到积极的作用。

一、劳动观的概念

人们在劳动的过程中，总会形成对劳动的看法和认识，这就是劳动观。劳动观反映着劳动者对劳动的态度，决定着劳动者在劳动过程中的行为。劳动观作为意识形态领域的内容，与人生观、世界观是一脉相承的，劳动观生动地反映着人生观、世界观。随着经济的发展和科技的进步，劳动被赋予新的内涵。只有树立正确的劳动观，才能让自己更好地懂得尊重劳动人民，更好地珍惜自己的劳动成果，并以热情饱满的劳动态度积极投入到社会劳动生产过程当中，从而不断提高劳动生产率，为社会创造出更加丰富的社会物质财富，促进个人的全面发展。

二、马克思主义劳动观

马克思认为，"全部人的活动迄今都是劳动"。劳动是马克思思想体系中的核心观念，是马克思主义理论研究的基础。马克思把劳动比喻成整个社会为之旋转的太阳，劳动是人类生存的本质，人类的发展过程就是劳动的发展史。马克思主义对于劳动的论述主要体现为劳动本质论、劳动价值论以及劳动解放论。

图 1-1　马克思

（一）劳动本质论

"人的本质"是什么，一直是困扰哲学界的一个重要命题。马克思主义认为劳动是人的本质，人的本质是一切社会关系的总和。

第一，劳动创造了人本身。恩格斯在《劳动在从猿到人转变过程中的作用》一文中，详细描述了劳动在人类从猿进化为人的过程中的作用，提出："会使用和创造劳动工具把人类社会与猿群世界区分开来。劳动使人学会直立行走，并且劳动还创造了语言。"

第二，劳动创造了人类生活。马克思、恩格斯在《德意志意识形态》中明确地指出："全部人类历史的第一个前提无疑是有生命的个人的存在。"而这"有生命的个人"之所以能够存在，最主要的是因为他们能通过自己的劳动来创造和生产物质生活资料。因此，"第一个需要确认的事实就是这些个人的肉体组织以及由此产生的个人对其他自然的关系"。劳动的过程就是人通过自身的劳动作用于自然的过程，是人的本质力量与自然之间

的一种物质交换过程，正是“通过实践创造对象世界，改造无机界，人证明自己是有意识的类存在物，就是说是这样一种存在物，它把类看作自己的本质，或者说把自身看作类存在物。”

第三，劳动是一切价值的创造者。马克思认为，“劳动是一切价值的创造者。只有劳动才赋予已发现的自然产物以一种经济学意义上的价值”。恩格斯在《自然辩证法》中也同样有着明确的表述，“其实，劳动和自然界在一起，它才是一切财富的源泉，自然界为劳动提供材料，劳动把材料变为财富。但是劳动的作用还远不止于此。它是一切人类生活的第一个基本条件，而且达到了这样的程度，以致我们在某种意义上不得不说：劳动创造了人本身”。劳动是人类创造物质和精神财富的活动。

第四，劳动创造了社会关系。劳动不仅创造了人与自然的关系，劳动还形成了人与人之间（即“劳动资料的占有和使用关系，劳动的分工和协作关系，劳动产品的交换、分配和消费关系等”），以及人与主观意识之间的关系，而这些关系成为人类社会的基本关系。社会是人类劳动的产物，是劳动活动的展开形式，也必将随着劳动的发展而发展。

（二）劳动价值论

劳动价值论是马克思关于劳动创造商品价值及商品生产、交换遵循价值规律的理论，它详细阐述了商品经济的本质和运行规律。

（1）生产商品的劳动划分为具体劳动和抽象劳动，具体劳动创造商品的使用价值，抽象劳动创造商品的价值。具体劳动与抽象劳动是生产商品劳动的两种形态，是同一劳动的两个不同方面，不是生产商品的两次劳动。

（2）抽象劳动内在的属性是生产商品过程中人类脑力或体力的支出（人类的一般劳动），其外在的属性则是生产商品创造价值的劳动，抽象劳动创造的价值是商品经济社会特有的经济特征。马克思认为，在一切社会状态下，劳动产品都是使用物品，但只是历史上一定的发展时代，也就是生产一个使用物品耗费的劳动表现为该物的“对象的”属性，即它的价值的时代，才使劳动产品转化为商品。

（3）抽象劳动内化为商品的价值，外化为商品的交换价值。正如马克思所述：“我们实际上也是从商品的交换价值或交换关系出发，才探索到隐藏在其中的商品价值。”这种体现着商品生产者之间平等交换劳动的社会关系正是以抽象劳动为内核。

（三）劳动解放论

劳动解放论是从劳动本质论和劳动价值论中得出的对科学社会主义的深刻表述，认为劳动的发展过程推动了人类史当中在自然和社会两方面的不断解放。劳动解放首先是人类智力的提高过程，是劳动工具的改进与经济形态的创新，而不是一种简单的政治行为或者政权的归属问题。其次，劳动者解放程度是衡量社会文明的尺度和标准，劳动者解放程度的前进或者倒退、保护或者破坏等，直接反映出社会的政治体系与制度模式的优劣。总之，劳动者解放是全人类的共同使命，一切社会制度都必须遵从并致力于劳动者的社会解放。

三、新时代劳动精神的内涵

党的十八大以来，习近平总书记结合新时代历史特点对马克思劳动观进行了创新性解读，在继承和发展马克思劳动观的基础上，逐步形成了新时代的马克思劳动观，即中国特色社会主义劳动思想体系。

（一）新时代劳动价值观

1. 坚守劳动价值论——劳动是价值创造的源泉

劳动，作为人类社会一切物质财富和精神财富的源泉，是人类生存与发展的基础。习近平总书记热情礼赞了劳动的价值："人世间的一切幸福都需要靠辛勤的劳动来创造""全面建成小康社会，进而建成富强民主文明和谐的社会主义现代化国家，根本上靠劳动、靠劳动者创造""劳动创造了中华民族，造就了中华民族的辉煌历史，也必将创造出中华民族的光明未来"。

2. 弘扬劳动精神——通过劳动创造更加美好的生活

进入新时代，习近平总书记深刻指出，劳动没有高低贵贱之分，任何一份职业都很光荣。一切劳动，无论是体力劳动还是脑力劳动，都值得尊重和鼓励；一切创造，无论是个人创造还是集体创造，也都值得尊重和鼓励。人间万事出艰辛，一勤天下无难事。要在全社会大力弘扬劳动光荣、知识崇高、人才宝贵，创造伟大的时代新风，促使全体社会成员弘扬劳动精神。劳动模范、先进工作者和先进人物要身体力行，向全社会传播劳动精神和劳动观念。广大党员、干部要带头弘扬"勤俭、奋斗、创新、奉献"的劳动精神，牢固树立依靠劳动推动发展的理念，高度重视劳动、切实尊重劳动、鼓励创新创造，让劳动光荣、创造伟大成为铿锵的时代强音，让劳动最光荣、劳动最崇高、劳动最伟大、劳动最美丽蔚然成风。

3. 弘扬劳模精神——劳模是民族的精英、人民的楷模

劳模精神是我国优秀传统劳动文化的时代结晶。习近平总书记强调，劳模始终是我国工人阶级中一个闪光的群体，享有崇高声誉，备受人民尊敬。长期以来，广大劳模以高度的主人翁责任感、卓越的劳动创造、忘我的拼搏奉献，谱写出一曲曲可歌可泣的动人赞歌，铸就了"爱岗敬业、争创一流，艰苦奋斗、勇于创新，淡泊名利、甘于奉献"的劳模精神，为全国各族人民树立了光辉的学习榜样；生动诠释了社会主义核心价值观，丰富了民族精神和时代精神的内涵；是我们极为宝贵的精神财富，是激励全国各族人民团结奋斗、勇往直前的强大精神力量。

4. 弘扬工匠精神——营造精益求精的敬业风气

工匠精神表现为精于工、匠于心、品于行。习近平总书记指出，大国工匠是职工队伍中的高技能人才，他们在长期的实践中积淀了刻苦钻研、精益求精、追求卓越、创造一流的职业素养。在中华民族数千年的历史长河中，工匠精神源远流长。"巧夺天工""独具匠心""技进乎道"等成语典故，体现的正是匠人们卓绝的技艺和精益求精的价值追求。工匠精神宣传目前已经进入黄金时段、重要版面，影响和带动着更多人崇尚劳动、爱岗敬

业。社会各方要为劳动模范、大国工匠发挥作用搭建平台、提供舞台，为劳模、工匠传承技能、传承精神创造条件，培养造就更多劳动模范、大国工匠。

（二）新时代劳动实践观

1. 大力倡导辛勤劳动

“辛勤劳动”是苦干。人生在勤，勤则不匮。幸福不会从天而降，美好生活靠劳动创造。一段时间以来，一些人忽视了劳动对推动人类历史发展的决定性意义，以为在市场经济和信息时代，劳动不再那么重要了，于是不重视劳动、不尊重劳动者。这些错误认识严重脱离我国经济社会发展的实际。我国是一个发展中的大国，而且是一个人口大国、劳动力大国。解决我国一切问题的关键是发展，而发展最根本的是要靠劳动。我国目前已破除妨碍劳动力、人才社会性流动的体制机制弊端，使人人都有通过辛勤劳动实现自身发展的机会。

2. 大力倡导诚实劳动

“诚实劳动”是实干。中国发展的伟大成就是中国人民用自己的双手创造的，是一代又一代中国人接力奋斗创造的。要努力营造鼓励脚踏实地、勤劳创业、实业致富的社会氛围，组织动员广大劳动群众立足本职岗位诚实劳动，用劳动成就伟业。无论从事什么劳动，都要干一行、爱一行、钻一行。

3. 大力倡导创造性劳动

“创造性劳动”是巧干。创造性劳动是通过人的脑力劳动萌发出技术、知识、思维的革新，从而高效提升劳动效率、产生出超值社会财富或成果的劳动。习近平总书记指出：“当代工人不仅要有力量，还要有智慧、有技术，能发明、会创新，以实际行动奏响时代主旋律。”必须举全社会之力，深入推进产业工人队伍建设改革，健全技能人才培养、评价、使用、激励、保障等制度，激励广大劳动者走技能成才、技能报国之路，培养造就一大批知识型、技能型、创新型人才，为实现我国高质量发展提供智力支持和人才保证。

（三）新时代劳动正义观

1. 尊重劳动和劳动者，公平对待劳动

尊重劳动，首先要尊重在一切劳动形式下从事劳动的主体——劳动者。曾几何时，社会上出现了不重视劳动、不尊重劳动者的现象，不少人不愿意从事具体劳动，期望通过不踏实劳动而一夜暴富，这既不利于重视劳动、尊重劳动者、鼓励劳动创造风气的保持，也不利于劳动者正确思想道德观念的形成和树立，甚至给社会和谐稳定埋下隐患。对此，我们要保持足够的警惕和清醒的认识。

2. 坚持分配正义，共享劳动成果

公平正义不仅是一种价值观念和伦理要求，也是一种现实的需要。经济与社会的发展既要依靠人民群众，也是为了人民群众，这是中国特色社会主义的一条铁的法则。2020 年 5 月 11 日，中共中央、国务院《关于新时代加快完善社会主义市场经济体制的意见》明确提出，坚持多劳多得，着重保护劳动所得，增加劳动者特别是一线劳动者劳动报酬，提高劳动报酬

在初次分配中的比重，在经济增长的同时实现居民收入同步增长，在劳动生产率提高的同时实现劳动报酬同步提高。健全劳动、资本、土地、知识、技术、管理、数据等生产要素由市场评价贡献、按贡献决定报酬的机制。经济发展的根本目的在于让劳动者共享改革发展成果，促进社会公平正义。

3. 构建和谐劳动关系，实现体面劳动

劳动关系是生产关系的重要组成部分，是最基本、最重要的社会关系之一，其协调稳定影响并决定着一个社会是否和谐。劳动创造了人类社会，在劳动基础上产生了各种各样的社会关系。劳动构成了人自身发展、人类社会进步的原动力。党的十九届四中全会通过的《中共中央关于坚持和完善中国特色社会主义制度、推进国家治理体系和治理能力现代化若干重大问题的决定》强调："健全劳动关系协调机制，构建和谐劳动关系，促进广大劳动者实现体面劳动、全面发展。"为我们指明了方向。

（四）劳动幸福观

幸福劳动是通往美好生活的起点和归宿。幸福劳动不同于体面劳动，它高于体面劳动，应该是"体面劳动+全面发展"，既是通往美好生活的起点，也是追求美好生活的归宿。人得以自由全面发展，能够更有尊严、更加智慧、更加优雅、更加幸福地生活，全面打造一个属于劳动者的时代，真正实现国家富强、民族振兴、人民幸福。

（五）劳动教育观

1. 教育必须和劳动相结合

劳动造就"全面发展的人"。2020 年 3 月 20 日，中央出台了《关于全面加强新时代大中小学劳动教育的意见》，强调要把劳动教育与德育、智育、体育、美育相融合，积极探索具有中国特色的劳动教育模式，明确指出劳动教育的总体目标是"通过劳动教育，使学生能够理解和形成马克思主义劳动观，牢固树立劳动最光荣、劳动最崇高、劳动最伟大、劳动最美丽的观念"。

2. 构建"德智体美劳"全面培养的教育体系

习近平总书记明确提出，要以凝聚人心、完善人格、开发人力、培育人才、造福人民为工作目标，努力构建德智体美劳全面培养的教育体系，形成更高水平的人才培养体系，并强调要在学生中弘扬劳动精神，教育引导学生崇尚劳动、尊重劳动，将劳动教育纳入新时代"培养什么人"这一"教育首要问题"的总体要求之中，把劳动教育的地位和意义提到了前所未有的高度。

知识拓展

习近平总书记关于劳动观的讲话（节选）

1. 树立什么样的劳动观念？

人类是劳动创造的，社会是劳动创造的。劳动没有高低贵贱之分，任何一份职业都很光荣。

——2016 年 4 月 26 日，习近平总书记在知识分子、劳动模范、青年代表座谈会上的讲话

我们的根扎在劳动人民之中。在我们社会主义国家，一切劳动，无论是体力劳动还是脑力劳动，都值得尊重和鼓励；一切创造，无论是个人创造还是集体创造，也都值得尊重和鼓励。全社会都要贯彻尊重劳动、尊重知识、尊重人才、尊重创造的重大方针，全社会都要以辛勤劳动为荣、以好逸恶劳为耻，任何时候任何人都不能看不起普通劳动者，都不能贪图不劳而获的生活。

——2015 年 4 月 28 日，习近平总书记在庆祝“五一”国际劳动节暨表彰全国劳动模范和先进工作者大会上的讲话

必须牢固树立劳动最光荣、劳动最崇高、劳动最伟大、劳动最美丽的观念，让全体人民进一步焕发劳动热情、释放创造潜能，通过劳动创造更加美好的生活。

——2013 年 4 月 28 日，习近平总书记来到全国总工会机关，同全国劳动模范代表座谈并发表重要讲话

2. 如何对待劳动？

素质是立身之基，技能是立业之本。广大劳动群众要勤于学习，学文化、学科学、学技能、学各方面知识，不断提高综合素质，练就过硬本领；要立足岗位学，向师傅学，向同事学，向书本学，向实践学。三百六十行，行行出状元。

梦想属于每一个人，广大劳动群众要敢想敢干、敢于追梦。说到底，实现中华民族伟大复兴的中国梦，要靠各行各业人们的辛勤劳动。现在，党和国家事业空间很大，只要有志气、有闯劲，普通劳动者也可以在宽广舞台上展示自己的人生价值。

——2016 年 4 月 26 日，习近平总书记在知识分子、劳动模范、青年代表座谈会上的讲话

一切劳动者，只要肯学肯干肯钻研，练就一身真本领，掌握一手好技术，就能立足岗位成长成才，就都能在劳动中发现广阔的天地，在劳动中体现价值、展现风采、感受快乐。

——2015 年 4 月 28 日，习近平总书记在庆祝“五一”国际劳动节暨表彰全国劳动模范和先进工作者大会上的讲话

课堂活动

让青春在劳动中闪光

一、活动目标

通过活动帮助学生们深刻体会劳动创造美好生活，认识劳动不分贵贱，养成热爱劳动的良好习惯。

二、活动时间

建议 60 分钟。

三、活动准备

教师将学生按照 4~6 人划分活动小组，并根据活动内容安排各组分别准备以下内容。

1. 关于劳动的诗词不少于5首。
2. 领袖人物的劳动故事不低于3个。
3. 录制《劳动最光荣》视频不低于2个。

四、活动流程

1. 教师首先安排准备诗词的小组分享诗词，讲述诗词背后劳动与生活、社会的关系。
2. 教师安排准备领袖人物劳动的小组讲述劳动故事。
3. 教师安排准备视频的小组演示《劳动最光荣》视频。
4. 教师要求各小组按照“劳动的基本内涵→树立正确的劳动观→劳动的青春最出彩”展开探究和讨论，并组内分工合作写一篇1 000字左右感想。
5. 每组推选一名代表分享小组撰写的感想。
6. 教师分析、归纳和总结，引导学生树立劳动最光荣、劳动最崇高、劳动最伟大、劳动最美丽的观念，并根据各小组在活动中的表现予以赋分。

任务三　我国劳动教育的发展历程

学习目标

1. 能说出劳动教育的定义和特征。
2. 了解中国劳动教育的历史渊源。
3. 愿意参与劳动教育，增强自身劳动能力。

案例导入

杜威的“教育即生活”和陶行知的“生活即教育”

教育家约翰·杜威作为美国进步主义运动的代表，首次提出了实用主义教育思想，并倡导“教育即生活”，在他的《民主主义与教育》中，杜威提出：“教育是生活的必需。”教育是一种培养人的社会活动，是一种特殊的生活方式，从一开始就源于生活，在生活中发展，并以促进生活水平的提高为目标。杜威的“教育即生活”认为教育必须依赖于生活并改善现实生活，通过教育来使儿童获得更好的发展，具备构建美好生活的知识和能力。

陶行知在经过多年的教育实践探索中继承了杜威的“教育生活理论”并对其进行了革新和创造。陶行知把杜威的“教育生活理论”“翻了半个跟头”，创造了具有中国特色的“生活教育理论。”他主张“生活即教育”“社会即学校”“教学做合一”。这一生活教育理论在他所创办的晓庄乡村师范学校中得以实践。陶行知说，要先能做到“社会即学校”，然后才能讲“学校即社会”；要先能做到“生活即教育”，然后才能讲到“教育即生活”。只有这样的学校才是学校，这样的教育才是教育。

分析：杜威的“教育即生活”以及陶行知的“生活即教育”思想对我国当前劳动教

育发展具有一定的启发意义。生活中有教育，寓教育于生活。“教育即生活”和“生活即教育”思想都强调教育与生活之间的关系，主张把二者统一起来。

社会在发展，教育在进步。在新的时代，劳动教育必然会在与社会的互动中保持时代性，呈现出自己鲜明特色。

一、劳动教育的概念与内涵

1. 劳动教育的概念

劳动教育是国民教育体系中与德智体美并举的专门一部分。苏霍姆林斯基认为，“劳动教育是对年轻一代参加社会生产的实际训练，同时也是德育、智育和美育的重要因素”，其劳动教育的理想追求是“使每一个人早在少年时期和青年早期就能领悟到劳动能使他的自然天赋更全面、更明显地发挥出来，劳动会带给他精神创造的幸福”。陶行知把劳动教育视为“在劳力上劳心”的实践活动。他说：“中国教育之通病是教用脑的人不用手，不教用手的人用脑，所以一无所能”“劳动教育的目的，在谋手脑相长，以增进自立之能力获得事物之真知及了解劳动者之甘苦”。

当代学者陈勇军认为，“劳动教育的本质含义是指通过参加劳动实践活动所进行的一种有目的、有计划、有组织的培养受教育者多种素质的教育活动，是融德育、智育、体育、美育为一体的全面提高学生素质的综合性教育。”

2. 新时代高校劳动教育的特征

高校劳动教育是高等教育人才培养体系的重要组成部分，是顺应新时代劳动发展趋势对大学生进行系统的劳动思想教育、劳动技能培育与劳动实践锻炼，全面提高大学生劳动素养的过程，其目的是引导新时代大学生在劳动创造中追求幸福感、获得创新灵感，培养具有社会责任感、创新精神和实践能力的高级专门人才。该定义从以下几方面明确了新时代高校劳动教育的本质。

（1）劳动教育理念的科学化。观念是行为的先导，理论是行动的指南。劳动教育必须成为与德智体美并行的教育。要科学的认识劳动教育的价值，并准确地贯彻实行，不能使其“在学校中被弱化，在家庭中被软化，在社会中被淡化”。劳动教育需要价值化而不能工具化，要从培养学生良好的劳动价值观和促进学生全面发展的角度出发，设计规划劳动教育，而不能使其满足于简单的劳动技能、劳动知识的教育。

（2）劳动教育特质的时代化。劳动在不同的时代具有不同的特质。在农业文明时代，生产劳动主要是以经验或技术的方式进行。在工业文明时代，生产劳动是以技术加科学的方式进行，强调制造。在信息时代，科技制胜，生产劳动演变成以科学技术的方式进行，人才成为第一资源，创新成为发展的第一动力，劳动更在于“智造”而非“制造”。因而，劳动教育需要适应时代发展特点，引导学生尚进尚新，以“有本领”的面貌实现自己的时代担当。

（3）劳动教育形式的多样化。劳动教育的实施要科学规划，做好设计，依据不同的教育目标，采取不同的教育形式。要统筹安排好学校、社会和家庭劳动教育的形式与关系，在具体形式上，要适应时代特点，在传统体力劳动的基础上更加重视创造性的非体力劳动形式，如科学技术的发明创造、公益活动、志愿服务，以及其他非物质劳动形式，如数字劳动、体育劳动等。

二、中华人民共和国成立以来劳动教育的历程

中华人民共和国成立以后，为进行社会主义建设，推进现代化，党和国家对如何开展劳动教育进行了实践和探索。

中华人民共和国成立以来劳动教育经历了以下 3 个时期。

1. 劳动教育的奠基与曲折发展时期（1949—1977 年）

中华人民共和国成立初期，我国各领域建设百废待兴，为适应国家的发展需要，这一时期我国的主要任务是建立适应社会主义建设的新教育，毛泽东同志继承和发展了早期无产阶级领导人马克思、恩格斯关于教育与生产劳动相结合的观点，借鉴苏联的教育经验和教育模式，力图摸索出一条符合新中国实际情况的劳动教育之路。1949 年，第一次全国教育工作会议提出了教育要为无产阶级政治服务，与生产劳动相结合，与社会实践相结合的教育方针。1957 年，毛泽东同志在《关于正确处理人民内部矛盾的问题》中谈到，通过教育，要让受教育者在德育、智育、体育等方面得到发展，成为有社会主义觉悟的、有文化的劳动者。

在此期间，以毛泽东同志为核心的党中央高度重视劳动教育问题，其外显性表现为强调教育与生产劳动相结合，注重劳动的生产性和实用性，注重培养学生的动手能力和实践能力。但是在“文化大革命”期间，教育与生产劳动相结合被误解为要在生产劳动过程中改造人们的思想，忽视了教育的发展规律。总体而言，毛泽东同志提出的一系列关于劳动教育的方针是符合当时国情的，教育与生产劳动相结合的教育方针，明确了新中国培养人才的方向，明确了劳动教育的发展方向，更重要的是有助于我国培养一大批素质较高的社会主义社会劳动后备军。

2. 劳动教育的探索革新时期（1978—2011 年）

1978 年，邓小平同志在全国教育工作会议上指出，让教育事业同国民经济发展的要求相适应是重点，我们需要认真研究工作的方式方法，贯彻落实教育与劳动相结合的方针，培养合格的社会主义建设人才。随着改革开放的深入推进，我国面对的是与以往不同的新形势，拥有的是与以往不同的新条件。社会现代化生产的速度，要求我国必须拥有具备高水平、有经验、有技能的劳动者。党的十一届三中全会后，党的工作重心开始转移，随即对劳动等相关问题展开了一系列讨论。

首先，提出“科学技术是第一生产力”的重要论断，强调重视科学技术及教育在劳动生产中的作用。1995 年，江泽民同志在“科学技术是第一生产力”的指导下提出“科教兴国”战略。他认为，经济的建设应该更多地依靠科技进步和高素质劳动者的劳动，要把提高全民族的科技文化素质作为教育目标之一。1998 年，教育部办公厅出台的《关于加

强普通中学劳动技术教育管理的若干意见》明确指出，要把劳动技术教育纳入督导评估内容的指标体系，将劳动技术教育的开展效果作为评选教育先进单位和先进学校的重要指标。

其次，在全国范围内倡导尊重知识与劳动。1982 年教育部印发《关于普通中学开设劳动技术教育课的试行意见》，这也是中华人民共和国成立以来首个对劳动教育考核有明确标准和要求的教育文件。文件不仅规定了初中及高中劳动技术教育课程的相关安排，而且将学生的劳动态度和劳动素养纳入“三好学生”的评选标准。

最后，重申脑力劳动者的地位。党的十一届三中全会后，邓小平同志明确指出，要注重知识分子与工人农民相结合，知识分子是工人阶级的一部分，也是社会主义现代化建设的一支基本力量。

在 21 世纪的时代背景下，要建设现代化的社会，除了坚持教育与社会实践相结合，还必须培养大量高素质的劳动人才。江泽民同志强调：“必须把经济建设转移到依靠科技进步和提高劳动者素质的轨道上来”，指出了现代教育的重要特征。2004 年以来，劳动教育相关信息出现的频次越来越高，我党高度重视劳动教育工作，为大力推进校企合作、工学结合，加强勤工俭学，为劳动实践提供实现依据，并在 2005 年全国劳动模范表彰大会上指出要全面贯彻“四个尊重”的方针。胡锦涛同志根据全面建设小康社会的时代特点，倡导要在全社会范围内形成尊重劳动、尊重知识、尊重人才的良好社会风气，进一步推进了劳动教育的发展。

3. 劳动教育的创新发展时期（2012 年至今）

党的十八大以来，习近平总书记曾多次强调劳动的地位和劳动的作用。习近平总书记在全国教育大会上强调：新时代下，改革开放与社会发展对教育和学习提出了新的更高的要求。通过劳动教育，要让学生形成正确的劳动观，要让学生意识到劳动是实现个人全面发展的基础。这是习近平总书记对我国劳动教育方针的准确阐释，凸显出劳动教育在新时代中国特色社会主义中的重要作用，回答了新时代下“怎样培养人”的问题，明确劳动的价值和劳动教育的重要性。2019 年政府教育工作要点明确指出，要大力加强劳动教育，全面构建实施劳动教育的政策保障体系，修订教育法，将“劳”纳入教育方针。新时代下的劳动教育，旨在树立学生正确的劳动观念和劳动态度，养成学生勤于劳动、善于劳动的习惯和本领，让学生意识到劳动是实现个人全面发展的基础。

2020 年 3 月 20 日，中共中央、国务院印发了《关于全面加强新时代大中小学劳动教育的意见》（以下简称《意见》）。这是中华人民共和国成立以来，国家最高层面首次对大中小学劳动教育进行顶层设计和系统部署，我国的劳动教育步入了“快车道”。劳动教育直接决定社会主义建设者和接班人的劳动精神面貌、劳动价值取向和劳动技能水平。《意见》中特别提出了健全劳动素养评价制度，强调将劳动素养纳入学生综合素质评价体系，制定评价标准，建立激励机制，组织开展劳动技能和劳动成果展示、劳动竞赛等活动，全面客观记录课内外劳动过程和结果，加强实际劳动技能和价值体认情况的考核。把劳动素养评价结果作为衡量学生全面发展情况的重要内容，作为评优评先的重要参考和毕业依据，作为高一级学校录取的重要参考或依据。这一重大举措对于系统培育学生生活劳动、生产劳动、服务性劳动的技能，提升人们的职业素养，提振全社会的职业水平，营造全社会良好的职业生态具有重大、深远的意义。2022 年，党的二十大报告指出，“在全社会弘扬劳动精神、奋斗精神、创造精神和勤俭节约精神，培育新时代新风貌”，并再次强调“尊重劳动、尊重知识、尊重人才、尊重创造。”

三、高校加强劳动教育的重要意义

1. 劳动教育是遵循马克思主义教育思想的必然要求

对照人类社会的发展史，无论是人类自身发展和解放，还是获得物质财富都离不开劳动，幸福也需要通过劳动创造。重视劳动，强调教育与劳动相结合，是马克思主义重要的主张。马克思主义哲学认为，劳动推动社会历史进步，是人作为人之最本质、最显著的特征。因此，人民创造历史，劳动开创未来。劳动是推动人类社会进步的根本力量，是人民美好生活的源泉。构建德智体美劳全面培养的教育体系，加强劳动教育，是回归人之本质、回归学生自身的主体性教育方式，能够帮助学生在自主实践中发现自我，通过双手改变和创造自己的生活。

2. 劳动教育是立德树人的重要途径

立德树人既是教育的根本任务，也是检验教育成效的根本标准。立德树人的目的在于培养“德、智、体、美、劳”全面发展、合格的社会主义建设者和可靠的接班人，劳动教育则是实现立德树人目标的一个重要过程。首先，劳动教育丰富了教育工作的内涵，促使学生端正劳动态度并树立正确的劳动观念，能够培养学生对于劳动和劳动人民的思想感情，逐步养成热爱劳动、善于劳动及勤于劳动的素质。其次，劳动教育和道德教育紧密联系，劳动教育也是加强德育的过程。因此，道德教育与劳动教育相结合也是德育的一种方法。我国历来注重劳动教育的重要作用和实际意义，将劳动视为形成良好道德品质的重要途径，“德之根在心，人之本在劳”，二者结合就是立德树人的根本。

3. 劳动教育的实际作用和现实需要

无论是国家富强，还是民族复兴，抑或是人民幸福，离开了劳动，都将是无源之水、无本之木。马克思高度肯定了劳动对于创造人和创造历史的重要意义。因此，劳动教育是劳动和教育的有效结合，一方面发挥了劳动的实践效用，通过利用和总结实践经验实现了理论和实践相结合、知行合一，人们得以在实践中学习、在学习中实践；另一方面发挥教育的效用，增进学生对于劳动生产知识和技术的认识与理解，提高学生的劳动实践能力及分析和解决问题的水平。在现实生活中，由于社会物质生活的丰富和传统的家庭教育的方法有失偏颇，学生应该做的事情都由家长包办了，部分大学生连起码的洗衣、扫地、整理物品、料理个人的日常生活小事都做不来，不会做。因此，劳动教育与德育、智育、体育、美育密不可分，有助于完善教育工作，培养“德、智、体、美、劳”全面发展的人才。

目前，面对全球社会和经济的持续动荡，我国发展遇到的前所未有的风险挑战，未来社会发展具有很大的不确定性。但有一点是明确的，不管社会风云如何变幻，劳动始终是推动社会发展的主导力量。所以我们必须确立劳动者在社会生活中的主体地位，在社会发展中多鼓励劳动创造，在社会分配中更加重视劳动，在社会关系中更加尊重劳动者，让劳动创造的活力竞相迸发。必须深刻认识到劳动是世界上第一神圣的事业，要积极营造劳动最光荣、劳动者最伟大的社会氛围，大力倡导辛勤劳动、诚实劳动、创造性劳动、幸福劳动，奋力谱写新时代的劳动之歌，用劳动者奋斗的双手，托起壮阔的未来。

课堂活动

案例讨论：反思劳动创造意识

一、活动目标

引导学生深刻理解劳动教育、提高对创新意识的认识。

二、活动时间

建议 15 分钟。

三、活动流程

1. 教师出示以下阅读材料，并提问：请结合实际情况谈一谈造成以下现象的原因及对策。

就业力报告

2020 年 4 月 22 日，中国人民大学中国就业研究所联合智联招聘发布《2020 年大学生就业力报告》，全景分析疫情影响下的大学生就业形势。报告显示，75.8% 的人首选单位就业，选择自由择业和升学的分别为 7.7% 和 7.5%，选择创业的仅为 2.8%，6.2% 的人选择暂不就业等慢就业类。这组数据说明大学毕业生的劳动创造意识不容乐观。

2. 教师将学生按照 6~8 人划分小组，通过小组内部讨论形成小组观点。

3. 每组推选一名代表陈述本组观点，其他小组可以对其进行提问，小组内其他成员也可以回答提出的问题；通过问题交流，将每一个需要研讨的问题都弄清楚。

4. 教师进行归纳、分析和总结，引导学生深刻认识开展劳动教育的重要性，提前做好就业准备。

5. 教师根据各组在活动过程中的表现予以赋分。

劳动学科与常识

导读

人类自出现社会分工以来，以劳动力为对象的社会分工与协作、劳动组织与管理等部门相继出现，劳动不再是单纯的人的体力或脑力的支出，而是有组织、有分工、有协作、具有复杂关系和形态、内部构造细密的人类社会生产系统。

劳动科学是指以人类劳动实践作为总的研究对象，以劳动者在劳动过程中产生的劳动问题以及与劳动问题相关的一切自然和社会关系及其调整问题作为研究内容，形成的具有内在联系和分布规律的学科群。随着人类社会的发展，劳动分工更加精细化，劳动部门以及劳动形态也趋向多样化和复杂化，为了帮助高等院校学生科学认识劳动科学与劳动、就业及社会生活的密切关系，特编写了与劳动有关的科学常识部分。

任务一　劳动者与劳动力

学习目标

1. 理解劳动者与劳动力的含义，能总结劳动者社会化的概念。
2. 掌握劳动者提升各方面素质的途径。
3. 对当前我国的劳动力市场有一定了解。

在平凡岗位上续写不平凡的故事

——疫情中首都劳动者群像扫描

医务人员白衣执甲逆行出征，社区工作者、公安干警联防联控日夜奋战在社区防控一线，重大项目、重点工程建设者全面复工复产……在2020年“五一”国际劳动节，北京市开了一场特殊的新闻发布会，一位位平凡的劳动者讲述疫情防控中的感人故事，他们用不平凡的事迹，谱写下新时代的首都劳动者之歌。

来自北京市医院管理中心的刘立飞是北京援鄂医疗队队长。2020 年 1 月 27 日，北京援鄂医疗队紧急受命驰援武汉，来自 13 家市属医院的 151 名队员，在重症定点医院之一的武汉协和医院连续奋战 65 天。

在刘立飞眼中，这支队伍中的每个人背后都有感人的故事：世纪坛医院医生丁新民把“有事找我”4 个大字“顶”在了防护服额头；宣武医院肖汉医生是土生土长的武汉人，别人都是“去武汉”，他称自己是“回武汉”，直到离开武汉前才敢告诉母亲他在武汉；安定医院 59 岁的医生姜长青每天在心理驿站缓解大家的心理压力……

刘立飞说，冲向武汉保卫战最前线的队员，既有参加过非典的“老兵”，也有瞒着父母冲锋陷阵的“90 后”“95 后”。医疗队和武汉协和医院共同承担 3 个病区 150 张床重症患者的救治任务，患者年龄最大的 91 岁，重症、危重症占 88%，治愈出院患者 220 人。疫情防控离不开坚强的后勤保障。在北京小汤山定点医院，全国五一劳动奖章获得者、国网北京昌平供电公司带电作业班班长王月鹏和他的同事们，在工程建设一线加班加点，连续 92 天集中封闭、奋力建设。

王月鹏回忆，印象最深刻的是 2020 年大年三十当天接到小汤山医院电力增容工程的任务，二百多人放弃春节休假，昼夜奋战，仅用 22 天就高质量完成了这项工作。“施工期间，赶上了两场大降雪，让人举步维艰。大家喊着口号，一步一趔趄，抱着小腿般粗的铜芯电缆，一点点往前挪。那么冷的天，很多人的衣服却被汗水浸透，头上呼呼地冒着热气。”在他的眼里，这一切就像发生在昨天一样历历在目。

发布会上，在冬奥训练场馆为国家队提供服务保障的刘博强，讲述了疫情期间的制冰故事。作为首钢园运动中心的一名制冰师，刘博强为了摸清冰场运行规律，每天早上五点半就跑到冰场反复记录冰面的温度。经过连续一个月的测试比对，终于总结出最合适的温度、湿度值。

“在首钢工作二十多年了，曾经干过轧钢工、炼钢维检工，这几年尽管工作岗位变了，但融入血液的首钢人敢为人先的精神，却从来没有改变。”刘博强说，办好冬奥会是党和国家的一件大事，作为新时代的产业工人，定将以首钢“制冰大工匠”的姿态，出现在保障 2022 年北京冬奥会的现场，实现一名首钢工人的冬奥梦。

分析： 首都劳动者正在平凡的岗位上续写着一个又一个不平凡的故事，用自己的辛勤劳动为疫情防控和经济社会发展贡献更多的力量。我国当前的物质财富和精神财富都是广大劳动者的劳动成果，都是由各种正当职业的劳动者创造的。我国劳动者分工不同，地位平等，都为社会主义现代化建设做贡献，都应得到承认和尊重。作为新时代的劳动者，更应在劳动中发现广阔天地，体现人生价值，在创新中把握美好未来。

劳动作为人的第一需要，是人类社会赖以产生、存在和发展的基础。劳动不仅创造了人本身、生产资料和生活资料，同时也在生产人类的一切社会关系。人类自出现社会分工以来，以劳动力为对象的社会分工与协作、劳动组织与管理等部门相继出现，劳动不再是单纯的人的体力或脑力的支出，而是有组织、有分工、有协作、具有复杂关系和形态、内部构造细密的人类社会生产系统。

劳动科学是指以人类劳动实践作为总的研究对象，以劳动者在劳动过程中产生的劳动问题及与劳动问题相关的一切自然和社会关系及其调整问题作为研究内容，而形成的具有内在联系和分布规律的学科群。随着人类社会的发展，劳动分工更加精细化，劳动部门及劳动形态也趋向多样化和复杂化，帮助科学认识劳动科学与劳动、就业及社会生活的密切关系。

一、劳动者与劳动力

（一）劳动者

所谓劳动者，是指参加劳动并以自己的劳动收入为生活资料主要来源的人。这个定义包括两个方面：其一，劳动者指的是参加劳动的人，它包括体力劳动者和脑力劳动者；其二，劳动者指的是以自己的劳动收入作为生活资料主要来源的人。“劳动者”具体指达到法定年龄，具有劳动能力，以从事某种社会劳动获得收入为主要生活来源，依据法律或合同的规定，在用人单位的管理下从事劳动并获取劳动报酬的自然人。但并不是所有自然人都是合法的劳动者，要成为合法的劳动者必须具备一定的条件并取得劳动权利能力和劳动行为能力，区别于“非法劳动者”，如偷渡者打工。

劳动者包括本国人、外国人和无国籍人。劳动者的主体资格始于劳动者最低用工年龄(除特种工作外为16周岁)，终于法定退休年龄。劳动者达到法定退休年龄后即丧失劳动者主体资格，不能再与单位形成劳动关系。此时与单位之间的用工关系，由劳动关系转变为劳务关系。

（二）劳动力

马克思在《资本论》第一卷给劳动力下的定义是：人的身体即活的人体中存在的，每当生产某种使用价值时就运用的体力和智力的总和。对于劳动力这个概念应注意：第一，劳动力是人所特有的一种能力，自然界的任何能力，甚至现代计算机所表现出来的人工智力，都不能称为劳动力；第二，劳动力是人在劳动中所运用的能力，即生产使用价值时的能力；第三，劳动力存在于活的人体中；第四，劳动力是人在劳动中运用的体力和智力的总和。

在我国，劳动力人口主要是指有劳动能力和就业要求的劳动适龄人口，包括从事社会劳动并取得劳动报酬或经营收入的在业人口和要求工作而尚未获得工作职位的失业人口。

（三）劳动适龄人口

劳动适龄人口是指人口中处于劳动年龄的那部分人口。一个人从出生以后，经过发育、成长到开始具备了劳动能力的年龄，是劳动年龄的下限。而当一个人继续成长发展，逐步衰老，最终丧失劳动能力的年龄，是劳动年龄的上限。目前，我国规定男女都以16岁为劳动年龄的下限，劳动年龄上限男性为60岁，女性体力劳动者为50岁，脑力劳动者为55岁。在该年龄段内丧失劳动力的人口不属于劳动适龄人口。劳动年龄的上限和下限不是永远不变的，随着生产力的发展、文化教育水平的提高和对劳动力质量要求的提高，劳动年龄的下限会向后推移。随着人的体力劳动的减轻和寿命的延长，劳动年龄的上限也会做出相应调整。

劳动力资源

劳动力资源是指一个社会中有劳动能力、可以从事社会劳动的那一部分人口的总和。我国的劳动力资源包括劳动适龄人口中绝大部分可以参加劳动的人和一小部分劳动适龄人口以外实际参加社会劳动的人。劳动力资源在数量上包括劳动年龄内正在从事社会劳动的人口（从业人口）、就学人口、从事家务劳动的人口、正在谋求职业的人口、劳动适龄人口以外正在从事社会劳动的人口。

它们的关系如下：

现实的劳动力资源=正在从事社会劳动的人口+正在谋求职业的人口

潜在的劳动力资源=就学人口+从事家务劳动人口

劳动力资源不包括现役军人、在劳动年龄内的在押犯人和因病、残疾而丧失劳动能力的人口数。

人力资源结构如图 2-1 所示。

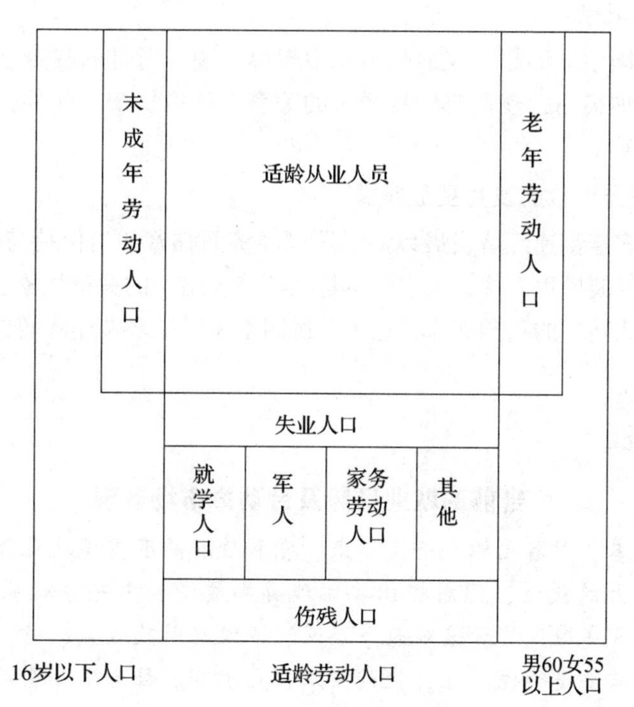

图 2-1　人力资源结构

（四）我国劳动力市场现状

劳动力市场的完善和发展是中国经济持续稳定增长的重要基础。近年来，中国劳动力市场已经进入一个新的关键阶段。

1. 劳动力市场的供给发生变化

针对未来劳动力供求变化趋势，国内存在“劳动力短缺论”和“劳动力供大于求论”两种截然不同的观点。不管哪种观点正确，可以肯定的是，由于人口转变的快速完成，中国人口已经进入低生育、低死亡、低增长阶段，人口发展和劳动参与率变化趋势决定了后人口转变时期劳动年龄人口和劳动力供给必将发生明显变化，这种变化不仅表现为劳动力规模的变化，也体现在劳动力供给结构的变化。

2. 农村劳动力转移进入一个新时代

我国的农村劳动力转移不仅受制于宏观经济发展形势，更面临着特殊的制度约束，这决定了农村劳动力转移呈现较强的波动性。但是，由于农村人口发展态势的变化、一系列惠农政策的实施和新农村建设的开展，农民工劳动力市场开始从“需求主导型”向“供给主导型”转变。同时，新生代农民工成为农村劳动力转移的主体，这个群体具有与老一代农民工不同的经济社会特征和行为，面临不同的经济环境与就业环境，其劳动供给行为将对农村劳动力转移和城市就业形势，乃至社会经济发展产生重大的影响。

3. 就业形势更复杂

当前和未来我国就业形势不仅面临劳动力规模问题，而且面临劳动力结构的挑战，结构性失业问题将更加突出，就业与经济增长的关系也日趋复杂。此外，国际经济将加深对我国就业形势的影响。

4. 人力资本提升和效能发挥更显重要

在经历了四十多年高速经济发展以后，我国经济面临着如何保持持续增长的重大问题。世界发达国家经济发展历程表明，人力资本是经济持续增长的关键因素，对正处于经济结构调整和经济发展模式转变的我国而言，这个关键因素无疑是未来经济增长的“推进器”。

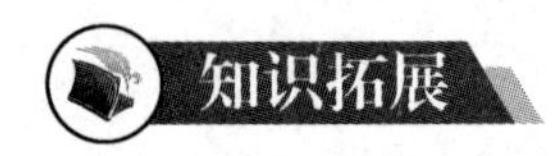

当前的就业形势及劳动力市场表现

就业是民生之本、财富之源。一直以来，党和政府高度重视就业工作。党的十九大报告中提出就业是最大的民生，同时提出要实现更高质量和更充分就业。2019 年，政府工作报告首次将就业优先政策置于宏观政策层面，不仅与财政政策、货币政策并列，还进一步明确提出稳增长首要是为保就业，把就业工作置于经济社会发展全局的高度来审视和推动。我国人口基数大，就业人员总量大的国情没有改变。当前，我国发展面临多年来少有的国内外复杂严峻形势，经济出现新的下行压力。我们努力保持经济运行在合理区间，就是要保证不出现大规模群体性失业。这意味着，缓解就业总量压力始终是我们经济工作中面临的重大挑战之一。

根据预测，我国总人口将在 2030 年前后达到 14.18 亿，然后缓慢下降。2018—2030 年，我国人口年均增长率为 0.13%。15~64 岁人口，即劳动年龄人口的数量，在 2013 年达到了 100 582 万人，之后开始逐年下降，2018 年下降到了 99 352 万人。未来，劳动年

龄人口负增长对我国经济社会而言是一个重大的课题。它不仅给劳动力市场供求关系带来巨大的改变，也会促使各类相关制度变革。

同时，随着人口形势的转变，在需求总量不减的条件下，我国就业的主要矛盾逐步从就业岗位不足为特征的总量矛盾转变为就业质量不高为特征的结构性矛盾，这一转变意味着就业工作要从重视就业数量逐步改变为更加重视就业质量。因此，提高就业质量已经成为新时期经济发展的内在要求。

就业质量主要包括就业者的工作收入、工作环境、个人发展前景和对工作的满意程度，还包括用人单位的满意度、家庭的满意度、社会的满意度等。近年来，在稳定和扩大就业的同时，经济发展的公平性、普惠性不断提高，就业质量也不断提高。其主要表现在以下几点。

一是雇员化就业明显增加。随着“放管服”改革的持续推进，“大众创业、万众创新”热情高涨，劳动者创办企业的便利化程度不断提高，大批灵活就业人员进入企业就业，促进了就业正规化程度的进一步上升。

二是企业用工更加规范，就业保障显著提高。2018 年年末，全国参加城镇职工基本养老保险人数 41 848 万人，比上年末增加 1 555 万人；参加工伤保险人数 23 868 万人，增加 1 145 万人，其中参加工伤保险的农民工 8 085 万人，增加 278 万人。社保实际缴费率不断提高，2017 年达到了 17.2%。

三是劳动关系更趋稳定。各项劳动政策法规的制定实施，有力地促进了企业用工的进一步规范，超时用工现象明显缓解，劳动者权益得到有效保护。2017 年，全国企业劳动合同签订率达 90% 以上。

总之，我国当前劳动供给形势的根本变化主要体现为：在劳动参与率下降的同时，劳动年龄人口和就业人员总量相继出现下降。我国就业的主要矛盾逐步从以就业岗位不足为特征的总量矛盾转变为就业质量不高为特征的结构性矛盾，普通劳动者工资水平和就业质量提高已成为要解决的重要问题。对此，应该降低企业负担，增强市场活力，借助新兴产业优化就业结构，让高质量经济孵化出更多高质量岗位，并做好重点群体就业工作。

二、劳动者素质

（一）劳动者素质的构成

劳动者素质是指从事劳动或者能够从事劳动的人的体力因素、智力因素和品德因素的有机结合。其主要由以下三方面的内容构成。

1. 劳动者的体力

体力是人体活动时所能付出的力量，表现为人的筋骨肌肉力量、灵敏度和感官能力。

2. 劳动者的智力

智力是人认识客观事物并运用知识解决实际问题的能力，通常表现为人的生产经验、思维能力、文化知识、专业知识、劳动技能等。一定时期劳动者的智力，既是生产力发展的结果，又是生产力进一步发展最强大的推动力量。

3. 劳动者的思想品德

人是活的有意识的物，劳动者的思想品德直接关系到劳动者的劳动热情和劳动积极性。

三方面内容互相联系，有机结合，构成劳动者素质。其中，体力是劳动者从事劳动的物质基础，丧失了体力的人也就丧失了作为劳动者的基础条件，无从发挥其智力。任何体力的发挥，总包含着一定的智力内容，历史上的劳动者都是具有一定智力的劳动者。劳动者的思想品德则是决定其体力和智力增进和运用状况的主观因素。

（二）提高劳动者素质的途径

教育是提高劳动者素质的根本途径。它的作用主要表现在以下几方面。

（1）提高劳动者的体力水平，包括与健壮体魄有关的全过程。例如，优生、优育、体育、劳动保护以及衣、食、住、行等。

（2）提高劳动者的智力水平，即不断总结劳动者的直接生产经验，进行间接的科学知识的学习。例如，进行劳动教育、文化教育、专业教育，进行实践经验的总结等。

（3）提高劳动者的思想品德，包括进行政治教育、精神鼓励和物质鼓励等。

现代化的生产对劳动者的智力、对劳动者的科学知识水平要求越来越高，劳动者在生产过程中智力支出所起的作用越来越大，智力支出比例也越来越大。劳动者劳动能力的大小，主要取决于他所掌握并能运用的科学技术知识的多少。

三、劳动者社会化

（一）劳动者社会化的含义

劳动者社会化是社会将一个普通的社会人转变成一个能适应一定的社会和时代文化，掌握社会所需要的劳动技能和必要的劳动规范，遵守劳动纪律，适应工作环境的文化，从而履行合格的劳动的过程。劳动者社会化主要表现在以下几个方面。

（1）掌握一个职业角色所必需的知识和技能。要成为合格的劳动者，首先需要掌握一定的劳动技能，其次，必须经过一段时间的训练，把职业知识转化为实用的职业技能。

（2）了解工作环境的文化。劳动者在一定的社会分工体系下进行劳动，会受到一整套的习俗、惯例、公约、制度等的制约，这便是工作环境的文化。对于许多老职工来说，遵守劳动规范，顺应工作环境早已成了自觉的行动。但对于新到的劳动者来说，则有一个从了解、抵触、遵守到同化的过程。只有顺利地完成这个过程，才能成为一个合格的劳动者。

（3）尝试身份的转变，使职业角色内化为个人的价值。劳动者对工作环境文化的适应与调节不仅包括社会性的内容，也包括心理性的内容。

（二）劳动者社会化的特点

劳动者社会化是以初级社会化（即个人未进入劳动岗位、成为劳动者以前的社会化）为基础的。劳动者的社会化与其即将进入的行业、职业、劳动岗位、劳动关系、劳动环境等紧密相关。现将其与一般社会化的比较列于表 2-1。

表 2-1 劳动者社会化与一般社会化的比较

比较项目	一般社会化	劳动者社会化
起点	从生下来就开始	进入某一职业或某一劳动岗位时开始
目标	使人成为合格的社会成员	使人成为合格的劳动者
社会化施体	主要受家庭、学校、邻里及社会的影响	主要受其所在劳动岗位、班组、车间、企业、行业及与之相关的劳动价值、劳动规范的影响
社会化受体	一般的人	劳动者
过程图式	不间断的、贯穿一生的过程	可能是连续的，也可能是间断的
引导方式	个体对个体（婴儿与幼年期）；集体对个体（进入学校以后）	个体对个体与集体接受都有
引导者	父母、长辈、教师及朋友等	师傅、同事、培训者、劳动组织

四、人力资本开发

（一）人力资本的含义

人力资本是一种与物质资本相对应的资本形式，它表现为能为任何个人带来永久性经济收入的能力和知识等。从价值的角度看，任何个人对自身进行的知识、技能、智力和健康的投入，如果能够给投入者带来超过投入价值的价值，并由其占有和支配这部分价值而产生更大的投入积极性，那么这种投入所形成的价值便是人力资本。

和物质资本一样，人力资本也有数量和质量上的规定。我们通常可以根据社会或一个组织中的劳动力人数来确定其人力资本的数量，因为在一定程度上，社会或组织中的劳动力数量可以表示为该社会或组织中人力资本的规模。同时，我们也可以根据劳动者个人能力和素质确定每个劳动者所具有的人力资本的质量。

（二）人力资本的特点

1. 人力资本是寓寄在劳动者身上的一种生产能力

人力资本通常是以劳动者所具有的知识、技能、资历和工作经验与熟练程度表现出来的，即表现为劳动者的生产能力。这种生产能力又是和劳动者不可分的，它是以劳动者的生命和健康为基础的。

2. 人力资本的所有权不具有转让或继承的属性

由于人力资本与其所有者具有不可分性，所以这些生产能力永远寓寄在所有者身上，会在不断投资的基础上得到积累，无法转让和让他人继承。

以上两个特点决定了人力资本的价值不能像物质资本一样可以在静态下以货币形式加以计量，其价值只能在动态情况下，即在人力资本的使用过程中通过对劳动者的工作绩效的评价加以确定。显然，从人力资本的含义和特点中可以看出，劳动者会因为人力资本情况不同而拥有并表现出不同的生产能力，即劳动者在劳动过程中表现出的知识、技能、工

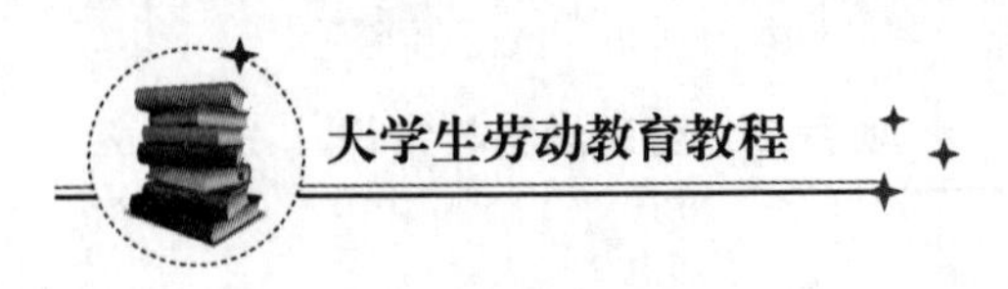

作经验和熟练程度是不同的，劳动者是异质的。

（三）人力资本投资的主要形式

凡是有利于形成与增强劳动力素质结构的行为、费用与时间都是人力资本投资。此外，凡是有利于提高人力资本利用率的行为、费用与时间也属于人力资本投资的范畴。人力资本投资的主要形式有以下几种。

1. 各级正规教育

教育投资是人力资本投资中最重要的形式，它包括学前教育和小学、中学、大学等正规教育的费用支出。无论是政府还是社会团体、劳动者个人及其家庭，其投资主体用于普通教育的费用均属于人力资本投资。这种形式的投资形成和增加了人力资本的知识存量，表现为人力资本构成中的“普通教育程度”，即用学历来反映人力资本存量。

2. 职业技术培训

职业技术培训投资是人们为获得与发展从事某种职业所需要的知识、技能与技巧所发生的投资支出。这类投资方式主要侧重于人力资本构成中的职业、专业知识与技能存量。其表现是人力资本构成中的“专业技术等级”。通过了解职业技术培训规模、人力资源的各类专业技术等级结构状况，可以方便地比较和鉴别一个国家或地区在某一特定时期人力资本的现有规模。

3. 健康保健

用于健康保健、增强体质的费用也是人力资本投资的主要形式，主要包括劳动者营养、服装、住房、医疗保健和自我照管、锻炼、娱乐等所需的费用，它可以由“健康时间”，或者可以用工作、消费和闲暇活动的“无病时间”组成。这方面的投资效果主要表现为人口预期寿命提高、死亡率的降低。

一个国家全体国民的健康保健水平直接影响该国家劳动力的数量和质量，对社会经济发展具有不可估量的作用，因此各国政府及社会都高度重视。许多国家开始把医疗保健投资定为一项基本国策。随着人们生活水平的不断提高，来自家庭个人方面的保健投资也将成为消费支出的一个重要组成部分。

4. 劳动力流动

劳动力流动费用本身并不能直接形成或增加人力资本存量，但是，通过劳动力的合理流动，宏观上，可以实现人力资本的优化配置，调整人力资本分布的稀缺程度；微观上，可以使个人的人力资本实现最有效率和最获利的使用。所以，它是实现人力资本价值和增值的必要条件。

目前，劳动力在国家间的流动越来越频繁。由于跨国流动者大多是受过较高教育者，他们身上凝聚着较高的资本存量，对移出国来说，是人力资本的损失；对移入国来说，则是人力资本的增加。因此，怎样减少人才外流并吸收境外人才，是发展中国家面临的一个现实问题。

（四）人力资本投资的特点

人力资本投资不同于物力资本投资，其主要特点表现如下。

1. 投资收益的广泛性

人力资本投资主体可以是国家（或社会）、企业或家庭（或个人）三方中的某一方，也可以是其中的两方或三方。但在收益获得方面，有时是三方同时获益，有时是两方或一方获益。例如，小学、初中教育所需要的费用是由国家支付的，但受教育者能力的提高、知识的获取所带来的收益却是三方分享的。又如，企业对劳动者进行职业培训，使劳动者生产能力得以提高，对国家来说，可以促进国民生产总值的增长；对企业来说，可使利润增加；对劳动者个人来说，则可带来收入的增加。

2. 投资收益取得的迟效性与长期性

所谓迟效性，是指人力资本投资并非当时投资当时就获益。物力资本投资往往很快见效，如新的投资设备调试安装完毕，即可发挥其生产效能，而人力资本投资在其投资过程中，并不会产生“通电即转”的效果。只有通过一定时期的学习，劳动者的知识、技能以及工作经验得到不断积累和提高，达到一定的水平和标准后，投资才能发挥生产性作用。

所谓长期性，是指人力资本投资一旦发挥效用，就会在相当长的时期内不断取得收益，形成一个收益流，对劳动者个人来说，这种收益流甚至是延续终生的。

物力资本经过一定时期的使用，将会出现有形或无形的磨损而失去效能，而通过人力资本投资形成和积累的人力资本，在劳动者劳动的全过程中都在发挥作用，虽然某些具体的知识可能会随着社会文化的发展出现“老化”现象而失效，但通过教育及培训所提高和增加的人力资本存量，如认识问题、分析问题、解决问题等综合判断能力不会老化、失效，它会长久地在劳动者的整个职业生涯和社会生活中发挥作用。例如，劳动者通过人力资本投资而做出的科技发明与创新成果，对人类社会与经济发展所起的作用往往能超出一个人的有生之年，有的甚至可持续几百年，可见，人力资本投资以及收益的长期性是物质投资无法比拟的。

3. 投资收益的多方面性

人力资本投资所带来的不仅仅是经济效益的提高，而且还会带来社会、文化等多方面的收益。如公共教育水平的提高对于减少贫困、维护社会秩序、提高社会道德水平、增进社会平等以及增强人的自主性都有深刻的意义。又如，高等教育不仅使大学毕业生获得一份通常高于中学毕业生的收入，而且也增加了他们进入比较体面的职业以及提高社会地位的机会，并且不同程度地提高了他们在娱乐活动中的鉴赏能力。

课堂活动

各国劳动年龄人口规定的调研

一、活动目标

了解各国劳动年龄的规定，树立终身劳动的观念。

二、活动时间

建议 30 分钟。

三、活动流程

1. 每名学生选取世界主要国家（约 30 个），上网查找资料了解各国劳动年龄的规定，并列表。

2. 每名学生通过网络调研获取有代表性的国内外专家对延长劳动年龄上限的有关观点。

3. 教师将学生按照 4~6 人划分小组，组内讨论：如何扩大潜在劳动力资源？为什么各国劳动年龄上限都普遍延长？超过劳动年龄以后，我们还能为社会提供哪些劳动？为什么有这种需要？

4. 组内头脑风暴后，将有关观点整理归纳，组内分工合作，写一篇 1 500 字左右的论文提交给教师。

5. 教师课后对各小组提交的论文进行审阅并按照论文质量进行赋分。

任务二　社会分工与劳动组织

学习目标

1. 分析劳动社会化概念，了解我国的产业划分。
2. 复述职业变迁的表现，了解劳动产业分工和现代劳动组织。
3. 积极关注社会分工和产业分工中的机会，并有意识为高质量就业做准备。

案例导入

生活服务业创造美好生活

根据国家统计局印发的《生活性服务业统计分类（2019）》，生活服务业是指满足居民最终消费需求的服务活动。生活服务业领域宽、范围广、市场化程度高，直接与广大人民群众的基本生活密切相关。随着我国经济社会的快速发展，人民群众对生活消费的需求更加多样，生活服务业越来越呈现出便利化、精细化、品质化和网络化的发展趋势。

1. 管理创新

我国经济发展进入新常态，经济下行压力加大的新形势下，生活服务业企业加强创新管理、提质增效，已成为企业有效控制成本，提高效率，提升技术、质量和服务水平，创新发展空间，提升竞争能力的迫切要求。

2. 技术创新

通过互联网、云计算、大数据、人工智能等多项技术的演进迭代，使得技术创新能够围绕消费者的需求和应用场景进行融合应用，进而重新定义生活服务业的商业模式。互联网技术催生了在线直播销售，在线直播销售师成为该领域的新兴从业群体。

3. 业态创新

(1) 外卖配送。随着数字化渗透到生活服务业，催生了外卖新业态。外卖市场的不断发展，给人们生活方式带来了翻天覆地的改变，“懒人经济”成为一种现象，对生活服务业发展和消费者消费习惯都带来了不可逆转的影响。2020 年 3 月，人力资源和社会保障部等三部门正式公告确认“网约配送员”纳入国家职业分类。

(2) O2O（线上线下融合）。在互联网经济下，出现了线下门店和线上门店并存互补的格局，因传统的线下门店运营的经验不能完全照搬应用到线上门店的管理。因此，生活服务业企业开始纷纷招聘和培养适应 O2O 业态的门店管理人才，有的是侧重于线上门店运营管理，有的则可以兼顾线上线下组合的门店运营管理，从而催生了互联网美业门店管理师、O2O 餐饮门店管理师等新兴从业群体。

4. 服务创新

例如：无接触服务。新型冠状病毒肺炎疫情期间，“宅经济”应运而生，各电商平台成为保障消费者正常生活的主力阵营。无接触服务作为当前疫情背景下一种特殊的服务方式，已成为各电商平台和即时配送行业企业的标配，在很大程度上重塑了商业形态、重新定义了服务场景。无接触服务的兴起，以及被消费者的广泛认可，也对相关从业群体提出了新的知识与能力要求。

随着无接触服务等新兴服务的出现和普及，生活服务业也会催生出我们目前无法预知的新兴从业群体。

分析：在数字化转型的背景下，创新成为生活服务业变革从传统到现代化的核心驱动力。近年来，管理创新、技术创新、业态创新、服务创新均加速了生活服务业的迭代，从而催生了新兴从业群体。

一、劳动社会化和产业分工

（一）社会分工

社会分工是指动物进行各种劳动的社会划分及其独立化、专业化。社会分工是动物社会的标志之一，也是人类出现商品经济发展的基础。对人类来说，没有社会分工，就没有交换，市场经济也就无从谈起。

对于所有群居动物都一样，分工的产生是由于群居生活，为了使群体能生存下去，所以要加快群体中各种工作的效率，因而产生了分工。最早的分工是自然分工。社会分工是在自然分工的基础上，随着生产力的发展而逐步形成的。

畜牧业和农业的分离是人类历史上第一次社会大分工。社会分工促进了生产力的发展，带来了更多的劳动产品。劳动产品在满足本部落的共同消费之外，还出现剩余。进入交换的劳动产品的种类和数量增加了。一些氏族部落首领开始把剩余产品据为己有，私有制产生，氏族部落共同体开始瓦解，在此基础上，奴隶制社会随之产生。随着金属冶炼技术的出现，专门从事生产工具制造的手工业逐渐从农业中分离出来，出现了农业和手工业相分离的人类历史上第二次社会大分工。

这次社会大分工出现了专门以交换为目的的商品生产。适应商品生产和交换发展的需要，社会中开始出现了专门从事商品买卖的商人阶层，于是又有了人类历史上的第三次社会大分工。在手工业者和商人活动的集中地，逐渐产生了城市经济，又有了城乡的分工。分工带来了生产力的进步和剩余产品的增加，使得一部分人完全摆脱了体力劳动，专门从事监督生产、管理国家及科学、艺术等活动，最终形成了脑力劳动和体力劳动的分工。

（二）劳动社会化

1. 劳动社会化的概念

劳动社会化是一个与生产力发展相联系的概念，主要是指孤立、狭小的劳动转变为由紧密的、大规模的分工和协作联系起来的共同劳动的过程。

劳动社会化的内容主要包括 3 个方面：一是生产资料使用的社会化。生产资料由单个人分散使用变为许多人共同使用，从而节约了生产资料；二是劳动操作过程的社会化。劳动操作过程日益分解，每个人只完成总操作过程的极小部分，从而使最终产品成为许多人共同完成的、名副其实的社会产品；三是劳动成果的社会化。劳动的目的已不是直接满足劳动者个人的需要，而是满足他人的、市场的、社会的需要。

2. 劳动社会化的发展进程

劳动社会化的发展进程可划分为以下 4 个阶段，分别是以手工劳动为基础的简单协作阶段、以手工劳动为基础的工场手工业阶段、机器和大工业阶段和以微电子为主角的新的技术革命阶段。

在第一个阶段，劳动资料比较简单，分工不太明确，劳动社会化的水平很低。

在第二个阶段，资本主义生产方式占统治地位，劳动分工有了很大的发展，生产某一产品的全套劳动操作不再由一个人按照时间顺序单独完成，而是把一种操作专门分配给一个人，每个人只作为生产机体的一个器官，完成一项操作，执行一项专门的职能。

在第三个阶段，劳动社会化程度逐渐加强，主要呈现出以下特点：①高效率的工具、机器取代了手工工具，从而突破了人在使用手工工具时所受到的生理限制，机器延伸了人四肢的功能，扩展了人类改造自然的能力。②以蒸汽机和电力为代表的高能动力取代了受动物生理和人体生理限制的畜力和人力，从而极大地增强了人类改造自然的能力。③机械化和电气化的传动机构取代了传统的传动过程，从而大大加强了劳动者在生产过程中相互制约的协作关系，提高了劳动效率。自 20 世纪 70 年代至今，人类进入了以微电子为主角的新的技术革命阶段。计算机、通信技术迅速发展，21 世纪以来，计算机网络普及、无线互联网技术成熟，使以电子计算机网络为中心的信息系统在社会化劳动过程中起着越来越重要的作用。

在新的技术革命阶段，与人类的劳动密切相关的科学、技术、生产和管理等已综合成一个统一的体系，从而对劳动者的劳动条件、劳动内容、劳动分工、劳动的组织管理形式和人们对劳动的态度产生了巨大的影响，劳动社会化会持续加强。

（三）产业分工

1. 产业

产业是社会分工和生产力不断发展的产物。它随着社会分工的产生而产生，并随着社会分工的发展而发展。

为适应产业经济学的各个领域在进行产业分析时的不同目的的需要，可将产业划分成若干层次，这就是“产业集合”的阶段性。具体地说，产业在产业经济学中有以下 3 个层次。

第一层次是以同一商品市场为单位划分的产业，即产业组织，现实中的企业关系结构在不同产业中是不相同的。产业内的企业关系结构对该产业的经济效益有极其重要的影响，要实现某一产业的最佳经济效益须使该产业符合两个条件：首先，该产业内的企业关系结构的性质使该产业内的企业有足够的改善经营、提高技术、降低成本的压力；其次，充分利用“规模经济”使该企业的单位成本最低。

第二层次是以技术和工艺的相似性为根据划分的产业，即产业联系。一个国家在一定时期内所进行的社会再生产过程中，各产业部门通过一定的经济技术关系发生着投入和产出，即中间产品的运动，它真实地反映了社会再生产过程中的比例关系及变化规律。

第三层次是大致以经济活动的阶段为根据，将国民经济划分为若干大部分所形成的产业，即产业结构。

2. 产业划分

目前国际普遍流行的是三次产业划分思路，即按照人类生产发展的历史顺序进行分工。

第一产业是指靠人类自身的体力劳动直接从自然界取得初级产品的生产部门，如农业、畜牧业和林业等，其产品用于满足人们的基本生活需要。

第二产业是指把第一产业获得的原料加工成各种物品的活动，即对工农业产品进行再加工的生产部门，如制造业、建筑业等，产品通过加工，其形态发生了显著的变化，一般不再保留原来的自然物质形态。

第三产业是指人们为生产、生活和社会发展提供产品交换和服务的部门。第三产业包含的门类比较多，如商业、邮电通信业、交通运输业、房地产业、文教卫生事业等。

3. 产业结构

产业结构是指各产业的构成及各产业之间的联系和比例关系。在经济发展过程中，由于分工越来越细，因而产生了越来越多的生产部门。这些不同的生产部门受到各种因素的影响和制约，会在增长速度、就业人数、在经济总量中的比重、对经济增长的推动作用等方面表现出很大的差异。因此，在一个经济实体当中（一般以国家和地区为单位），在每个具体的经济发展阶段、发展时点上，组成国民经济的产业部门是大不一样的。各产业部门的构成及相互之间的联系、比例关系不尽相同，对经济增长的贡献大小也不同。因此，把包括产业的构成、各产业之间的相互关系在内的结构特征概括为产业结构。

4. 行业

行业是指其按生产同类产品或具有相同工艺过程或提供同类劳动服务划分的企业或组织群体的集合，如饮食行业、服装行业、机械行业等。行业分类主要是以经济活动的同质性为原则，对从事国民经济生产和经营的单位或个体的组织结构体系的详细划分，如林业、汽车业、银行业等。

国民经济行业分类是划分全社会经济活动的基础性分类，当前我国新行业分类共有 8 个大类、79 个中类、449 个小类、细类（职业）1636 个，具体可查阅 2022 年版《中华人民共和国职业分类大典》。

（四）职业

1. 职业的定义与分类

职业，即个人所从事的服务于社会并作为主要生活来源的工作。根据中国职业规划师协会的定义：职业 = 职能×行业。根据中国职业规划师协会的定义，职业包含 10 个方向：包括生产、加工、制造、服务、娱乐、政治、科研、教育、农业、管理。

职业细化分类有 90 多个常见职业，如工人、农民、个体商人、公共服务、知识分子、管理、军人等。

职业是参与社会分工，利用专门的知识和技能，为社会创造物质财富和精神财富，获取合理报酬，作为物质生活来源，并满足精神需求的工作。

2. 职业特点

社会分工是职业分类的依据。在分工体系的每个环节上，劳动对象、劳动工具及劳动的支出形式都各有特殊性，这种特殊性决定了各种职业之间的区别。世界各国国情不同，其划分职业的标准也不同。

职业主要有以下特征。

（1）职业的社会属性。职业是人类在劳动过程中的分工现象，它体现的是劳动力与劳动资料之间的结合关系，其实也体现出劳动者之间的关系，劳动产品的交换体现的是不同职业之间的劳动交换关系。这种劳动过程中结成的人与人的关系无疑是社会性的，他们之间的劳动交换反映的是不同职业之间的等价关系，这反映了职业活动劳动成果的社会属性。

（2）职业的规范性。职业的规范性应该包含两层含义：一是指职业内部的规范操作要求性；二是指职业道德的规范性。不同的职业在其劳动过程中都有一定的操作规范性，这是保证职业活动的专业性要求。当不同职业在对外展现其服务时，还存在一个伦理范畴的规范性，即职业道德。这两种规范性构成了职业规范的内涵与外延。

（3）职业的功利性。职业的功利性也称职业的经济性，是指职业作为人们赖以谋生的劳动过程中所具有的逐利性一面。职业活动中既满足职业者自己的需要，同时，也满足社会的需要，只有把职业的个人功利性与社会功利性相结合，职业活动及其职业生涯才具有生命力和意义。

(4) 职业的技术性和时代性。职业的技术性是指不同的职业具有不同的技术要求，每一种职业往往都表现出一定相应的技术要求。职业的时代性是指职业由于科学技术的变化，人们生活方式、习惯等因素的变化导致打上那个时代的“烙印”。

产业、行业、职业的关系

产业、行业、职业三者之间既有相同点，联系密切，又有区别。产业、行业、职业都是社会分工的产物，是社会生产力不断发展的必然结果。这是它们在本质上的共同点。在社会发展中，随着新技术的出现，产生了新产品及相应职业的从业人员。随着新产品的生产及相应从业人员数量的不断扩张，新的行业逐渐形成。当新行业发展到一定规模时，就会与其他相关行业进行整合，依据发挥作用的程度并入或形成新的产业。

产业的着眼点是生产力布局的宏观领域，体现的是以产业为单位的生产力布局上的社会分工，产业由行业组成。行业的着眼点是企业或组织生产产品的微观领域，体现的是以行业为单位的产品生产上的社会分工，行业由企业或组织组成。职业的着眼点是组织内工作人员的具体工种，体现的是以人为单位的劳动技能上的社会分工。产业（行业）的分类依据是经济活动的同质性，而职业分类的依据是工作性质的同一性，前者属于生产活动领域，后者属于人力资源开发领域。

二、劳动组织

劳动组织是根据企业的需要，按照分工与协作的原则，正确处理劳动集体之间、劳动者之间，以及劳动者与劳动工具、劳动对象之间的关系，建立有效的劳动生产体系的方式。其内容主要包括搞好劳动分工协作和职工配备；确定先进合理的定员、定额和人员的构成；改进和完善劳动组织形式；组织多设备管理；合理安排工作时间和工作轮班；组织好工作地；使工人的操作合理化等。

（一）我国主要的劳动组织

我国劳动组织的主要内容有以下几点。

(1) 根据合理的分工与协作，精简、统一、效能和节约的原则，设置企业、车间、工段、生产班组等组织机构。

(2) 制定考核班组与个人劳动量的劳动定额；部门和岗位合理定员，做到用人有标准，节约使用和配备劳动力。

(3) 组织与实施企业各类人员合理的结构和比例。例如，直接生产人员（在生产第一线直接进行操作和直接为生产服务的人员，如生产工人、运输工人等）与非直接生产人员（从事非生产性活动的管理人员、服务人员等），基本生产工人（从事制造企业主要商品的工人，如钢铁厂的炼钢工、棉纺厂的细纱工、织布工等）与辅助生产工人（在企业中帮助基本生产工人完成辅助工作和附属工作的工人，如修理工、运输工等）之间的比例。

（4）本着有利于发展生产、提高劳动（工作）效率、增进职工身体健康的原则，合理安排工作时间，组织轮班。

（5）合理布置工作地，使劳动者、劳动工具和劳动对象三者达到最优结合。合理装备和布置工作地，保持良好的环境和秩序，并组织好供应和服务工作。

（6）选择合理的操作方法，消除无效的劳动，组织多设备管理，培养职工一专多能，实行兼职作业，以提高劳动（工作）效率。

（7）制定职工在组织生产、技术和工作时间方面应遵守的准则，加强劳动纪律的教育和管理，赏罚严明，以保证集体劳动有秩序地进行。此外，为了发挥劳动组织的作用，调动职工的劳动积极性和主动性，还要开展各种形式的劳动竞赛。

不断改善企业劳动组织，对保障正常生产，发挥企业活力，充分利用人力、时间、设备、节约材料、染料、动力、提高工效、改善企业素质和提高经济效益具有重要作用。

（二）企业基层劳动组织——班组

1. 班组的地位和作用

企业是一个典型的组织。我们参加工作，走进企业，实际上是走进了一个组织，其中第一站就是班组。现代企业管理结构一般都是呈三角形样式，基本上可以分为 3 层：高层、中层、基层。高层“动脑”，属于决策层；中层“动口”，属于管理层；基层“动手”，属于操作层。班组就是企业的基层组织。企业的生产活动都在班组中进行，班组工作的好坏直接关系着企业经营的成败。具体分析，班组在企业中的地位和作用如下。

（1）生产经营活动的基本单位。企业生存的目的和意义在于追求利润。班组是最基本的生产单位，它直接创造利润。所以企业要降低成本、提高劳动生产率，首先就会从班组抓起。

（2）企业的最基层管理单位。管理是否深入到基层是衡量管理水平的指标之一。班组是企业最基层的管理单位，直接面对每个员工，企业的文化、规章制度和精神风貌最终是要通过班组贯彻到每个员工，然后通过员工的工作业绩反映出来。因此企业只有将管理深入到班组这个层次，才能焕发生机。

（3）提高职工素质的基本场所。企业通常都会把培养人才当作自身的使命。培养人才是为了创造更大的价值。如果没有一支认真负责、精益求精的员工队伍，想创精品、树名牌，就很困难。而企业人才培养的最主要场所就是在现场、在班组、在一线。所以，从效益角度来看，班组培训比高级人员培训更直接，效果也更明显。

（4）生产流程的衔接要素。在企业的生产经营活动中，每个班组都是其中的一个环节。很多现场的问题都较简单，只需要依据一定的原则在班组间沟通协调就可以解决，只有解决问题才能激发团队的创造力。

2. 企业班组的特点

企业班组具有结构小、管理全、工作细、任务实、群众性等特点。

（1）结构小——班组为企业最基层单位，结构最小，不能再分。

（2）管理全——管理生产、安全、质量、劳动纪律等，麻雀虽小，五脏俱全。

（3）工作细——班组工作非常具体，需要耐心、细致。

（4）任务实——企业所有管理内容最终都要落实到班组。

（5）群众性——班组成员是企业最基层的员工，班组活动是群众性很强的活动。

课堂活动

一、活动目标

能正确分析新技术对自身参与社会分工和就业形势的影响。

二、活动时间

建议 40 分钟。

三、活动流程

1. 教师组织学生阅读以下材料。

机器换人，动了你的岗位吗？

据国际机器人联合会统计，世界经济论坛预测，到 2020 年，全球有 500 万个工作岗位可以实现自动化。

我国机器人研发起步于 20 世纪 70 年代，近年来，随着我国劳动力成本快速上涨，人口红利逐渐消失，生产方式向柔性、智能和精细转变，对工业机器人的需求也呈现大幅增长。

“机器换人”的普及对就业岗位数量和结构都将产生深远影响。目前，创造就业岗位最多的纺织服装、采掘和电子信息等产业出现了“机器换人”的趋势，但从现阶段看，机器人和人类劳动者间的替代关系并不显著。机器人具有竞争优势的行业和领域，与我国劳动力比较优势最显著的行业和领域并非完全重叠，也就是说，机器人只会在个别产业和环节上替代手工操作，短期内主要还是对生产效率和产品质量提高产生积极影响，不会改变我国制造业劳动力密集程度较高的特征，也不会造成严重的失业问题。

有专家指出，机器人的出现，对人类劳动者就业岗位的影响主要有：一是替代劳动者岗位；二是填补人类劳动者无法胜任的岗位；三是开辟人类工作新岗位。

2. 每名学生通过网上收集材料，分析人工智能和机器人等新技术对自己参与社会分工有哪些影响？对所学专业的就业岗位有什么影响？将创造哪些新的就业岗位？将淘汰哪些原有的岗位？对本专业大学毕业生能力提出了什么新的要求？

3. 教师将学生按照 8~10 人划分小组，通过小组内部讨论形成小组观点。

4. 每个小组选出一名代表陈述本组观点，其他小组可以对其进行提问，小组内其他成员也可以回答提出的问题；通过问题交流，将每一个需要研讨的问题都弄清楚。

5. 教师进行分析、归纳和总结，并根据各组在研讨过程中的表现给予点评并赋分。

任务三 劳动基本制度

学习目标

1. 理解劳动就业制度、劳动工资制度和劳动保障制度的内容。

2. 掌握劳动就业制度、劳动工资制度和劳动保障制度用于维护劳动者合法权益的意义。

3. 掌握对劳动力市场状况和劳动基本制度的全面认识，为未来独立处理一些职场常识性问题奠定良好基础。

同工同酬：从西沟走进新中国宪法

2020 年 6 月 28 日，中国唯一的一位从第一届连任到第十三届的全国人大代表、全国劳模申纪兰因病逝世，她是新中国当之无愧的争取“男女同工同酬”第一人。

1951 年，在火热的社会主义建设大潮中，西沟村成立了初级农业生产合作社，李顺达任社长，申纪兰为副社长。在申纪兰和西沟妇女们的不懈努力下，太行山深处的这个小山村，在全国率先实现了男女同工同酬。1954 年，申纪兰当选为全国第一届人大代表。在第一届全国人民代表大会上，男女同工同酬被正式写入宪法。

分析：男女同工同酬，不仅激发了西沟村妇女们劳动的积极性，也激发了全国妇女们参与劳动的积极性。人们的劳动行为和劳动关系受到劳动制度与规范的约束，而劳动制度在人们的劳动生活及社会经济发展中扮演着非常重要的角色。

一、劳动制度的含义与特征

（一）制度和社会制度

制度是由正规的成文规则和那些作为正规规则的基础与补充的典型的非成文行为准则组成的，是社会生存和发展所需要的协调性与合作性赖以建立的基础，它是围绕社会基本需求而建立起来的关系系统。在这个系统内，共同的价值、规范、程序都被组织了起来。

社会制度则是为了满足人类的生存需要而形成的社会关系，以及与此相联系的社会活动的规范系统。

（二）劳动制度及其特征

劳动制度属于社会制度的一种，是人类在一定社会生活中为满足劳动关系发展的需要而建立的有系统、有组织并为社会所公认的劳动行为规范体系。劳动制度有正式的与非正式的区分，正式的劳动制度是支配劳动关系的互为关联的规则，包括广义的劳动制度和狭义的劳动制度。

1. 广义的劳动制度

广义的劳动制度主要是指国家或有关权力机构制定的、约束人们劳动行为及其劳动关系的法律、法令或其他相应的形式，表现为与人们参加社会劳动、建立劳动关系直接有关的一系列办事程序、规章和规定，这一层次的制度也就是政府的行政性制度，主要是劳动就业、劳动工资、劳动保障等制度。

2. 狭义的劳动制度

狭义的劳动制度是指与劳动就业直接有关的办事程序、规章和规定的统称，包括劳动者的招收、录用、培训、调动、考核、奖惩、辞退、工资、劳动保险、劳动保护等制度。这一层次的制度通常表现为工作组织内的劳动制度。

非正式的劳动制度主要是指依靠非正式监控机制而体现的规则。

3. 劳动制度的特征

劳动制度具有以下 4 个特点。

（1）普遍性。劳动制度的普遍性是由劳动的普遍性决定的，因为生产劳动是人类社会生存和发展的基础与动力，任何社会、任何时代都离不开劳动。

（2）组织强制性。劳动制度是一种组织化的社会规范，它作为制约劳动关系和劳动者行为的一种规范体系，对劳动者具有强制作用。例如，正式的劳动制度往往是由国家或有关权力机构制定的，以确定的规则或法令等形式表现出来的劳动规范体系，劳动制度对从事劳动的所有社会成员都具有强制作用。

（3）相对稳定性。劳动制度一旦形成，就具有相对的稳定性，没有巨大的社会变革的冲击，一般不会轻易发生改变。但是劳动制度的稳定性只是相对的，随着社会和时代的变迁，劳动的形式、条件、内容及彼此合作的方式都会发生变化，因而劳动制度也要做相应的变更。

（4）系统性。劳动制度的运行必须有相应的制度配合，形成一套行之有效的制度体系，才能对人们的劳动关系与劳动行为进行有效的规范与约束。

二、就业制度

（一）就业的认知

就业既是重大的经济问题，也是重要的社会和政治问题。扩大就业，减少失业，是经济社会发展的基本目标。对就业概念的理解可以从理论和实际两个角度来把握。从理论上讲，就业是指具有劳动能力的人，运用生产资料从事合法社会活动，并获得相应的劳动报酬或经营收入的经济活动。具体而言，就是指在法定年龄内，具有劳动能力的人在一定的工作岗位上从事有报酬或有经营收入的合法劳动。

根据这一定义，一个人如果同时满足以下 3 个基本条件，就可以被认为实现了就业：一是在法定劳动年龄内，并且具有劳动能力；二是以提供满足社会需要的商品或服务为目的，从事某种合法的经济活动；三是从事这种社会劳动可以获得相应的收入。而童工、不以获得收入或营利为目的的公益劳动、家务劳动等不属于就业范畴。

1. 就业的意义

就业是民生之本，是经济社会持续发展和生活水平提高的关键。就业不仅是劳动者谋生的手段，也是融入社会、给个人和家庭带来希望的重要途径。

（1）就业是人们获得收入得以谋生的基本手段。当前，虽然各种生产要素的报酬，如股息、利息、租金等，都是居民收入的合法来源，但通过就业得到的劳动报酬仍是人们收入的最主要部分。

（2）就业是个人融入社会、使自身得以全面发展的主要途径。作为具有社会属性的人，一般不仅需要靠就业谋生，还需要靠就业参与社会生活，赢得他人的尊重，满足自己更高层次的需求。

（3）就业是经济发展和社会进步的重要前提。通过就业的方式，实现生产资料和劳动者的结合，形成现实的生产力，推动经济发展。扶持困难群体实现就业，是消除贫困的根本途径。大力促进社会充分就业，也是促进社会公平、维护社会稳定的重要手段。

2. 绿色就业

2007 年，国际劳工组织与联合国环境规划署发出《绿色工作全球倡议》。倡议指出，绿色工作是那些可以减少企业和经济部门对环境的影响，最终实现可持续发展，同时又符合“体面劳动”的工作，包括保护生态系统和生物多样性的工作；通过高效的策略减少能源、材料和水消耗的工作；经济低碳化的工作；最大化减少或避免生产各种废物和污染的工作。

绿色就业是指在经济部门和经济活动中创造的、可以减轻环境影响并最终实现环境、经济和社会可持续发展的工作。

在我国，结合国际标准与中国实践，专家们提出“绿色就业”包含 3 个领域：一是直接性绿色岗位，如造林、环保等，在这些岗位上工作的人，是直接的“绿色就业”从业者，可简称“纯绿”就业；二是间接性绿色岗位，即通过实现绿色生产方式、生活方式、消费方式等，间接地创造“绿色就业”机会的岗位，如制造太阳能和节能建筑材料等产品、深化循环经济等，在这些岗位上工作的人，是间接的“绿色就业”从业者，可简称“泛绿”就业；三是绿色转化性岗位，即将非绿色岗位转化为绿色岗位，如治理生产性污染、生产中改用节能环保技术等，将原来在高污染、高排放岗位的从业人员转化成绿色岗位的从业人员，可简称“绿化”就业，这种转化涉及生产技术、生产方式、生产过程及终端产品等各个方面。

（二）我国的就业服务

1. 就业服务

就业服务兴起于20世纪初期，主要是为了改善失业者的生存状况和维护社会稳定。随着西方国家的经济增长和就业需求的扩大，就业服务发展迅速，逐渐成为国家就业政策最直接的体现者和执行者。概括地说，就业服务是具有普遍意义的干预劳动力市场并能有效调节和改善供求的直接手段，是就业制度和就业政策的重要组成部分。就业服务可以分为公共就业服务和私营就业服务，其主要职能在于通过劳动力市场信息、职业介绍、职业指导和相应的职业培训等手段的运用，帮助用人单位用人和劳动者就业。

公共就业服务指的是政府通过研究和发布劳动力市场信息及提供咨询、帮助等各种方法和手段的综合运用，充当劳动者和用人单位或雇主联系的媒介，便利劳动者就业的过程，改善劳动力市场的组织和运行，促使全部劳动力资源得到合理有效的配置和使用。根据世界各国劳动力市场理论与运作的实践，公共就业服务的方法和内容主要有职业介绍、就业咨询、研究和发布信息及就业帮助等。

2. 我国的公共就业服务

在社会主义社会中，生产资料公有化意味着劳动者整体和生产资料整体之间存在着总体的、全社会范围内的结合关系，有可能实现充分的、合理的劳动就业，使每个有劳动能力又愿意承担社会责任的人都享有劳动的权利。中华人民共和国成立以后，人民政府采取介绍就业、就业训练等多种办法，解决了以往社会遗留的400万失业人员的就业安置问题，而后，将继续解决劳动人口急剧增长和经济、劳动政策中一些失误所造成的待业现象。

我国的就业服务在不同的时期有不同的内容和措施，主要有以下几点。

（1）设立专门机构管理就业服务工作。20世纪50年代初期，从中央到各大行政区、省和大城市的人民政府成立了劳动就业委员会，根据政务院公布的《关于劳动就业问题的决定》，指导各地劳动部门和其他有关部门办理失业人员登记、救济、就业培训、介绍就业等事务，统一调配社会劳动力。1953年8月以后，劳动就业委员会被撤销，由政府劳动部门负责就业服务的管理，工作逐步走向经常化、制度化。大中城市的劳动部门建立了劳动力介绍所，负责管理城市闲散劳动力和安置就业，包括进行就业前的政治思想教育和技术训练。

（2）开展多种形式的职业培训，逐步推行先培训后就业的制度。在全国建立了一大批技工学校，改革了学徒培训制度，开办了大量的短期训练班、职业中学、职业学校和各种职业教育培训中心。

（3）高等院校、中等专业学校毕业生和军队转业干部分别由教育、人事等部门实行统一分配。待业青年在国家统筹规划和指导下，实行劳动部门安排就业、自愿组织起来就业和自谋职业相结合的办法。

（4）创建劳动服务公司，统筹调节城镇劳动力。进入20世纪80年代以后，全国各地劳动部门适应劳动制度改革的需要，普遍地创建劳动服务公司，统筹调节城镇社会劳动力。这种管理社会劳动力的组织，兼有行政和经济两方面的职能，任务是掌握社会各方面对劳动力的需求情况，对待业人员进行调查、登记、统计、组织培训，介绍和安排就业；兴办集体经济事业，直接组织一部分待业人员就业。全民所有制企业、事业、机关单位及街道和群众团体等也相继办起劳动服务公司，安排和指导就业。政府劳动部门或劳动服务公司还通过举办劳动力交流大会，开办专业职业介绍所等多种形式，给人们创造更多的就业机会和途径。我国就业服务的各种形式，对有效地实现城镇的充分就业具有促进作用。

三、劳动工资制度

（一）工资制度

工资问题是现代分配问题的核心，因为它涉及当代社会每个人及生产问题，也涉及分配问题，进而涉及社会问题和政治问题。工资作为劳动者个人消费资料的主要来源，作为激励劳动效率的一个重要杠杆和实现人力资源合理配置的基本手段，是任何一个政府都非常重视的问题。

目前，我国实行的是按劳分配与按要素分配并存，尝试建立集体谈判工资制度。在工资分配上，除了继续强调按劳分配的原则，1997 年，党的十五大提出实行多种分配方式并存的制度，即按劳分配、按要素分配结合的制度，这为资本、科技等生产要素参加分配提供了政策依据。按劳分配和按要素分配结合使收入分配趋向多元化，同时不同劳动者之间的收入差距拉大。

（二）工资的组成

根据国家统计局发布的《关于工资总额组成的规定》，工资总额是指企业在一定时期内直接支付给本企业全部职工的劳动报酬的总额，由计时工资、计件工资、奖金、津贴和补贴、加班加点工资、特殊情况下支付的工资 6 个部分组成。

1. 计时工资

计时工资是指按计时工资标准（包括地区生活费补贴）和工作时间支付的劳动报酬，包括对已做工作按计时工资标准支付的工资；实行结构工资制的单位支付给职工的基础工资和职务（岗位）工资；新参加工作职工的试用期工资；运动员体育津贴。

2. 计件工资

计件工资是指对已做工作按计件单价支付的劳动报酬，包括实行超额累进计件、直接无限计件、限额计件、超定额计件等工资制，按劳动部门或主管部门批准的定额和计件单价支付给个人的工资；按工作任务包干方法支付给个人的工资；按营业额提成或利润提成办法支付给个人的工资。

3. 奖金

奖金是指支付给职工的超额劳动报酬和增收节支的劳动报酬，具体包括：①生产奖；

②节约奖；③劳动竞赛奖；④奖励工资；⑤其他奖金。

4. 津贴和补贴

津贴和补贴是指为了补偿职工特殊或额外的劳动消耗和因其他特殊原因支付给职工的津贴，以及为了保证职工工资水平不受物价影响支付给职工的物价补贴。

（1）津贴，包括补偿职工特殊或额外劳动消耗的津贴、保健性津贴、技术性津贴及其他津贴。

（2）物价补贴，包括为保证职工工资水平不受物价上涨或变动影响而支付的各种补贴。

5. 加班加点工资

加班加点工资是指按规定支付的加班工资和加点工资。

6. 特殊情况下支付的工资

特殊情况下支付的工资，包括根据国家法律、法规和政策规定，因病、工伤、产假、计划生育假、婚丧假、探亲假、定期休假、停工学习、执行国家或社会义务等原因按计时工资标准或计件工资标准的一定比例支付的工资；附加工资、保留工资。

在我国，由用人单位承担或者支付给员工的下列费用不属于工资：社会保险费；劳动保护费；福利费；解除劳动关系时支付的一次性补偿费；计划生育费用；其他不属于工资的费用。

工资本质上是劳动力的价值或价格。对企业来说，工资是生产成本的重要部分。

工资与薪酬

工资也称薪资，是一个法律意义上的概念，而薪酬的概念则要广泛得多。薪酬是员工从事每个企业所需要的劳动，而得到的以货币形式和非货币形式所表现的补偿，是企业支付给员工的劳动报酬。

根据表现形式不同，薪酬被划分为货币薪酬和非货币薪酬两种。货币薪酬又称核心薪酬（core compensation），是公司以货币形式支付的报酬，如基本工资、奖金、各种补贴、津贴等。非货币薪酬是公司以物质服务或安全保障等形式支付给员工的报酬形式，大多表现为员工福利（employee benefits）或额外薪酬（fringe compensation），包括保障计划（protection programs，如提供家庭福利、改善健康状况，并为失业、伤残或严重疾病等灾难性原因引起的收入损失作出补偿）、带薪非工作时间（pay for time not worked，如提供带薪休假）和服务（service，为其家庭提供补助，如学费补助和子女入托补助）等。薪酬制度的划分及其形式如图 2-2 所示。

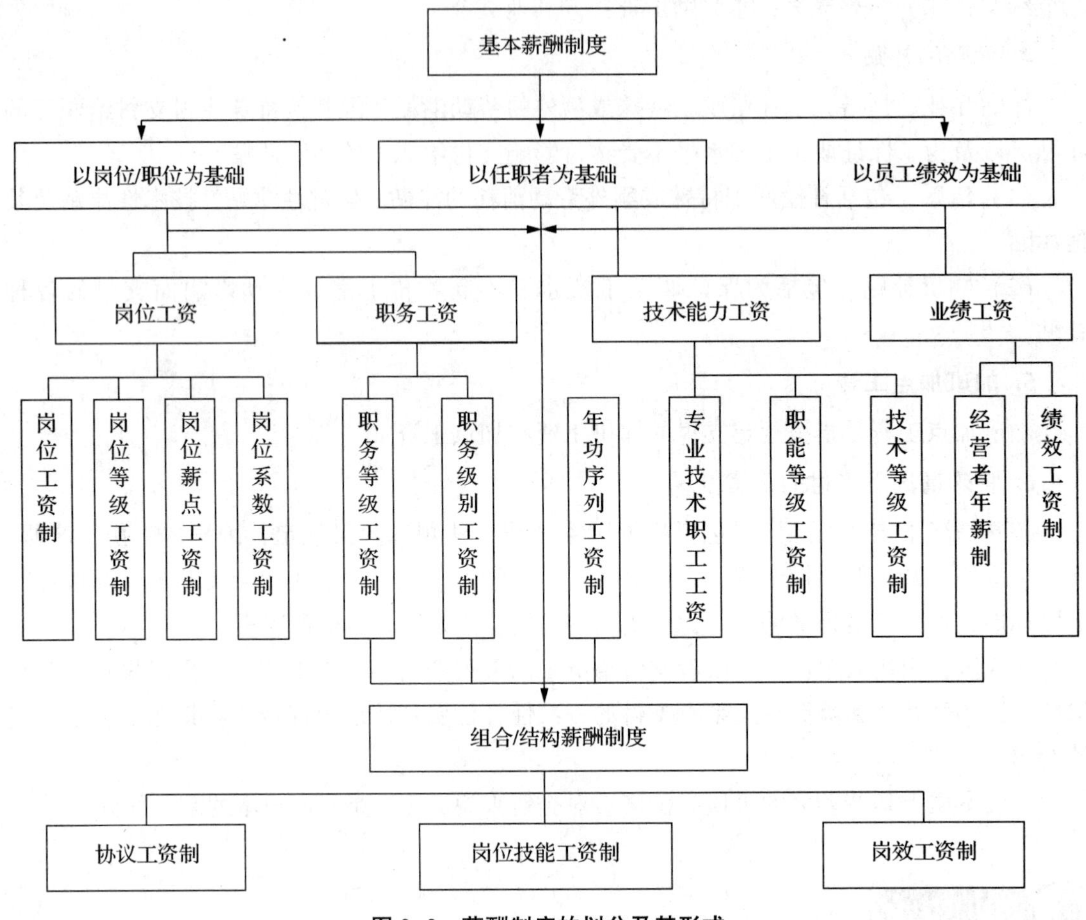

图 2-2 薪酬制度的划分及其形式

（三）最低工资制度

最低工资保障制度是我国一项劳动和社会保障制度。

最低工资标准是国家为了保护劳动者的基本生活，在劳动者提供正常劳动的情况下，而强制规定用人单位必须支付给劳动者的最低工资报酬。

《中华人民共和国劳动法》（以下简称《劳动法》）第四十八条规定，国家实行最低工资保障制度。用人单位支付劳动者的工资不得低于当地最低工资标准。最低工资标准每年会随着生活费用水平、职工平均工资水平、经济发展水平的变化而由当地政府进行调整。劳动者个人应当缴纳的社会保险费和住房公积金包含在最低工资标准之内。

最低工资制度适用人群：凡是以工资为主要生活来源的劳动者都应实行最低工资制度。

最低工资不包含以下几项：①延长工作时间工资；②中班、夜班、高温、低温、井下、有毒有害等特殊工作环境、条件下的津贴；③法律、法规和国家规定的劳动者福利待遇等。

实行计件工资或提成工资等工资形式的用人单位，在科学合理的劳动定额基础上，其支付劳动者的工资不得低于相应的最低工资标准。劳动者由于本人原因造成在法定工作时间内或依法签订的劳动合同约定的工作时间内未提供正常劳动的，不适用于本条规定。单位应按规定另行支付的用人单位依法缴纳的社会保险费，以及通过补贴伙食、住房支付或提供给劳动者的非货币收入，不得抵扣最低工资标准。

（四）其他情况的工资支付

劳动者受处分的工资支付按以下情况执行。

（1）劳动者受行政处分后仍在原单位工作（如留用察看、降级等）或受刑事处分后重新就业的，应主要由用人单位根据具体情况自主确定其工资报酬。

（2）劳动者受刑事处分期间，如收容审查、拘留（羁押）、缓刑、监外执行或劳动教养期间，其待遇按国家有关规定执行。

保障岗位实习学生获得合理报酬的权益，劳动报酬原则上不低于相同岗位试用期工资标准的 80%。学徒工、熟练工、大中专毕业生在学徒期、熟练期、见习期、试用期及转正定级后的工资待遇由用人单位自主确定。

（五）工资支付保障制度

工资支付保障制度是指保障工资支付的法律规范的总称。我国工资支付保障制度的主要内容包括工资支付的形式、工资支付的对象、工资支付的时间和工资支付的数额、违反工资支付的处理办法和法律责任等。其基本要求如下。

1. 货币支付

我国《劳动法》及《工资支付暂行规定》规定，工资应当以法定货币支付，不得以实物及有价证券替代货币支付。只有以货币方式支付工资，才能准确地反映劳动者实际付出的劳动量和应得的报酬，才能真正满足劳动者自身的消费需求和消费愿望，保障劳动者的经济利益。

2. 按时支付

工资一般应当按月支付，用人单位与劳动者可以约定工资支付日期，工资发放日如遇节假日或休息日，则应提前在最近的工作日支付。用人单位每月至少应支付一次工资，对于实行小时工资制和周工资制的人员，工资也可以按日或周发放。对完成一次性临时劳动或某项具体工作的劳动者，用人单位应按有关协议或合同规定在其完成劳动任务后即支付工资。劳动关系双方依法解除或终止劳动合同时，用人单位应在解除或终止劳动合同时一次付清劳动者的工资。

3. 足额支付

足额支付是指用人单位必须按照劳动者应得工资的全部数额向劳动者实际支付。禁止以各种理由克扣劳动者工资，一般情况下，也不允许用人单位代扣劳动者工资，对于确需代扣的，代扣的项目和额度必须依法进行限制。

4. 向劳动者本人支付

用人单位应将工资支付给劳动者本人，劳动者本人因故不能领取工资时，可由其亲属或委托他人代领。用人单位可委托银行代发工资。用人单位在支付工资时应向劳动者提供一份其个人的工资清单，列出应发工资额及其项目、扣款额及其项目、实发工资额等；用人单位必须书面记录支付劳动者工资的数额、时间、领取者的姓名及签字，并保存两年以上备查。

四、劳动保障制度

劳动保障制度是劳动制度的一个重要组成部分，它是国家根据有关法律规定，通过国民收入分配和再分配的形式，对劳动者因年老、疾病、伤残和失业等而出现困难时向其提供物质帮助以保障其基本生活的一系列制度。劳动保障制度的主要功能是保证劳动者的职业安全，从而保证劳动者及其家庭生活稳定，社会安定，保证整个社会经济发展和社会进步。劳动保障制度所涉及的内容非常广泛，职工的生育保障、疾病保障、失业保障、伤残保障、退休保障、死亡保障等都是劳动保障制度的内容。其中，失业保障制度和退休保障制度是劳动保障制度中两项最主要的制度。

（一）失业保障制度

失业是现代经济运行过程中不可避免的一种社会现象，它给每个失业者及其家庭带来灾难，也给社会经济的发展抹上了一层阴影，因而各国都十分重视对失业者进行保障。失业社会保障就是当劳动者一旦失去工作之后仍能获得基本的物质帮助的一种制度。失业保障制度的建立有助于劳动者维持基本生活，从而保护劳动力资源的生产和再生产，同时，它也可以起到缩小收入差距，保证和维护社会安定的作用。失业保障制度有 3 个最主要的特征：第一，普遍性，它是为保障有工资收入的劳动者失业后的基本生活而建立的；第二，强制性，制度范围内的单位及其职工必须按照法律法规参加失业保险，并履行缴费义务；第三，互济性，收缴的失业保障金在统筹地区统一安排使用。

当前我国现行失业保障制度的基本内容如下。

（1）享受失业保障的条件。现行的失业保障制度基本覆盖了城镇所有企事业单位及其职工，包括国有企业、城镇集体企业、外商投资企业、城镇私营企业和城镇其他企业及其职工，事业单位及其职工。

（2）失业保障金的筹集。在费用筹集方面，实行国家、用人单位、职工本人三方负担的筹集原则。城镇企业事业单位按照本单位工资总额的 2%、职工本人工资的 1%缴纳失业保险费。在失业保险基金入不敷出时，财政将给予必要的补贴。

（3）失业保障基金的开支项目。开支项目主要包括失业救济金、失业职工的医疗费、失业职工的丧葬补助费、失业职工直系亲属的抚恤费和救济费、失业职工的转业训练费、失业职工的生产自救费和失业保险管理费等方面。

（4）失业保障金的给付标准。失业保障金的标准一般应高于当地城市居民最低生活保障标准，低于当地的最低工资标准。

享受失业保障待遇必须符合 3 个条件：第一，按照规定参加失业保险，所在单位和本人已按照规定履行缴费义务满 1 年；第二，非本人意愿中断就业；第三，已办理失业登记

并有求职要求。当失业人员出现重新就业、服兵役、移居境外、享受基本养老保险待遇、被判刑或劳教，或者拒绝重新就业时，将停止享受失业保险待遇。

失业人员领取失业保障金的期限，根据失业人员失业前所在单位和本人累计缴费时间长短而不同，享受失业保险的上限分别为12个月、18个月和24个月。由于我国失业保障制度建立和推行的时间较短，因此，在运行中还存在不少问题。其主要表现在：保险统筹的层次低，互济性较差；基金支出结构不合理，管理费支出过高；失业保险的社会功能较弱等。在国有企业深化改革的过程中，面临职工的大量下岗和因劳动力供给远大于需求而造成的大规模失业挑战，失业保障制度的完善已成为刻不容缓的任务。

（二）退休保障制度

1. 退休保障制度

退休保障制度既是劳动保障制度的重要组成部分，也是社会保障制度的基本内容。当今实行退休保障制度的国家，从退休保障基金的筹措方式来看，大致可以分为三种类型，即投保资助型退休保障制度、强制储蓄型退休保障制度和统筹型退休保障制度。

（1）投保资助型退休保障制度。投保资助型退休保障制度要求劳动者和雇主定期缴纳老年退休保险金，而政府则扮演税收上帮助、财政上最后出台的角色。从投保资助型退休保障制度的基本内容来看，主要有以下特点。

①退休保障待遇的享受条件：第一，必须定期缴纳老年退休社会保障金，并交够一定的期限，如美国规定，投保10年就是法定的最低投保年限。第二，劳动者必须达到法定退休年龄并退出原来的工作岗位后才有权利享受退休待遇。

②退休保障待遇的制定原则：第一，退休金与投保金额成正相关的原则，即劳动者在业期间投保的金额越多，年限越长，则退休后享受到的退休金也就越多。第二，分享经济成果的原则。第三，照顾被抚养人口的原则。第四，与物价挂钩的原则，根据物价的波动而对退休金的标准进行调整。

③退休保障待遇的给付标准：一般取决于三个要素，即退休者在业期间的基础工资、退休者投保的年限和退休金率（每投保1年获得的占基础工资一定比例的退休金）。

④退休保障金的形式：一般有政府法定退休金、企业补充退休金和个人储蓄退休金三种形式。

（2）强制储蓄型退休保障制度。目前实行强制储蓄型退休保障制度的国家不多，原因在于其过分强调自我养老保障，投保费率过高，而且需要一系列要求很高的前提条件，即它要求拥有一个有政府权威的、专业性能强的统一的社会保障机构，并拥有一批熟悉社会保障业务的工作人员。这个机构要负责制定总投保费率和投保比例，为每个投保劳动者制定一张老年退休保障卡，登记劳动者的姓名、年龄、所在单位及每月缴纳老年退休保障费的数额与缴纳的年数。此外，还要制定退休保障金的储蓄利率。这确实是一系列非常复杂和烦琐的工作。至今，只有新加坡在这方面获得了成功。

（3）统筹型退休保障制度。大多数社会主义国家的退休保障制度都是统筹型的，这种退休保障制度的基本特征是国家（也通过国有企业）利用自己的财政资金发放退休金，劳动者个人只需缴纳很少的退休保障费，甚至不缴。待劳动者退休或失去劳动能力后则一概享有国家法定的保障待遇。我国实行的退休保障制度基本属于统筹型。

2. 我国的退休保障制度

我国统筹型退休保障制度的基本内容可以从以下几个方面来考虑。

（1）退休保障的实施范围。企业职工退休的实施范围主要是国有企业事业单位、城镇集体企业、外商投资企业、城镇私营企业、其他城镇企业及其职工，实行企业化管理的事业单位及其职工。机关事业单位的工作人员都在保障实施范围之内。

（2）资金来源。企业工作人员的退休保障资金根据《关于企业职工养老保险制度改革的决定》规定，养老保险将实现由国家、企业、职工个人三方共同负担的办法。养老保险分为 3 个层次，第一个层次为基本养老保险（也称国家基本养老保险），是由国家统一下达政策，强制实施，这一层次的保险可以保障退休职工的基本生活需要。基本养老保险基金由国家、企业、职工个人三方负担，企业按职工工资总额的一定比例缴纳基本养老保险费。职工个人也要缴纳基本养老保险费，一般不低于个人缴费工资基数 3%的比例缴费，以后每隔两年提高 1 个百分点，最终达到个人账户养老保险费的 50%。第二个层次是企业补充养老保险，它是企业根据自身经济能力，为本企业职工建立的一种追加式或辅助式养老保险，养老保险金从企业自有资金中的奖励、福利基金内提取，然后由国家社会保险管理机构按规定记入职工个人账户，所存款项及利息归个人所有。第三个层次为职工个人储蓄性养老保险，保险金由职工个人根据个人收入情况自愿参加。

机关事业单位工作人员的退休保障资金主要由国家提供，资金来源较为可靠。

（3）退休金给付标准。企业职工的退休金标准与个人在职时缴费工资基数及缴费年限长短挂钩，缴费工资越高，缴费年限越长，个人账户积累越多，退休时基本养老金就越多。按照现行制度，满足以下 3 个条件的，可以按月领取基本养老金。

①参加了城镇企业职工基本养老保险。

②达到了国家法定退休年龄，即男年满 60 周岁，女干部年满 55 周岁，女工人年满 50 周岁。因病完全丧失劳动能力及从事特殊工种工作的符合条件可提前退休。

③个人缴费满 15 年。个人缴费年限不满 15 年的，只能一次性领取个人账户存储额。

机关事业单位工作人员的养老金标准按照其在职时的贡献大小（所积累的年功贡献）和国家的经济发展水平来确定。领取退休金的人需要符合的基本条件是达到国家法定退休年龄，即男年满 60 周岁，女干部年满 55 周岁，普通职工的退休金随工龄的不同而不同，其退休金为标准工资的 60%~80%。而全国劳动英模，革命和建设中有过特殊贡献者，以及军以上战斗英雄，若退休后仍保持自己的荣誉，可得到比规定标准多 5%~15%的退休金。

活学活用劳动基本制度

一、活动目标

理解我国劳动的基本制度，并能够将其灵活运用于以后的工作中。

二、活动时间

建议 30 分钟。

三、活动流程

1. 教师将学生按照 6~8 人划分小组，小组数量最好为 3 的倍数。

2. 每组选出一名代表进行劳动就业制度、劳动工资制度和劳动保障制度的抽签，每组根据抽到的签进行准备。

3. 每组成员间分工协作进行网上搜集材料等，分析抽到的制度对我们个人的意义和价值，小组充分讨论后形成本组观点，并能举出 1~2 个案例进行说明。

4. 每个小组选出一名代表陈述本组观点，其他小组可以对其进行提问，小组内其他成员也可以回答提出的问题；通过问题交流，将每一个需要研讨的问题都弄清楚。

5. 教师进行分析、归纳、总结，并根据各组在活动过程中的表现给予点评并赋分。

劳动法律与劳动权益

导读

近些年来，随着《劳动合同法》《就业促进法》《社会保险法》等相继实施，我国逐渐形成了以《宪法》为依据、《劳动法》为基础、《就业促进法》《劳动合同法》《社会保险法》《劳动争议调解仲裁法》为主干、相关法律法规为配套的劳动保障法律体系。而其中《劳动合同法》与大学生的就业息息相关，它以完善劳动合同制度，明确劳动合同双方当事人的权利和义务，保护劳动者的合法权益，构建和发展和谐稳定的劳动关系为目的，值得每个人充分理解并能够灵活运用。

岗位实习作为职业教育人才培养的主导模式，它是高等院校学生完成学业、走向工作岗位的必经阶段。但是由于学生工作经验不足、风险防范意识缺失、实习企业管理不规范，导致学生们在岗位实习期间的劳动权益难以得到充分的保障，为此国家制定了《职业学校学生实习管理规定》，进一步规范和加强职业学校学生实习工作，维护学生、学校和实习单位的合法权益。

任务一　劳动法体系

学习目标

1. 了解我国劳动法律法规，尤其是与个人紧密相关的具体规定。
2. 学会运用法律手段应对、解决自己在职场中所要面对的相关法律问题。
3. 培养学习相关法律法规知识的兴趣并形成良好的职业道德。

案例导入

临时工的权益

2019 年 4 月，李强刚刚参加完河南省统一组织的高职院校单独招生考试，想到离 9 月份正式进入大学校园还有很长一段时间，于是他去郑州市某宾馆应聘，工作岗位是锅炉

房司炉，希望勤工助学一段时间，为家里减轻一些负担。之后他被这家宾馆录用了（该宾馆在此之前已向所在地的劳动行政部门办理了用工登记）。因为李强的身份还是学生，在宾馆岗位上究竟能做多长时间自己也不确定，于是宾馆方面就把他划入了临时工的行列，也没有签订相应的劳动合同，但约定每天工作 8 小时，工资按月结算，并对其安排了健康体检。体检合格后，李强正式步入了工作岗位。上班后前几个星期，李强发现工作比较清闲，对这份工作很满意。不久，宾馆迎来旅游旺季，热水需求急剧增加，每天为烧锅炉需要他一个人用推车推运十几车煤，工作时间远超 8 小时，一天下来李强感觉浑身酸疼，身体渐渐吃不消了。

于是，李强向宾馆有关领导要求增加人手或给自己调换工作岗位，而宾馆的有关负责人却以招聘启事中明确约定了李强的工作岗位为由拒绝了他的要求，因此，双方产生了争议。到了 8 月份，李强实在难以忍受如此高强度的劳动，于是向宾馆提出辞职，并要求结算相应的工资，但宾馆却以工作不满一个月为由拒绝给他结算工资，他该怎么办呢？

分析：在实际生活当中，我们可能也会遇到类似的问题，但是往往因为缺乏相应的法律知识和常识、维护自身合法权益的意识，导致事情最后不了了之。所以，学习一些劳动方面的法律知识，对于我们在职场中维护自身合法权益是十分必要的。根据我国《劳动法》《劳动合同法》等法律法规的相关规定，我国劳动争议处理实行“一调、一裁、两审”的处理体制，劳动争议发生后，李强与用人单位可以协商解决；不愿协商，协商不成或者达成和解协议后不履行的，可以向调解组织申请调解；不愿调解、调解不成或者达成调解协议后不履行的，应当向劳动争议仲裁委员会申请仲裁；对仲裁裁决不服的，除另有规定的之外，可以向人民法院提起诉讼。

法律是社会的基本行为准则，遵守法律也是社会中每个人应尽的义务。我们在劳动和生活中都应该筑牢守法意识，树立正确的法治观念，依法约束自己的言行，让法律成为校准人生轨迹的重要准绳。

一、劳动法体系概述

（一）法律的概念和特征

法律是由国家制定或认可并依靠国家强制力保障实施的，反映由特定社会物质生活条件所决定的统治阶级意志，以权利和义务为内容，以确认、保护和发展对统治阶级有利的社会关系和社会秩序为目的的行为规范体系。

法律具有以下几个特征。

（1）法律是一种概括、普遍、严谨的行为规范。

（2）法律是国家制定或认可的行为规范。

（3）法律是国家确认权利和义务的行为规范。

（4）法律是由国家强制力保障实施的行为规范。

（5）法律是调整社会关系的行为规范。

（6）法律是具有普遍性的社会规范。

（二）劳动法体系的含义与构成

1. 劳动法体系的含义

劳动法的体系是指劳动法律规范按照一定的调整对象、规格和逻辑所组成的和谐统一、有机结合的现行法的系统。

2. 劳动法体系构成

劳动法体系是立法者自觉对劳动法规范加以整理创造并使之系统化的结果。根据我国的实际情况，劳动法由以下 4 个层次构成。

（1）第一层次。第一层次在层级上指制定一个涉及面较广的“劳动法总纲”；在形式上，是全国代表大会制定的劳动基本法律，在内容上是对有关劳动方面根本的、普遍的、重要的问题所作的原则性规定。目前，我国已由全国人大常委会制定了《中华人民共和国劳动法》。我国也有《企业法》，它们之间有一些基本的分工：企业法是以维护企业对生产资料的经营权为核心，劳动法则应以维护劳动者对本人劳动力的所有权为核心。通过《企业法》《公司法》来确定产权的边界，通过《中华人民共和国劳动法》来确定劳权的边界。

（2）第二层次。第二层次在形式上主要是全国人民代表大会常务委员会制定的单行劳动法律，名称上可称为“法”；少数特别重要的法律，可由全国人民代表大会直接制定；一些涉及面较窄的内容也可由国务院制定为行政法规。在内容上主要是依据劳动法的基本原则，确立调整劳动关系及劳动行政关系某一方面的基本制度。第二层次的立法是将劳动法总纲的规定进一步专项化、制度化。以现有的劳动法为基础，我们认为可以形成以下诸法。

①主体立法。它是对劳动法主体进行规定的法律，包括对用人单位、劳动者、工会及劳动行政机关的规定。从我国的立法实践看，这些内容已由一个法群组成，一部分是作为基本法来规定的，一部分是作为行政法规来规定的。我国已经制定了《中华人民共和国全民所有制工业企业法》《中华人民共和国城镇集体所有制企业条例》《中华人民共和国乡村集体所有制企业条例》《中华人民共和国中外合作经营企业法》等一系列企业法，规定了企业的法律地位。对劳动者的法律地位也已在《中华人民共和国劳动法》中规定。1950 年中央人民政府还曾颁布《中华人民共和国工会法》、1992 年 4 月 3 日第七届全国人民代表大会第五次会议通过的《中华人民共和国工会法》确定了工会的法律地位。劳动行政机关的法律地位则由《中华人民共和国国务院组织法》《关于国务院机构改革方案的决定》等法律和文件来确定。

②合同立法。它是体现劳动关系双方当事人自主权和平等协商的法律制度，也是“劳动关系协调合同化”这一劳动法基本原则的具体体现，在法律内容上以存在着任意性规范为特征。作为第二层次的法规，应有两个综合性条例：《劳动合同法》，对劳动合同的订立、履行、终止及变更、解除做出较全面的规定；《集体合同法》，对集体协商、集体合同内容、集体合同变更、集体合同解除等做出全面的规定。

③基准立法。它是对用人单位劳动义务所做的最低标准的规定，也是“劳动条件基准化”这一劳动法基本原则的具体体现。在法律内容上以强制性规范为特征。作为第二层次的法规，应有8个方面的内容：《工时休假法》对最长工时、带薪休假作出规定，并对延长工时进行限制；《工资法》对工资的确定和支付作出一系列基本规定；《安全生产法》《劳动保护法》对劳动安全卫生的基本要求作出一系列具体规定。

④保障立法。这里所说的保障立法仅指社会性的保障规定。它是以劳动关系建立前和终止后的关系为主要内容，也是“劳动者保障的社会化”原则的体现。这部分立法的内容与前两部分立法的区别是：前两部分立法是以调整劳动关系为功能规范用人单位和劳动者的关系，这部分立法的主要调整对象一方是国家机关及其授权的组织，另一方是用人单位或劳动者。作为一种劳动行政关系，国家机关及其授权的管理服务机构起着主导作用。这类立法主要包括两方面的内容：《就业促进法》，当劳动关系尚未建立时，以促进就业、帮助劳动者建立劳动关系为目的，从而对就业服务机构、就业服务企业、就业基金、就业歧视的制止等作出一系列原则规定；《社会保险法》，当劳动关系丧失或劳动力丧失、部分丧失时以保障劳动者的基本生活为目的，确立失业保险、养老保险、医疗保险、工伤保险、生育保险、疾病与伤残津贴、遗嘱津贴等基本制度。

⑤执法规定。应当体现“劳动执法规范化”的原则。作为程序法应与实体法相配合，主要表现在：与合同法相配套，应制定以劳动争议调解、仲裁为基本内容的《劳动争议处理法》；与基准法相配套，应制定《劳动保障监察条例》。

（3）第三层次。在形式上主要是国务院制定的劳动行政法规，在名称上主要用“条例”“规定”，以和上一层次“法”的称谓区别；少数特别重要的内容也可由全国人民代表大会常委会制定为法律；一些有待进一步完善或涉及较具体的内容也可由国务院各部委制定为劳动行政规章，名称上主要用“办法”“细则”以和“法”“条例”“规定”的称谓相区别。在内容上是对第二层次的法进一步具体化，并可依据劳动法律制度的具体原则，使各项内容专门化、制度化。

①主体立法。a. 用人单位方面：主要是制定一系列劳动管理方面的规定。目前，我国的用人单位仍保留着所有制的痕迹，作为一种过渡性的规定已经有一些规定。如随着产权关系的明晰，社会主义统一市场的建立，这类规定将为新的分类所代替，《股份有限公司劳动管理条例》《有限责任公司劳动管理条例》《股份合作制劳动管理规定》《合伙企业劳动管理规定》等。b. 劳动者方面：主要是对一些特殊劳动力的资格加以确定，例如《禁止使用童工条例》《学位法》《专业技术职务聘任条例》《高级技师评聘规定》《工人技术考核规定》《劳动能力鉴定规定》等。

②合同立法。a. 劳动合同方面：主要是将劳动合同订立、变更、终止、解除中的内容具体化。包括《招工规定》《商业秘密保护规定》《技术工种上岗培训办法》《服务期确定办法》《学徒管理规定》《企业裁员管理规定》《企业职工患病和非因工负伤医疗期规定》《内部劳动规则制定的规定》；b. 集体合同方面包括《集体协商规定》《集体合同审查办法》。

③基准立法。a. 工时休假方面：《企业实行不定时工作和休息规定》《计件工作工时的管理办法》《综合计算工时的规定》《限制延长工时的规定》《年休假规定》《婚丧假规定》；b. 工资方面：《最低工资条例》《履行社会义务的工资确定规定》《工资支付条例》；c. 劳动安全卫生方面：《企业职工伤亡事故报告处理条例》《特别重大事故调查程序条例》《职业病认定和处理规定》，还可按产业特点对劳动环境、劳动条件、安全培训等做出一系列具体规定；d. 女工和未成年工保护方面：《女职工保护条例》《未成年工保护条例》。

④保障立法。a. 促进就业方面：《劳动就业管理服务机构的规定》《职业介绍条例》《农村劳动力跨地区就业管理规定》《就业登记办法》《劳动就业企业规定》《就业基金规定》《就业和失业统计办法》《反就业和职业歧视规定》《职业技能开发条例》《职业技能鉴定条例》《残疾人就业条例》《退出现役军人就业规定》《促进中高龄劳动者就业办法》；b. 社会保险方面：《社会保险管理服务机构规定》《失业保险条例》《养老保险条例》《医疗保险条例》《工伤保险条例》《城镇企业职工死亡待遇规定》。

⑤执法规定。a. 劳动争议处理方面：《劳动争议仲裁委员会组织规定》《劳动争议仲裁委员会办案规则》《集体劳动争议处理程序》；b. 劳动监察方面：《劳动监察员管理办法》《劳动安全卫生监察条例》；c. 法律责任方面：《违反劳动法的行政处罚条例》《违反劳动法的赔偿办法》。

（4）第四层次。主要是省、自治区、直辖市人民代表大会和其常委会制定的地方性劳动法规及地方政府制定的地方性规章。根据各地方的实际情况，在不违背劳动法律、劳动行政法规的条件下，依照法定权限和程序制定的适用于本地方的各种法规。我国幅员辽阔，经济发展水平参差不齐，涉及具体待遇的规定，由各地规定较为适宜。

二、《中华人民共和国劳动法》

（一）中国劳动法的发展

劳动法是调整劳动关系及与劳动关系密切相连的其他关系的法律，是我国法律体系中的一大重要部门，它与广大劳动人民息息相关，与国计民生紧密相连。然而它的发展却并非一帆风顺，在其几十年的发展中，历经风云变幻，最后随着法治进程的不断推进而确立了自身不可动摇的地位。

中国劳动法的出现可以追溯到1927年在工人斗争强压下政府制定但未执行的《劳动法》，以及随后出现的《劳资争议处理法》《工厂法》《工会法》等，但是在半殖民地半封建的社会性质下，这些保障劳动者的法律规范只是充当了统治者缓和社会矛盾、维护统治阶级利益的工具，并未真正贯彻实施。因此，中国劳动法真正的发展始于1949年中华人民共和国成立，并且可以将其后我国的劳动立法分为3个时期。

1. 劳动法的探索期

中华人民共和国成立至党的十一届三中全会是我国劳动法的探索时期，这一时期的劳动立法反映出由新民主主义社会向社会主义社会过渡的历史特点。最初围绕1949年《中

国人民政治协商会议共同纲领》对劳动问题所作的原则规定而展开，在 1954 年《宪法》明确了保护公民享有的劳动权、休息权、物质帮助权以后，劳动立法取得进展，形成了以《工会法》《工厂安全卫生规程》等为代表的一系列法律法规。

2. 劳动法的确立期

党的十一届三中全会至 1994 年《中华人民共和国劳动法》的出台是我国劳动法确立发展的时期。这一时期我国将全党工作重心转移到社会主义现代化建设上来，揭开了以改革开放为主旋律的我国社会主义现代化建设的新篇章，我国的社会主义法制建设也进入了一个新的阶段，作为法律之一的劳动法获得了蓬勃发展。1994 年由全国人大常委会颁布的《中华人民共和国劳动法》，以市场经济为导向，对劳动法领域的劳动就业、劳动合同、集体合同、劳动争议处理等重要问题做了较全面的规定，整体勾画了劳动法律体系的框架，是我国劳动立法上的一个重要里程碑。

3. 劳动法的转变期

20 世纪末以来，世界经济以前所未有的速度向前发展，劳动法的发展环境也因此发生了翻天覆地的变化。在全球化浪潮的席卷之下，世界各国经济呈现出相互依存、相互渗透的趋势。科技的革新及信息网络时代的来临造成的劳动关系更加复杂、多元化也对劳动法产生了重要影响。信息网络时代的发展突破了传统劳动关系中的固定模式，催生了非典型的劳动关系。为适应上述变化，我国劳动立法以《劳动法》为基础，向广度和深度方面拓展，如《就业促进法》明确了国家促进就业的基本责任，力图为劳动者创造公平就业机会和就业环境等。

（二）《中华人民共和国劳动法》

《中华人民共和国劳动法》（以下简称《劳动法》）于 1995 年 1 月 1 日起施行并分别于 2009 年和 2018 年进行了修正。它是为了保护劳动者的合法权益，调整劳动关系，建立和维护适应社会主义市场经济的劳动制度，促进经济发展和社会进步而制定的。《劳动法》分为 13 章，具体包括总则、促进就业、劳动合同和集体合同、工作时间和休息休假、工资、劳动安全卫生、女职工和未成年工特殊保护、职业培训、社会保险和福利、劳动争议、监督检查、法律责任、附则。

我国劳动法的基本原则如下。

1. 劳动既是权利又是义务的原则

（1）劳动是公民的权利。每个有劳动能力的公民都有从事劳动的同等的权利。对公民来说，意味着享有就业权和择业权在内的劳动权；有权依法选择适合自己特点的职业和用工单位；有权利用国家和社会所提供的各种就业保障条件，以提高就业能力和增加就业机会。对企业来说意味着平等地录用符合条件的职工，加强提供失业保险、就业服务、职业培训等方面的职责。对国家来说，应当为公民实现劳动权提供必要的保障。

（2）劳动是公民的义务。这是劳动尚未普遍成为人们生活第一的现实和社会主义固有的反剥削性质所引申出的要求。

2. 保护劳动者合法权益的原则

（1）偏重保护和优先保护。劳动法在对劳动关系双方都给予保护的同时，偏重于保护处于弱者地位的劳动者，适当体现劳动者的权利本位和用人单位的义务本位，劳动法优先保护劳动者利益。

（2）平等保护。全体劳动者的合法权益都平等地受到劳动法的保护，既包括各类劳动者的平等保护，也包括特殊劳动者群体的特殊保护。

（3）全面保护。劳动者的合法权益，无论它存在于劳动关系的缔结前、缔结后或是终结后都应纳入保护范围之内。

（4）基本保护。对劳动者的最低限度保护，也就是对劳动者基本权益的保护。

三、《中华人民共和国劳动合同法》

（一）《劳动合同法》

《中华人民共和国劳动合同法》（以下简称《劳动合同法》）是为了完善劳动合同制度，明确劳动合同双方当事人的权利和义务，保护劳动者的合法权益，构建和发展和谐稳定的劳动关系而制定的法律。由第十届全国人民代表大会常务委员会第二十八次会议于2007年6月29日修订通过，自2008年1月1日起施行。

《全国人民代表大会常务委员会关于修改〈中华人民共和国劳动合同法〉的决定》已由中华人民共和国第十一届全国人民代表大会常务委员会第三十次会议于2012年12月28日通过，自2013年7月1日起施行。

（二）《劳动合同法》与《劳动法》的区别

1. 概念上的区别

劳动法是调整劳动关系及与劳动关系密切相联系的其他关系的法律规范的总称。劳动合同法，是指关于劳动合同的法律，其有广义和狭义之分。广义上的劳动合同法一般是指所有关于劳动合同的法律规范的总称。狭义上的劳动合同法就是指现行的《中华人民共和国劳动合同法》。《劳动法》是劳动保障立法体系中的基准法，是《劳动合同法》的立法根据，可以说它是《劳动合同法》的母法。《劳动法》是大法，《劳动合同法》是专门规范用人单位与劳动者建立劳动关系，订立、履行、变更、解除、终止劳动合同的法律法规。

2. 立法背景的区别

《劳动法》是我国在计划经济向市场经济过渡时期劳动关系初步紧张状态下产生的法律，《劳动合同法》则是在我国市场经济发育逐渐成熟时期、劳动关系非常紧张状态下产生的法律。

《劳动法》是20世纪劳动立法的标杆，《劳动合同法》则是20世纪中国劳动关系发展的必然结果，是构建社会主义和谐社会对上层建筑的必然要求。

3. 立法宗旨的区别

《劳动法》第一条开宗明义，“为了保护劳动者的合法权益，调整劳动关系，建立和维护适应社会主义市场经济的劳动制度，促进经济发展和社会进步，根据宪法，制定本法”，明确把劳动者权益放在第一位。

《劳动合同法草案》第一次送审稿套用了《劳动法》，即“《劳动合同法》保护劳动合同双方当事人的合法权益”。草案公布时则改为“为了规范用人单位与劳动者订立和履行劳动合同的行为，保护劳动者的合法权益，促进劳动关系和谐稳定，根据《中华人民共和国劳动法》，制定本法”。最终变为“为了完善劳动合同制度，明确劳动合同双方当事人的权利和义务，保护劳动者的合法权益，构建和发展和谐稳定的劳动关系，制定本法”。前后言辞、次序之变，暗含了立法思路的调整。

四、《中华人民共和国就业促进法》

《中华人民共和国就业促进法》（以下简称《就业促进法》）是自 2008 年 1 月 1 日开始施行的，2007 年 8 月 30 日第十届全国人民代表大会常务委员会第二十九次会议通过。根据 2015 年 4 月 24 日第十二届全国人民代表大会常务委员会第十四次会议《关于修改〈中华人民共和国电力法〉等六部法律的决定》修正。

《就业促进法》共计 9 章 69 条，制定了针对促进就业的长效机制，这部法律将就业工作纳入法制化轨道，从法律层面形成了更有利于学生就业的社会环境。提出了“国家把扩大就业放在经济社会发展的突出位置，实施积极的就业政策，坚持劳动者自主择业、市场调节就业、政府促进就业”的方针。内容涉及转变就业观念，提高就业能力；强化依法管理，加大资金投入；规范就业市场，打击违法行为；鼓励自主创业，加强就业援助；反对就业歧视，营造公平环境等方面。因此，当自己在就业中遇到困难时可以向相关政府部门要求援助，当受到歧视时可以向相关政府部门反映甚至诉讼。

与就业权利相关的规定主要有以下几个方面。

1. 政府应建立就业专项资金，用于改善和扩大就业

《就业促进法》把就业专项资金明确写入了法律，提升了其效力程度。《就业促进法》第十五条规定，县级以上人民政府应当根据就业状况和就业工作目标，在财政预算中安排就业专项资金用于促进就业工作。

就业专项资金主要用于以下几个方面：职业介绍、职业培训、公益性岗位、职业技能鉴定、特定就业政策和社会保险等的补贴，小额贷款担保基金和微利项目的小额担保贷款贴息，以及扶持公共就业服务。

2. 劳动者的平等就业权

平等就业，反对就业歧视。《就业促进法》对于平等就业问题以多个条款作出了规定，其中第三条规定了基本的原则，“劳动者依法享有平等就业和自主择业的权利。劳动者就业，不因民族、种族、性别、宗教信仰等不同而受歧视。”除此之外，该法其他条款的规定如下。

第二十六条规定用人单位和职业中介机构的责任。用人单位招用人员、职业中介机构从事职业中介活动，应当向劳动者提供平等的就业机会和公平的就业条件，不得实施就业歧视。

第二十七条规定男女平等的劳动权利。用人单位招用人员，除国家规定的不适合妇女的工种或者岗位外，不得以性别为由拒绝录用妇女或者提高对妇女的录用标准。用人单位录用女职工，不得在劳动合同中规定限制女职工结婚、生育等内容。

第二十八条规定各民族劳动者平等的劳动权利。用人单位招用人员，应当依法对少数民族劳动者给予适当照顾。

第二十九条规定残疾人的劳动权利。各级人民政府应当对残疾人就业统筹规划，为残疾人创造就业条件。用人单位招用人员，不得歧视残疾人。

第三十条规定传染病病原携带者的劳动权利。用人单位招用人员，不得以是传染病病原携带者为由拒绝录用。但是，经医学鉴定传染病病原携带者在治愈前或者排除传染嫌疑前，不得从事法律、行政法规和国务院卫生行政部门规定禁止从事的易使传染病扩散的工作。

第三十一条规定农村劳动者的劳动权利。农村劳动者进城就业享有与城镇劳动者平等的劳动权利，不得对农村劳动者进城就业设置歧视性限制。

3. 公共就业服务机构的设立

为了实施促进就业的目的，《就业促进法》规定了加强职业教育和培训；鼓励发展劳动密集型产业、服务业；发展国内外贸易和国际经济合作，拓宽就业渠道等条款。《就业促进法》第三十五条规定，县级以上人民政府建立健全公共就业服务体系，设立公共就业服务机构，而且，明确规定该公共就业服务机构是公益性的，不得从事经营性活动，为劳动者免费提供服务。

公共就业服务机构主要为劳动者提供的免费服务有：①就业政策法规咨询；②职业供求信息、市场工资指导价位信息和职业培训信息发布；③职业指导和职业介绍；④对就业困难人员实施就业援助；⑤办理就业登记、失业登记等事务；⑥其他公共就业服务。

4. 建立失业预警制度

《就业促进法》第四十二条规定，县级以上人民政府建立失业预警制度，对可能出现的较大规模的失业，实施预防、调节和控制。

5. 就业援助制度

《就业促进法》第五十二条规定，各级人民政府建立健全就业援助制度，采取税费减免、贷款贴息、社会保险补贴、岗位补贴等办法，通过公益性岗位安置等途径，对就业困难人员实行优先扶持和重点帮助。

所谓就业困难人员，按照《就业促进法》的规定是指因身体状况、技能水平、家庭因素、失去土地等原因难以实现就业，以及连续失业一定时间仍未能实现就业的人员。

6. 城市有就业需求的家庭至少有一人实现就业

《就业促进法》第五十六条规定，县级以上地方人民政府采取多种就业形式，拓宽公益性岗位范围，开发就业岗位，确保城市有就业需求的家庭至少有一人实现就业。存在上述情形的城市居民家庭，可以向住所地街道、社区公共就业服务机构申请就业援助。街道、社区公共就业服务机构经确认属实的，应当为该家庭中至少一人提供适当的就业岗位。

知识拓展

就业促进法

《就业促进法》共有九章六十九条，主要内容归纳为“116510”，即“一个方针，一面旗帜，六大责任，五项制度，十大政策”。

1. 一个方针

一个方针，即坚持“劳动者自主择业，市场调节就业，政府促进就业”的方针。

2. 一面旗帜

一面旗帜，即高举“公平就业”旗帜，创造公平就业的环境。

《就业促进法》第三条明确规定：劳动者就业，不因民族、种族、性别、宗教信仰不同而受歧视。同时专设“公平就业”一章（第三章第二十五条至第三十一条）明确规定：残疾人、传染病携带者和进城就业的农村劳动者等群体享有与其他劳动者平等的劳动权利。

3. 六大责任

六大责任，即法律对政府在促进就业中承担重要职责作出了明确规定，主要包括6个方面。

（1）发展经济和调整产业结构，增加就业岗位。《就业促进法》第四条：县级以上人民政府把扩大就业作为经济和社会发展的重要目标，纳入国民经济和社会发展规划，并制定促进就业的中长期规划和年度工作计划。第十一条：县级以上人民政府应当把扩大就业作为重要职责，统筹协调产业政策与就业政策。

（2）制定并实施积极的就业政策。《就业促进法》专设“政策支持”一章，将目前实施的积极就业政策中行之有效的核心措施通过法律形式确定下来，形成长期有效的机制。

（3）规范人力资源市场。《就业促进法》第三十二条规定：县级以上人民政府培育和完善统一开放、竞争有序的人力资源市场，为劳动者就业提供服务。第三十八条：县级以上人民政府和有关部门加强对职业中介机构的管理，鼓励其提高服务质量，发挥其在促进就业中的作用。

（4）完善就业服务。《就业促进法》专设“就业服务和管理”一章，对完善就业服务，特别是加强公共就业服务作了明确规定。

（5）加强职业教育和培训。《就业促进法》专设“职业教育和培训”一章，进一步明确职业培训作为促进就业的重要支柱和根本措施，应成为各级政府促进就业工作的着力点。

（6）提供就业援助。《就业促进法》专设“就业援助”一章，明确规定各级政府应采取各种有效措施，对就业困难人员实行优先扶持和重点帮助。

4. 五项制度

五项制度，即以法律形式将就业工作制度化，主要包括5个方面：①加强对就业工作组织领导的政府责任制度；②加强对劳动者工作的公共就业服务和就业援助制度；③加强对市场行为规范的人力资源市场管理制度；④加强对人力资源素质提升的职业能力开发制度；⑤加强对失业治理的失业保险和预防制度。

5. 十大政策

十大政策分别是：①有利于促进就业的经济发展政策；②有利于促进就业的财政保障政策；③有利于促进就业的税费优惠政策；④有利于促进就业的金融支持政策；⑤城乡统筹的就业政策；⑥区域统筹的就业政策；⑦群体统筹的就业政策；⑧有利于灵活就业的劳动和社会保险政策；⑨援助困难群体的就业政策；⑩实行失业保险促进就业政策。

五、中华人民共和国社会保险法

《中华人民共和国社会保险法》（以下简称《社会保险法》）于2011年7月1日起施行。2010年10月28日第十一届全国人民代表大会常务委员会第十七次会议通过。根据2018年12月29日第十三届全国人民代表大会常务委员会第七次会议《关于修改〈中华人民共和国社会保险法〉的决定》修正。

《社会保险法》是中国特色社会主义法律体系中起支架作用的重要法律，是一部着力保障和改善民生的法律。《社会保险法》立足于我国经济社会发展的实际情况，结合我国社会保险制度的发展目标，规定了参保人的权利义务，确立了养老、医疗、工伤、失业和生育等保险的基本制度，并对社会保险费征缴、基金经办、监督等环节作了专章规定。社会保险法的制定和实施，将为推动我国社会保险制度的发展和完善，解决广大劳动者老有所养、病有所医，以及发生工伤、失业、生育时的帮助和救济，保护参保人的合法权益，促进社会和谐提供了法制保障。

案例分析

岗前培训有工资吗

2018年6月，李冉从河北省某中职学校毕业后经过笔试和面试被现在的公司录用。李冉拿到了正式的录取通知书后按照通知书规定的日期报到，上班第一天就接到了人力资源部的通知，要求所有的新人都必须参加1个月的岗前培训。

考虑到自己已经毕业且家庭负担较重，所以李冉壮胆去问了一下人力资源部经理自己的岗前培训这1个月的工资能发多少。人力资源部经理对她说：“因为这1个月是培训期，不算正式工作，但公司会给予每个人700元的生活补贴。”李冉觉得给得太少了，所以就直接对人力资源部经理说：“经理，现在物价这么高，700元怎么活呀?!”经理回答她说：“你参加培训没有创造价值，哪来的工资，公司给予补贴已经很好了。”听到经理这么说，李冉既不满意也觉得不合理，但她又不知道该如何捍卫自己的权益。

分析：按照《劳动合同法》规定：用人单位用工之日起即与劳动者建立劳动关系，就已经受用人单位管理，岗前培训属于用人单位安排。同时，岗前培训，既是劳动者的权利，也是用人单位的义务，劳动者已经提供了用工，所以岗前培训1个月，公司应按试用期薪资发放。李冉因对《劳动合同法》中的试用期规定不甚了解，所以自己的权益受到侵害时也无力捍卫。

课堂活动

劳动法律法规知识懂多少

一、活动目标

了解我国的劳动法律法规，知悉它们中有哪些内容是保护个人劳动权益的。

二、活动时间

建议 20 分钟。

三、活动流程

1. 所有学生运用各种途径整理个人认为重要的保护个人劳动权益的相关法律法规知识。

2. 教师按照 8~10 人划分小组，并要求从组员整理的法律法规知识中讨论挑选出 15~20 个小组认为十分重要的。

3. 每个小组选出一名代表陈述本组整理的十分重要的法律法规知识，其他小组可以对其进行提问，小组内其他成员也可以回答提出的问题；通过问题交流，将每一个值得探讨的法律法规知识都弄清楚。

4. 教师引导学生灵活运用我国的劳动法律法规知识，并把各组解读的劳动法律法规知识进行分析、归纳、总结。

5. 教师根据各组在研讨过程中的表现，给予点评并赋分。

任务二　劳动关系确立与劳动争议

学习目标

1. 了解《劳动合同法》中劳动者劳动权利的基本内容。

2. 掌握劳动合同签订并规避主要风险的方法，能灵活运用相关法律法规处理简单的劳动争议。

3. 积极借鉴劳动争议处理中的措施来保护个人权益。

案例导入

劳动合同该不该签

2017 年，甘肃省某区劳动监察大队受理了多起劳动保障方面的举报投诉案件。经调查，这些案件中的劳动者与用人单位大多都未签订劳动合同。令人惊讶的是，有的竟然是劳动者不愿与用人单位签订劳动合同，理由是签订劳动合同会束缚自己的自由，影响自己将来跳槽或者接私活。

分析：劳动合同是劳动者与用人单位确立劳动关系，明确双方权利和义务的协议。它对劳动者而言，是保障劳动者权益的有效武器，一旦与用人单位发生劳动争议，无论是举报投诉还是申请仲裁，没有合同为证会带来很多麻烦。建立劳动关系时应当订立劳动合同。

劳动关系的认定其实是一个大课题，不仅涉及如何根据构成要件对当事人之间是否成立劳动关系做出认定，还涉及劳动关系与劳务关系等其他用工关系以及承揽关系等其他法律关系的比较和区分。作为即将或正在迈入社会职场的大学生劳动者，应该学会运用法律知识来维护自身的合法权益，并且要懂得哪些劳动关系是受法律保护的。

一、劳动关系

劳动关系是指用人单位与劳动者之间，依法所确立的劳动过程中的权利义务关系，也指劳动者与用人单位依法签订劳动合同而在劳动者与用人单位之间产生的法律关系。劳动关系一旦确定，劳动者就必须接受用人单位的管理，从事用人单位安排的工作，成为用人单位的成员，从用人单位领取劳动报酬和受劳动保护。

用人单位是指中华人民共和国境内的企业、个体经济组织、民办非企业单位等组织。同时，也包括国家机关、事业单位、社会团体与劳动者建立劳动关系的组织。

劳动者是指达到法定年龄，具有劳动能力，以从事某种社会劳动获得收入为主要生活来源，依据法律或合同的规定，在用人单位的管理下从事劳动并获取劳动报酬的自然人。

（一）劳动关系的分类

1. 非全日制用工劳动关系

特点为可以订立口头协议、可以约定试用期、可以不签订书面劳动合同、工资支付最长不超过 15 日且无须向劳动者支付经济补偿，用工单位可以随时终止。

2. 短期劳动合同关系

短期劳动合同关系的特点为劳动合同的目的在于劳动过程的完成、合同履行中的隶属性、主体意志的体现、合同是通过双方选择确定的而不是劳动成果的实现、劳动合同是有偿的合同、劳动有试用期限的规定、劳动合同一般涉及第三人的物质利益。

3. 集体合同关系

集体合同是指用人单位与本单位职工根据法律、法规、规章的规定，就劳动报酬、工作时间、休息休假、劳动安全卫生、职业培训、保险福利等事项，通过集体协商签订的书面协议。集体合同的主体具有特定性，一方为工会，另一方为用人单位；集体合同的目的具有特定性，规范当事人之间具体的劳动关系；集体合同的内容具有广泛性，涉及企业劳动关系的各个方面。集体合同是特殊的双务合同，合同当事人之间互相承担一定的义务和职责，用人单位违背义务，责任人要负相应的法律责任，工会一方违背了义务，一般不承担法律责任和经济责任，只承担道义和政治责任。集体合同是要式合同，一般都要求以书面形式签订。

（二）劳动关系的确认

关于劳动关系如何认定的问题，《劳动法》并没有作出规定。原劳动和社会保障部在 2005 年 5 月 25 日发布的《关于确立劳动关系有关事项的通知》（以下简称《通知》）中

就事实劳动关系如何认定作出了规定，此后司法实务中遂将《通知》第一条规定的内容视为构成劳动关系的实质要件，并作为劳动关系的认定标准。《通知》第一条规定：用人单位招用劳动者未订立书面劳动合同，但同时具备下列情形的，劳动关系成立。

（1）用人单位和劳动者符合法律、法规规定的主体资格。

（2）用人单位依法制定的各项劳动规章制度适用于劳动者，劳动者受用人单位的劳动管理，从事用人单位安排的有报酬的劳动。

（3）劳动者提供的劳动是用人单位业务的组成部分。

（三）劳务关系

劳务关系是劳动者与用工者根据口头或书面约定，由劳动者向用工者提供一次性的或者是特定的劳动服务，用工者依约向劳动者支付劳务报酬的一种有偿服务的法律关系。劳务关系是由两个或两个以上的平等主体，通过劳务合同建立的一种民事权利义务关系。该合同可以是书面形式，也可以是口头形式和其他形式。其适用的法律主要是《中华人民共和国合同法》。

二、劳动合同

劳动合同是指劳动者与用人单位之间确立劳动关系，明确双方权利和义务的协议。订立和变更劳动合同，应当遵循平等自愿、协商一致的原则，不得违反法律、行政法规的规定。劳动合同依法订立即具有法律约束力，当事人必须履行劳动合同规定的义务。

根据《中华人民共和国劳动法》第十六条第一款规定，劳动合同是劳动者与用工单位确立劳动关系、明确双方权利和义务的协议。根据这个协议，劳动者加入企业、个体经济组织、事业组织、国家机关、社会团体等用人单位，成为该单位的一员，承担一定的工种、岗位或职务工作，并遵守所在单位的内部劳动规则和其他规章制度；用人单位应及时安排被录用的劳动者工作，按照劳动者提供劳动的数量和质量支付劳动报酬，并且根据劳动法律、法规规定和劳动合同的约定提供必要的劳动条件，保证劳动者享有劳动保护及社会保险、福利等权利和待遇。

（一）劳动合同的签订原则

1. 合法原则

劳动合同必须依法以书面形式订立，做到主体合法、内容合法、形式合法、程序合法。只有合法的劳动合同才能产生相应的法律效力，任何一方面不合法的劳动合同，都是无效合同，不受法律承认和保护。

2. 协商一致原则

在合法的前提下，劳动合同的订立必须是劳动者与用人单位双方协商一致的结果，是双方“合意”的表现，不能是单方意思表示的结果。

3. 合同主体地位平等原则

在劳动合同的订立过程中，当事人双方的法律地位是平等的。劳动者与用人单位不应因各自性质的不同而处于不平等地位，任何一方不得对他方进行胁迫或强制命令，严禁用人单位对劳动者横加限制或强迫命令等情况。只有真正做到地位平等，才能使所订立的劳动合同具有公正性。

4. 等价有偿原则

劳动合同明确双方在劳动关系中的地位作用，劳动合同是一种双务有偿合同，劳动者承担和完成用人单位分配的劳动任务，用人单位付给劳动者一定的报酬，并负责劳动者的保险金额。

（二）劳动合同内容

劳动合同的内容可分为两个方面：一方面是必备条款的内容；另一方面是协商约定的内容。

1. 必备条款

《中华人民共和国劳动法》第十九条规定了劳动合同的法定形式是书面形式，其必备条款有以下 7 项。

（1）劳动合同期限。法律规定合同期限分为 3 种：有固定期限，如 1 年期限、3 年期限等均属于这一种；无固定期限，合同期限没有具体时间约定，只约定终止合同的条件，无特殊情况，这种期限的合同应存续到劳动者到达退休年龄；以完成一定的工作为期限，如劳务公司外派一位员工去另外一个公司工作，两个公司签订了劳务合同，劳务公司与外派员工签订的劳动合同期限是以劳务合同的解除或终止而终止，这种合同期限就属于以完成一定工作为期限的种类。用人单位与劳动者在协商选择合同期限时，应根据双方的实际情况和需要来约定。

（2）工作内容。在这一必备条款中，双方可以约定工作数量、质量，劳动者的工作岗位等内容。在约定工作岗位时可以约定较宽泛的岗位概念，也可以另外签一个短期的岗位协议作为劳动合同的附件，还可以约定在何种条件下可以变更岗位条款等。掌握这种订立劳动合同的技巧，可以避免工作岗位约定过死，因变更岗位条款协商不一致而发生的争议。

（3）劳动保护和劳动条件。在这方面可以约定工作时间和休息休假的规定，各项劳动安全与卫生的措施，对女工和未成年工的劳动保护措施与制度，以及用人单位为不同岗位劳动者提供的劳动、工作的必要条件等。

（4）劳动报酬。此必备条款可以约定劳动者的标准工资、加班加点工资、奖金、津贴、补贴的数额及支付时间、支付方式等。

（5）劳动纪律。此条款应当将用人单位制定的规章制度约定进来，可采取将内部规章制度印制成册，作为合同附件的形式加以简要约定。

（6）劳动合同终止的条件。这一必备条款一般是在无固定期限的劳动合同中约定，因为这类合同没有终止的时限。但其他期限种类的合同也可以约定。需要注意的是，双方当事人不得将法律规定的可以解除合同的条件约定为终止合同的条件，以避免出现用人单位应当在解除合同时支付经济补偿金而改为终止合同不予支付经济补偿金的情况。

（7）违反劳动合同的责任。一般约定两种违约责任形式：第一种是一方违约赔偿给对方造成的经济损失，即赔偿损失的方式；第二种是约定违约金的计算方法，采用违约金方

式应当注意根据职工一方承受能力来约定具体金额，避免出现显失公平的情形。违约，不是指一般性的违约，而是指严重违约，致使劳动合同无法继续履行，如职工违约离职，单位违法解除劳动者合同等。

2. 约定条款

按照法律规定，用人单位与劳动者订立的劳动合同除上述 7 项必须具备的条款内容外，还可以协商约定其他的内容，一般简称协商条款或约定条款，又或称为随机条款，因为必备条款的内容也是需要双方当事人协商、约定的。

这类约定条款的内容是当国家法律规定不明确，或者国家尚无法律规定的情况下，用人单位与劳动者根据双方的实际情况协商约定的一些随机性的条款。劳动行政部门印制的劳动合同样本，一般都将必备条款写得很具体，同时留出一定的空白由双方随机约定一些内容。例如，可以约定试用期、保守用人单位商业秘密的事项、用人单位内部的一些福利待遇、房屋分配或购置等内容。

随着劳动合同制的实施，人们的法律意识、合同观念会越来越强，劳动合同中约定条款的内容会越来越多。这是改变劳动合同千篇一律状况、提高合同质量的一个重要体现。

（三）无效劳动合同

无效劳动合同是指当事人虽然签订，但是国家不承认其法律效力的劳动合同。一般合同一旦依法成立，就具有法律约束力，但是无效合同即使成立，也不具有法律约束力，不发生履行效力。无效劳动合同从订立时起就没有法律约束力。按合同内容来划分，违反法律、行政法规的劳动合同和采取欺诈、威胁等手段订立的劳动合同无效。按合同无效程度来划分，合同分为全部无效和部分无效两类。

1. 全部无效

根据《劳动法》第十八条的规定，无效劳动合同的表现形式为：①违反法律、行政法规的劳动合同；②采取欺诈、威胁等手段订立的劳动合同。如果订立劳动合同时，当事人一方故意隐瞒真实情况或有意制造假象欺骗对方，致使另一方上当受骗，造成与实际情况不符的认识和判断，从而同意订立的劳动合同，则属于采取欺诈手段订立的合同。威胁手段是指当事人一方用可能实现的危害对方人身或财产安全的行为相要挟，迫使对方违背意愿而与其订立劳动合同。无论是采取欺诈手段还是威胁手段，所订立的劳动合同都违背了劳动合同订立的原则，它的后果是侵犯了一方当事人的权益，因而这种劳动合同不具有法律效力。

2. 部分无效

部分无效劳动合同是指其部分条款无效的合同。根据《劳动法》第十八条的规定："确认劳动合同部分无效的，如果不影响其余部分的效力，其余部分仍然有效。"另外，根据《劳动法》第十八条的规定，劳动合同的无效，由劳动争议仲裁委员会或人民法院确认。也就是说，劳动合同的无效不能由合同双方当事人决定。

《劳动合同法》第二十六条规定，下列劳动合同无效或者部分无效。

（1）以欺诈、胁迫的手段或者乘人之危，使对方在违背真实意思的情况下订立或者变更劳动合同的。双方应当在订立劳动合同、拟定劳动合同条款时出于自愿，要遵守诚实信用原则。欺诈、胁迫手段或乘人之危使劳动关系的一方违背了他们的真实意愿。

（2）用人单位免除自己的法定责任、排除劳动者权利的。劳动合同订立应遵循公平原则，核心含义就是要求劳动合同当事人的权利与义务相一致。为了保障劳动者的合法权益，用人单位免除乙方法定责任，如“一律不支付经济补偿金”“生死病老都与企业无关”等条款无效。

（3）违反法律、行政法规强制性规定的。劳动合同主体、内容必须符合法律的规定，否则不能产生法律效力。主体必须合法，即签订劳动合同的双方必须符合法律规定的用人单位资格和劳动者资格。内容必须合法，我国在《劳动法》以及相关的法律规定中，有很多强制性的规定，用人单位必须遵守。若违反法律的强制性规定，则该条款无效。同时，签订劳动合同的程序必须合法。

三、劳动权利

劳动权又称为劳动权利，指具有劳动能力的公民有要求提供参加社会劳动的机会和切实保证劳动取得报酬的权利，是公民的基本权利之一。我国《宪法》明确规定：“中华人民共和国公民有劳动的权利和义务。国家通过各种途径，创造劳动就业条件，加强劳动保护，改善劳动条件，并在发展生产的基础上，提高劳动报酬和福利待遇。”

（一）劳动权的特征

劳动权作为相对独立的权利类型具有以下特征。

（1）法定性。劳动权是法定权利。劳动权是由宪法和劳动法所规定，由劳动法和刑法所保障的权利。由宪法所规定的权利为劳动基本权。劳动权包含狭义的劳动权，即工作权。劳动法是规定和保障劳动权的基本法律，大量的劳动权是通过劳动法来规定的。即便是劳动基本权，也必须通过劳动法加以具体化，才能保障实现。

（2）综合性。劳动权涉及人权的各个层次，是一种综合权利。人权的内容与人权概念一样，都是一个争议较多的问题。从劳动权的内容构成来看，劳动权涉及了人权的所有层次。

（3）双重性。劳动权是生存权，也是发展权。“劳动不仅是公民获得财产的最基本途径，而且是公民实现自我价值和自我完善的基本方式。因此，劳动权是公民生存和发展权中的重要内容。”生存是人类的第一公理，人类一切权利的享有都以获得生存为前提。生存权赋予其他权利以意义，是其他权利之本。确保劳动者健康地生存，有保障地生活，这是劳动权的生存理念。人类不仅要生存，更要不断发展，发展同样是人类的需求，是人类社会不可逆转的时代潮流。不发展，社会就不会进步；不发展，就不能创造出日益辉煌的人类文明。社会的发展与人的发展是相辅相成、互为条件的。社会的发展为人的发展创造条件，人的发展又是社会发展的源泉和动力。人的发展应该是全面的、突出质量的发展。

（二）劳动权的内容结构

劳动权是由一系列权利所构成的权利系统，在这个系统中，各种劳动权按照一定的分工紧密地结合在一起，发挥出权利系统的合力。从逻辑结构来看，工作权是基础和前提，报酬权和福利权是核心，其他权利是保障。

（1）工作权。工作权又称为就业权，内容包括工作获得权、自由择业权和平等就业权。一个国家的经济繁荣稳定、结构平衡、人口适度，劳动者积极的工作获得权的实现就

有了可靠的保证。劳动者积极的工作获得权的实现状况可以通过社会就业率体现出来。

（2）报酬权。报酬权即取得劳动报酬的权利。广义的劳动报酬包括工资、奖金和津贴三种收入形式。报酬权包括报酬协商权、报酬请求权和报酬支配权。报酬协商权是劳动者与用人单位通过劳动契约协商确定劳动报酬的形式和水平的权利。其核心是协商劳动报酬的水平，即协商确定自己劳动力的价格。在劳动报酬的协商方面，劳动者的自由权利受到来自国家最低工资标准和集体合同的双重约束。劳动者与用人单位所协商的劳动报酬不能低于集体合同的标准，更不能低于国家的最低工资标准。

（3）休息权。休息权即获得休息和休假时间的权利。休息权是我国宪法规定的基本劳动权，是确保劳动者得以恢复劳动力，实现个人全面发展的权利。休息权的价值表现在以下几方面：第一，休息使人享受闲暇，获得真正的自由；第二，对于人类来说，在相当长的历史时期内，劳动都不会直接成为人生目的，而只是谋生和实现个人价值的手段，人类除了职业劳动生活方式，还有许多生活方式，如家庭生活、文化生活等，都需要在工作以外的自由时间里进行；第三，合理的休息时间是确保劳动的人道性和伦理性所必需的。确保并不断扩充休息时间，是社会文明和进步的标志之一。

（4）职业安全权。职业安全权是指劳动者在职业劳动中人身安全和健康获得保障，免遭职业伤害的权利。由于人类不可避免地会遭受来自自然和社会方面的危险或风险的威胁，因此躲避风险，寻求安全保障，就成为人类近乎恒定的心理需要。无论是自然的风险，还是社会的风险，有些是无法躲避的，但大多数风险尤其是社会风险都可以通过合理的制度安排予以化解或转移。

（5）职业培训权。职业培训权是劳动者获得职业训练和教育的权利。职业培训作为国民教育体系的组成部分，对于提高劳动者的职业素质和技能、促进社会生产力发展具有重要意义。

（6）民主管理权。民主管理权是劳动者可以对本单位的生产经营管理工作进行监督和提出建议的权利。民主管理权不同于企业经营权和投资人的股东权，它实质上是市场经济条件下经济民主在企业内部权利结构上的表现。在国有企业和集体企业，职工行使民主管理权利有坚实的物质基础。劳动者通过职工代表大会或职工大会行使民主管理权利。

（7）团结权。团结权是宪法和劳动法确认的劳动者的基本权利。团结权有广义和狭义之分。狭义的团结权是指劳动者组织和参加工会并保证工会自主运行的权利。广义的团结权则是指劳动者运用组织的力量对抗雇主以维护自身利益的权利，其具体内容主要包括三个方面：团结权（狭义）、团体交涉权和罢工权。这三项权利被国外劳动法学界普遍称为“劳动三权”，日本法学界则称为“劳动基本权”。

（8）社会保障权。作为劳动权的社会保障权是指劳动者获得社会保险和福利的权利。社会保险保障劳动者在生育、年老、疾病、伤残和失业等劳动风险发生时从国家和社会获得一定的帮助以维持生计。福利是一种生活上的利益，往往特指劳动者在工资以外所获得的收入或所享受的待遇。劳动者的福利分为单位福利和国家福利。

四、劳动争议

劳动争议是指劳动关系的当事人之间因执行劳动法律、法规和履行劳动合同而发生的纠纷，即劳动者与所在单位之间因劳动关系中的权利义务而发生的纠纷。

（一）劳动争议处理范围

劳动争议的范围在不同的国家有不同的规定。根据我国《劳动争议调解仲裁法》第二条规定，劳动争议的范围如下。

（1）因确认劳动关系发生的争议。

（2）因订立、履行、变更、解除和终止劳动合同发生的争议。

（3）因除名、辞退和辞职、离职发生的争议。

（4）因工作时间、休息休假、社会保险、福利、培训及劳动保护发生的争议。

（5）因劳动报酬、工伤医疗费、经济补偿或赔偿金等发生的争议。

（6）劳动者与用人单位在履行劳动合同过程中发生的纠纷。

（7）劳动者与用人单位之间没有订立书面劳动合同，但已形成劳动关系后发生的纠纷。

（8）劳动者退休后，与尚未参加社会保险统筹的原用人单位因追索养老金、医疗费、工伤保险待遇和其他社会保险而发生的纠纷。

（9）法律、法规规定的其他劳动争议。

（二）劳动争议处理方式

（1）协商程序。协商是指劳动者与用人单位就争议的问题直接进行协商，寻找纠纷解决的具体方案。与其他纠纷不同的是，劳动争议的当事人一方为单位，另一方为单位职工，因双方已经发生一定的劳动关系而使彼此之间相互有所了解。双方发生纠纷后最好先协商，通过自愿达成协议来消除隔阂。在实践中，职工与单位经过协商达成一致而解决纠纷的情况非常多，效果很好。但是，协商程序不是处理劳动争议的必经程序。双方可以协商，也可以不协商，完全出于自愿，任何人都不能强迫。

（2）申请调解。调解程序是指劳动纠纷的一方当事人就已经发生的劳动纠纷向劳动争议调解委员会申请调解的程序。根据《劳动法》规定：在用人单位内，可以设立劳动争议调解委员会负责调解本单位的劳动争议。调解委员会委员由单位代表、职工代表和工会代表组成，一般具有法律知识、政策水平和实际工作能力，又了解本单位具体情况，有利于解决纠纷。除因签订、履行集体劳动合同发生的争议外均可由本企业劳动争议调解委员会调解。但是，与协商程序一样，调解程序也由当事人自愿选择，且调解协议也不具有强制执行力，如果一方反悔，同样可以向仲裁机构申请仲裁。

（3）仲裁程序。仲裁程序是劳动纠纷的一方当事人将纠纷提交劳动争议仲裁委员会进行处理的程序。该程序既具有劳动争议调解灵活、快捷等特点，又具有强制执行的效力，是解决劳动纠纷的重要手段。劳动争议仲裁委员会是国家授权、依法独立处理劳动争议案件的专门机构。申请劳动仲裁是解决劳动争议的选择程序之一，也是提起诉讼的前置程序，即如果想提起诉讼打劳动官司，必须要经过仲裁程序，不能直接向人民法院起诉。

（4）诉讼程序。根据《劳动法》第八十三条规定："劳动争议当事人对仲裁裁决不服的，可以自收到仲裁裁决书之日起十五日内向人民法院提起诉讼。一方当事人在法定期限内不起诉又不履行仲裁裁决的，另一方当事人可以申请人民法院强制执行。"诉讼程序即我们平常所说的打官司。诉讼程序的启动是由不服劳动争议仲裁委员会裁决的一方当事人向人民法院提起诉讼后启动的程序。诉讼程序具有较强的法律性、程序性，做出的判决也具有强制执行力。

如何看待劳动合同中的竞业禁止

一、活动目标

引导学生掌握劳动合同的相关知识，为未来进入职场签订劳动合同时规避风险做好准备。

二、活动时间

建议 15 分钟。

三、活动流程

1. 教师出示以下阅读材料，并提问：你认为该案件应当如何判决？

劳动合同中的竞业禁止

苗某于 2016 年 10 月 9 日与某电脑公司签订劳动合同，被聘为技术员，聘期两年。双方当事人在劳动合同中约定了竞业禁止：合同解除或终止后，苗某三年内不得在本地区从事与该公司相同性质的工作，如违约，苗某须一次性赔偿电脑公司经济损失 10 万元。因电脑公司拖欠苗某 2017 年 9 月、10 月两个月的工资，2017 年 11 月 15 日，苗某向区劳动争议仲裁委员会申请仲裁，要求解除劳动合同；补发两个月工资，给付经济补偿金；确认劳动合同中的竞业禁止约定条款无效。

2. 教师按照 4~6 人将学生划分小组，通过小组内部讨论形成小组观点。

3. 每个小组选出一名代表陈述本组观点，其他小组可以对其进行提问，小组内其他成员也可以回答提出的问题；通过问题交流，将每一个需要研讨的问题都弄清楚。

4. 教师进行分析、归纳、总结。

5. 教师根据各组在研讨过程中的表现，给予点评并赋分。

任务三　实习与现代学徒制权益

学习目标

1. 了解现代学徒制和岗位实习的相关知识。

2. 会使用所学知识维护自身权益。

3. 增强对劳动法律法规的全面认识，关注个人权益和职场劳动中问题的解决方案，积极参与社会锻炼。

案例导入

同工不同酬

段雪峰作为某职业学校旅游英语专业的学生，在经过两年系统学习后在三年级上学期被学校统一安排到一家酒店当服务员。对于刚刚迈出校门的学生，他从开始的好奇兴奋到后来的乏力，从自我否定到肯定，短短几个月的实习，他自认为经历的事情比自己前16年的还多。段雪峰在酒店服务员的实习生活一开始就遇到了两个难题：第一个就是和学校大不一样的作息时间和用餐时间。早中晚三班倒，令他睡眠有些不足；早午晚饭间隔时间不固定，使得他无法正常吃饭。第二个难题是这个岗位的特殊性，哪里有需要就往哪里跑，点单、上菜、倒水、收拾餐盘，每天都忙忙碌碌12个小时以上。

经过两周的顶岗实习后，段雪峰慢慢适应了这种紧张的生活。他憧憬着发工资的日子早点到来，毕竟是自己人生第一次依靠辛勤劳动赚来的钱，所以他特别在乎。在期待中迎来了发工资的日子，段雪峰没有想到他的第一个月工资仅有1 800元，他觉得跟正式工每月4 000元的工资相比太低了，所以他主动去找主管反映意见，但主管说因为他们是实习生，很多工作都不熟悉甚至无法胜任，所以实习期间每月1 800元的工资是非常合理的。段雪峰认为自己与酒店员工干着无差别的工作，主管的说法有些强词夺理，但自己作为实习生却无力反抗。他非常郁闷，正在考虑是否联合实习的同学一起去争取自己的权益。

分析：《职业学校学生实习管理规定》要求接收学生顶岗实习的实习单位，应参考本单位相同岗位的报酬标准和岗位实习学生的工作量、工作强度、工作时间等因素，合理确定顶岗实习报酬，原则上不低于本单位相同岗位试用期工资标准的80%，并按照实习协议约定，以货币形式及时、足额支付给学生。段雪峰在实习期间承担了正常的岗位工作，但其实习工资却仅是酒店相同岗位试用期工资标准的60%，所以他应该据理力争维护自己的权益。

一、实习

（一）实习概述

实习是指在实践中学习。因为任何知识都源于实践，归于实践，所以要付诸实践来检验所学。在经过一段时间的学习之后，需要了解自己的所学应当如何应用在实践中。大学生实习是指学校安排或者经学校批准自行到企（事）业等单位（以下简称实习单位）进行专业技能培养的实践性教育教学活动，按照专业培养目标要求和人才培养方案的要求，在学习过程中给学生安排的实习有认识实习、岗位实习等形式。

（1）认识实习。认识实习是指学生由学校组织到实习单位参观、观摩和体验，形成对实习单位和相关岗位的初步认识的活动。

（2）岗位实习。岗位实习是指初步具备实践岗位独立工作能力的学生，到相应实习岗位，相对独立参与实际工作的活动。

大学生的实习过程既是一个学习过程，也是一个劳动过程。根据国家相关文件要求，认识实习由职业学校安排，学生不得自行选择。学生经本人申请，职业学校同意，可以自行选择岗位实习单位。对自行选择岗位实习单位的学生，实习单位应安排专门人员指导学生实习，学生所在的职业学校要安排实习指导教师跟踪了解实习情况。

（二）岗位实习概述

顶岗实习是在校学生实习的一种方式，是指在基本上完成教学实习和学过大部分基础技术课之后，到专业对口的现场直接参与生产过程，综合运用本专业所学的知识和技能，以完成一定的生产任务，并进一步获得感性认识，掌握操作技能，学习企业管理，养成正确劳动态度的一种实践性教学形式。岗位实习是学生在企业里身兼员工身份，将理论与实践进行有机结合，有明确的工作责任和要求，通过专业对口实习全面提高学生自身能力，提前到岗位上真刀实枪地工作，有效实现学校与社会的“零距离接触”。学生岗位实习期间的任务，主要是完成实习工作任务和实习期间的学习任务，在实习期间既能提高自身职业技能，又能培养吃苦耐劳的精神，提升自身就业竞争力。

学校为做好学生与职业岗位的最佳连接，让学生掌握更多的职业就业知识与专业知识，都需安排岗位实习。不同于普通实习实训，岗位实习需要完全履行其岗位的全部职责。根据不同专业的人才培养要求，岗位实习一般安排在学生在校学习的最后半年，禁止安排一年级在校学生参加岗位实习。

对大学生来说，岗位实习是一个能够在真实工作环境培养严谨的工作作风、良好的职业道德和素质的重要步骤。从教育过程来说，学生到企业岗位实习，虽然教育行为没有发生在学校，但是实习过程依然是学校教学的重要组成部分，是学生将理论知识转化为实际操作技能的重要环节。

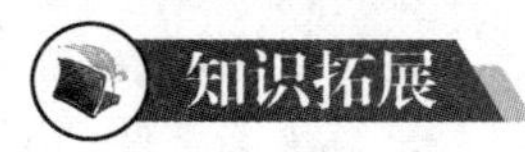

岗位实习中的常见问题

问题1：专业不对口怎么办？

很多大学生都期望能找一个专业对口的工作，好让这两三年学的知识有所发挥，然而经常会事与愿违，我们会遇到专业不对口工作，如电子专业的走上了营销岗位，物流专业的去了车间流水线。这提醒我们，顶岗实习时，不一定非要找专业对口的单位，实际上除了特定培养的单位外，一般单位不会对专业作过多限制，如果我们通过实习，提前接触非本专业工作，不但有利于锻炼工作能力，拓展就业渠道，也会为未来就业甚至转行打下良好的基础。所以专业对口固然重要，但更重要的是，应该再看一看从事的工作有没有发展的空间。

问题2：工作太辛苦怎么办？

多数企业都会把岗位实习的学生当作一个普通的工人来使用，这势必会让绝大多数人觉得工作太辛苦。有可能更不适应的是，许多企业还会常常安排加班，一天工作也许会达到十小时甚至更多，工作时间及工作强度都远超我们的大学生活状态。

孟子说过："天将降大任于斯人也，必先苦其心志，劳其筋骨，饿其体肤"。我们应该明白一个人要想有一点小成就，吃一点苦是免不了的，更何况将来正式走向工作岗位以后，这还是一种必须谋生的手段。因此，为了适应岗位实习，需要我们在平常的学习生活中有准备地增强体质，以便应对较强的工作强度。另外，我们需要乐观地看待困难和面对困难。

问题3：主管有点凶怎么办？

岗位实习初期，因初入职场，我们对工作还不够熟悉，所以做事的效率可能会低一些。很多实习单位的主管因有生产压力，常常会把实习生当作熟练工人来使用，或者因我们在企业的位置比较低，常常会被人指挥甚至呵斥。在这种情况下，我们需要做的是勤学苦练和一定的服从，力争把工作做好，用行动来改变主管的态度。

问题4：生活有困难怎么办？

刚参加岗位实习，我们除了工作上会有所不适应之外，在生活上我们也经常会遇到很多困难。例如，实习地离家比较远，不能经常得到家庭的帮助；再如，实习单位不提供住宿，需要我们自己找住处；又如我们可能只拿实习工资，和我们期望中的薪资水平有差距。

处理这样的困难时，我们首先要懂得，自己终归要长大，不能总是在父母和老师的羽翼下生活，而岗位实习是我们职场生活的第一步，也是我们全面走向社会的第一步，这一步跨出去也许真的很难，因为它已经完全不同于我们习惯了的学校生活，走出校门就是我们独立生活的开始，要从心理上给自己断奶。我们需要学着自己去独立处理一切事情，很多时候需要独自去承受。在自己无力独立解决时也可积极寻求老师、同学、朋友、同事们的帮助。

（三）岗位实习管理

《职业学校学生实习管理规定》对岗位实习管理进行了规定，主要内容如下。

（1）岗位实习的形式是学生相对独立参与实际工作，岗位实习是职业院校教育教学的核心部分。

（2）岗位实习的实习单位需是合法经营、管理规范、实习设备完备、符合安全生产法律法规要求的单位，学校需对实习单位进行全方面的考察，包括单位资质、诚信状况、管理水平、实习岗位性质和内容，工作时间、工作环境、生活环境及健康保障、安全防护等内容。

（3）岗位实习管理主体是学校和实习单位，要求学校和实习单位分别选派实习指导教师和专门人员全程指导、共同管理学生实习，要依法保障实习学生的基本权利。

（4）学校、实习单位、学生应在岗位实习前签订三方协议，约定各方基本信息、实习的时间、地点、内容、要求与条件保障、实习期间的食宿和休假安排、实习期间劳动保护和劳动安全、卫生、职业病危害防护条件、责任保险与伤亡事故处理办法；约定对不属于保险赔付范围或者超出保险赔付制度部分的约定责任、实习考核方式、违约责任、实习报酬与支付方式及其他需要约定的事项。

(5) 岗位实习的学生有权利要求学校安排符合专业培养目标要求，与学生所学专业对口或相近的实习岗位或自行选择符合专业培养目标要求。

(6) 岗位实习的学生享有工作时间和休息休假的权利。除已报备案之外，实习单位不得安排学生在法定节假日实习、加班和夜班。

(7) 岗位实习的学生有获得岗位实习报酬的权利。岗位实习报酬原则上不低于本单位相同岗位试用期工资标准的 80%，并按照实习协议约定，以货币形式及时、足额支付给学生。

(8) 禁止违反法律或其他相关保护规定安排岗位实习，禁止学生到酒吧、夜总会、歌厅、洗浴中心等营业性娱乐场所实习，禁止通过中介机构或有偿代理组织安排和管理学生实习工作。

(9) 学校和实习单位不得向学生收取实习押金、岗位实习报酬提成、管理费或者其他形式的实习费用；不得扣押学生的居民身份证；不得要求学生提供担保或以其他名义收取学生财物。

(10) 除相关专业和实习岗位有特殊要求，并报上级主管部门备案的实习安排之外，实习单位不得安排学生从事高空、井下、放射性、有毒、易燃易爆，以及其他具有较高安全风险的实习。

(11) 职业学校应组织做好学生实习情况的立卷归档工作。实习材料包括实习协议、实习方案、学生实习报告、学生实习考核结果、学生实习日志、实习检查记录、学生实习总结、有关佐证材料（如照片、音视频等）。

(12) 对于违反规章制度、实习纪律及实习协议的学生，职业学校及实习单位需进行批评教育；学生违规情节严重的，经双方研究后，由职业学校给予纪律处分；给实习单位造成财产损失的，学生应当依法予以赔偿。

学生岗位实习三方协议书

甲方（实习单位）：

地址：

电话：

乙方（学院）：

地址：

电话：

丙方（实习学生）：

身份证号码：

电话：

甲方为乙方在校学生提供实习岗位，并通过甲、丙方双向选择同意到甲方安排的岗位参加岗位实习（以下简称实习），甲、乙、丙三方根据《中华人民共和国职业教育法》《中华人民共和国劳动法》《中华人民共和国安全生产法》《职业学校学生实习管理规定》等有关法律、法规规定，在平等自愿、公平公正、协商一致、诚实信用的基础上，达成协议如下。

一、实习岗位、期限及留任

1.1　三方同意丙方在____年__月__日至____年__月__日在甲方参加实习。

1.2　三方同意甲方安排丙方在甲方岗位进行实习。

1.3　实习结束，通过甲、丙方双向选择达成就业协议，乙方支持并促成甲、丙双方签订劳动合同。

二、各方的权利和义务

2.1　甲方的权利和义务

2.1.1　为丙方提供岗位实习期间劳动保护和劳动安全、卫生、职业病危害防护条件，不得安排丙方从事高空等具有较高安全风险的实习；不得安排丙方到夜总会等营业性娱乐场所实习。

2.1.2　岗位实习期间，按照不低于本单位相同岗位试用期工资标准的80%，向丙方提供税前____元/月的实习报酬并以货币形式及时、足额支付。如遇薪酬调整，实习报酬与工作补贴的标准将按照甲方调整后的薪酬相关规定与标准执行。

2.1.3　为丙方在岗位实习期间投保商业意外伤害保险（最高赔偿额度____万元人民币/人），责任保险范围覆盖实习活动的全过程。

2.1.4　遵守国家关于工作时间和休息休假的规定，不得安排丙方在法定节假日实习；向丙方提供免费班车、免费宿舍（由甲方指定）及优惠（或免费）工作餐。

2.1.5　对丙方进行安全教育及相关岗位知识和技能的岗前培训，制订培训计划，按照不超过10人配备一名企业培训教师的比例安排企业培训教师或实习指导师傅，并有效组织培训计划的落实，同时对丙方的实习表现进行考评。

2.1.6　在实习期间，有权对丙方进行管理，在丙方实习结束时甲方根据实际情况对丙方作出实习鉴定。

2.1.7　若丙方在实习过程中有违法、违纪和违规行为，甲方应通知乙方，在征得乙方同意的情况下，有权对丙方提出终止实习建议。

2.1.8　若在岗期间发生工伤事故，甲方应按国家有关法律及相关配套法规进行处理，乙方负责配合做好学生、家长等各方面的工作。若甲方未进行必要的岗位及安全培训，导致出现工作过程中的工伤，甲方负全责。

2.1.9　为乙方实习管理教师提供生活和管理支持。

2.2　乙方的权利和义务

2.2.1　有权对甲方在实习期间的行为进行监督，确保甲方遵守本协议，顺利完成实习工作。在不影响甲方正常生产和工作的前提下前往甲方对丙方进行指导或管理，有权向甲方了解丙方的实习情况及实习报酬金额。

2.2.2　制定相关措施，对丙方在实习期间的行为进行监督和管理，同时指派管理老师（按照实习学生和管理老师50：1左右的比例配置管理老师）到甲方配合管理丙方，并定期对丙方进行评价，确保丙方遵守本协议，顺利完成实习工作。

2.2.3　做好丙方实习前的动员与组织工作及实习中的管理、协调、实习后的考核工作。

2.2.4　为丙方在岗位实习期间投保实习责任保险（最高赔偿额度____万元人民币/人），责任保险范围覆盖实习活动的全过程。

2.2.5　负责与甲方共同处理丙方在实习期间发生的各种纠纷、突发事件及其他安全事故。

2.2.6　因故需撤回实习学生时，应提前一个月向甲方提出，征得甲方同意后，方可撤回。

2.3　丙方的权利和义务

2.3.1　有权按协议规定的实习时间在甲方参加实习。

2.3.2　享有劳动报酬和劳动保障的权利，每月按甲、乙、丙三方约定的工资标准在甲方领取实习报酬。

2.3.3　在实习期间，应遵守乙方的实习要求认真完成规定的实习任务，撰写实习日志，并在实习结束时提交实习报告；严格遵守甲方的规章制度、安全保障制度、实习纪律及三方实习协议，爱护设施设备，服从工作安排，完成生产任务，接受甲乙双方考核；实习中途不得私自变更实习单位，若必须变更，须甲方和乙方共同同意后方可实施，否则实习考核按不合格处理。

2.3.4　如有违纪行为发生，由甲方和乙方共同根据相关规定协商处理。在实习期间，凡属于丙方自身原因造成自离、辞退、受伤等人身安全事故的，其责任由丙方承担。

2.3.5　实习期间，未经批准，不得擅自离开实习单位，请事假或病假等按甲方规定执行，如果请假离开的，必须经过带队老师和甲方批准，未经过批准不得离开实习单位。

2.3.6　在签订本协议时，应将以上情况向家长汇报并征得家长同意。

三、保密约定

协议三方都有义务为三方中的任何一方保守法律规定的相关秘密，尤其是要对甲方的经营管理和知识产权类信息进行保密，若有违反，依据相关法律法规处理。

四、协议的终止与解除

4.1　协议期满自然终止。

4.2　若因其他原因造成协议提前终止，甲、乙、丙三方均应提前一周书面通知其他两方。

4.3　丙方若违反本协议中丙方义务的有关规定，甲方可提前终止本协议，但应提前通知乙方并说明原因。

五、协议的生效

5.1　本协议一式三份，由甲、乙、丙三方各执一份，经三方合法授权代表签署后生效。本协议生效后，对甲、乙、丙各方都具有法律的约束力。

5.2　本协议是协议三方通过对各种问题的研究、讨论，经过友好协商达成共识后三方同意签署的，任何一方对此协议内容进行任何修正或改动，都应经过三方书面确认后方能生效。

5.3　如因执行本协议而发生争议双方协商解决，协商不成由乙方所在地相关司法机关解决。

5.4　有关协议的其他未尽事宜由三方协商解决。

甲方（盖章）：　　　　　　乙方（盖章）：　　　　　　丙方（签字）：
代表（签字）：　　　　　　代表（签字）：
年　月　日　　　　　　　　年　月　日　　　　　　　　年　月　日

二、现代学徒制

（一）现代学徒制概述

现代学徒制是中华人民共和国教育部于2014年提出的一项旨在深化产教融合、校企合作，进一步完善校企合作育人机制，创新技术技能人才培养模式。

现代学徒制是通过学校、企业深度合作，教师、师傅联合传授，对学生以技能培养为主的现代人才培养模式。与普通大专班和以往的订单班、冠名班的人才培养模式不同，现代学徒制更加注重技能的传承，由校企共同主导人才培养，设立规范化的企业课程标准、考核方案等，体现了校企合作的深度融合。

现代学徒制的“招生招工同步、确定培养目标、实现教学方案、整合教学资源和实践双绩评价”的办学特色，其教学过程采用工学交替、半工半读的方式，将专业知识教育与实践技能培训相结合，通过学校与企业的密切合作，形成“教师+师傅”的教育新资源。

按照现代学徒制的人才培养计划和要求，学校和企业同时作为施教主体，学校有针对性地为企业用工培养技术人才，企业在招收学徒时与学校合作，达到招生与招工一体化的目的。根据现代学徒制的特征显示，学生具有双重身份，既是学生又是学徒，通过在企业预定的工作岗位学习，培养具体实操能力，完成教学计划的同时学习专业技能，这本质上是一个教育过程。由于学生事实上已经在用人单位提供劳动，其人身在一定范围内交由企业支配，与企业形成特殊劳动法律关系，可以称为“准劳动关系”。

（二）现代学徒制学生权益

现代学徒制的学生在实习期间一般从事实操性强的工作岗位，与各种设备接触，与不同机器打交道，即便在严格按照企业劳动规范进行劳动的情况下，也可能会出现不同程度的安全事故，学生人身权益受损情况时有发生。根据劳动关系特征，学生人身权益保护应等同于企业员工，学生遵循企业各项劳动规则，接受企业劳动指令与管理，企业应该承担学生人身健康的保障义务。

学生人身权益主要是生命权和健康权，保障学生生命权和健康权是做好安全工作的基本前提。学生由于在企业做学徒而不在学校直接监管之下，企业对学生人身权益保护起到关键作用。现代学徒制虽然不同于“校企合作”办学模式，但在学生权益保护问题上面临同样的困境，学生作为学徒参与到实际工作中，不能等同于企业正式员工，在很多问题上无法用《劳动法》等相关法律予以解决。对于生命权和健康权这些最基本的人权保护，高校和企业应共同承担责任。

学生人身权益还包括身体权、名誉权、隐私权和人身自由权等方面。由于学生实际工作经验不足，又经常直接与机器设备接触，极易在生产工作过程中遭遇意外事故。例如，身体权受到侵害，被机器设备弄伤手脚时有发生；工作能力较弱，经常被同事、上司等训斥，不同程度伤害个人自尊甚至名誉权；个人信息在工作过程中严重外泄，高校和企业没有做好保护措施导致侵犯学生隐私权；因薪酬等原因对离职进行限制，部分学生不能按照个人意愿离开企业，在一定程度上侵犯人身自由权。在现代学徒制模式下，学校和企业应该为学生提供安全、卫生、合格的工作环境，让学生在保障个人人身安全的前提下进行劳动。

学生作为学徒参与现代学徒制的学习任务，按照相关法律规定享有报酬权，但报酬额度的具体操作标准没有明确规定，企业支付学徒报酬没有法律的强制性约束，导致支付报酬随意性过大。在实际案例中，很多学生工作支出与报酬收入不对等，有些学生甚至白干活，个别企业以学生学徒身份为由，拒绝支付任何的工资或补贴。

与传统的学徒身份不一致，在实际工作岗位中还必须保障学生的休息权，适当缩短工时以保证其充分休息。从劳动法角度审视，剥夺学生休息权的行为明显侵犯学生合法权益。

另外，还需保障学生的就业权、平等权、职业培训权、救济权、劳动保护权、工伤保险权等权利。其中，与学生切身利益相关的劳动保护权和工伤保险权受侵犯的情况较为普遍，学生有权利要求企业提供安全的环境条件，并将其纳入劳动者保护范围，赋予其工伤保险权。

制定岗位实习计划和目标

一、活动目标

通过制定岗位实习计划和目标，深刻理解岗位实习的内涵和各项政策与规定。

二、活动时间

建议 40 分钟。

三、活动流程

1. 教师按照 6~8 人把学生划为一组，每组成员分工合作，查找相关信息。

2. 小组成员集体头脑风暴，通过小组内部讨论形成小组观点，共同制定本组的岗位实习计划和目标。

3. 每个小组选出一名代表陈述本组的岗位实习计划和目标，其他小组可以对其进行提问，小组内其他成员也可以回答提出的问题；通过问题交流，将每个需要研讨的问题都弄清楚。

4. 教师进行分析、归纳、总结，根据各组在研讨过程中的表现，给予点评并赋分。

项目四

劳动素养

导读

劳动素养是对劳动者劳动能力的全面评价，包括劳动的价值观（态度）、劳动的知识与能力等维度。大学生应当通过校园生活和日常自我管理等多种渠道培养劳动素养，提升劳动能力。

为了提升劳动素养，大学生需要向劳模学习。以劳模为榜样，把劳模精神、劳动精神、工匠精神作为自己勇往直前的精神力量，树立辛勤劳动、诚实劳动、创造性劳动的理念。

任务一　劳动者素质

学习目标

1. 可以概述劳动者素质的概念及内容，对比找出自己的不足。
2. 了解提高大学生劳动素质的途径，积极练习，提升自我。
3. 深刻领悟提高大学生劳动素质的意义，有自我培养与提升的自觉性。

案例导入

劳动最光荣

——全国“五一劳动奖章”获得者曾国苍

曾国苍，南通万达锅炉有限公司容器制造部手工焊组班长，2019 年全国“五一劳动奖章”获得者。

曾国苍是南通万达焊工队伍的优秀代表，是中材节能员工的缩影。他勤学苦练，不断进取，熟练掌握多种焊接方法操作技能，曾获得南通市职工职业技能大赛第一名，第四届全国职工职业大赛第五名，第三届北京“嘉克杯”国际性焊接技能大赛“优秀选手”。他“焊”艺卓绝，在公司技术创新、重大项目难点攻克、关键工序应用研发方面做出了突出贡献，先后荣获“全国技术能手”“中央企业青年岗位能手”“南通市劳动模范”等荣誉称号。

分析：曾国苍是一名普通焊工，他立足岗位做贡献、扎实工作求发展，在自己的岗位上踏实工作，在平凡的工作中做出了不平凡的业绩。他是千千万万工人的代表，用勤劳的双手描绘了美好的图画，也为无数职业院校学生树立了榜样，从而认识到劳动最光荣，劳动最崇高，劳动最伟大，劳动最美丽。

一、劳动者素质的概念与内容

（一）劳动者素质

劳动者素质是指从事劳动或者能够从事劳动的人的体力因素、智力因素和品德因素的有机结合。

（二）劳动者素质内容

（1）劳动者的体力。体力是人体活动时所能付出的力量。表现为人的筋骨肌肉力量、灵敏度和感官能力。

（2）劳动者的智力。智力是人认识客观事物并运用知识解决实际问题的能力。通常表现为人的生产经验、思维能力、文化知识、专业知识、劳动技能等。一定时期劳动者的智力，既是生产力发展的结果，又是生产力进一步发展最强大的推动力量。

（3）劳动者的思想品德。劳动者的思想品德直接关系到劳动者的劳动热情和劳动积极性。

三方面内容互相联系，有机结合，构成劳动者素质。其中，体力是劳动者从事劳动的物质基础，丧失了体力的人也就丧失了作为劳动者的基础条件，无从发挥其智力。任何体力的发挥，总包含着一定的智力内容，历史上的劳动者都是具有一定智力的劳动者。劳动者的思想品德则是决定其体力及智力增进和运用状况的主观因素。

全国五一劳动奖状、全国五一劳动奖章

全国五一劳动奖状和全国五一劳动奖章（见图4-1），是中华全国总工会授予在中国特色社会主义建设中做出突出贡献的劳动者和企事业单位、机关团体的光荣称号，是中国工人阶级最高奖项之一。

图4-1　全国五一劳动奖章

全国五一劳动奖状是中华全国总工会设立的授予先进集体的荣誉称号。全国五一劳动奖状授予在中国境内依法注册或登记的非跨地区的企业、事业、机关、社会组织及其他组织以及驻外机构。除召开全国劳模表彰大会的年份外，全国五一劳动奖状每年评选表彰一次。对在国际、国内有重大影响的事件中，国家经济建设和国防建设中，抢险救灾等危急情况下以及在全国总工会书记处批准的全国示范性劳动竞赛中做出突出贡献的先进集体，可即时授予全国五一劳动奖状。

全国五一劳动奖章是全国总工会为奖励在社会主义各项建设事业中做出突出贡献的职工而颁发的荣誉奖章。颁发范围包括工业交通、基本建设、农林水利、财贸金融、文化、教育、新闻、出版、政法、卫生、科研、体育、机关团体等各行各业的职工。

二、加强大学生劳动素质教育的途径

(1) 理论教学。在实际工作中，可结合《形势与政策》《思想道德修养与法律基础》《职业道德与法律》《思想品德》及其他有关课程进行教学，通过理论讲解，帮助学生树立劳动观念。

(2) 社会实践。大学生社会实践作为一种育人的重要手段，近年来受到各学校的重视和学生的欢迎。学生通过开展社会调查、科技服务等活动，深入社会，实现理论与实践的统一，知与行的统一。

(3) 校园文明建设。校园文明建设是高校学生思想政治工作的有效载体。通过邀请劳动模范作报告、组织义务劳动文明班级和文明宿舍评比、学生评奖评优等活动，提高大学生的劳动意识，调动大学生的劳动积极性，达到劳动教育的目的。

(4) 日常生活劳动。如个人生活料理、校园及宿舍卫生清扫、公益劳动等，对学生掌握劳动技能、培养劳动知识等发挥着积极作用。

(5) 开设劳动教育课程。劳动课是对大学生实施劳动素质教育的主要渠道之一，各院校可开设以分散或集中方式进行的劳动课，并以必修课学分制进行规范，由辅导员和班主任共同负责组织和考核，各专业可以根据专业的性质开展形式多样的社会实践活动。例如，城市轨道交通运营管理专业的学生可以通过“小鲜鹭”志愿者服务，巩固专业思想，培养实践能力，提高劳动服务意识；社会工作专业的学生可以深入社区开展敬老助残、帮困服务、特殊家庭教育服务、社区事务服务等文明共建活动。

三、对大学生实施劳动素质教育的重要意义

劳动教育是国民教育体系的重要内容，是学生成长的必要途径，具有树德、增智、强体、育美的综合育人价值。实施劳动教育重点是在系统的文化知识学习之外，有目的、有计划地组织学生参加日常生活劳动、生产劳动和服务性劳动，让学生动手实践、出力流汗，接受锻炼、磨炼意志，培养学生正确的劳动价值观和良好的劳动品质。

通过劳动教育，使学生能够理解和形成马克思主义劳动观，牢固树立劳动最光荣、劳动最崇高、劳动最伟大、劳动最美丽的观念；体会劳动创造美好生活，体力劳动不分贵贱，热爱劳动，尊重普通劳动者，培养勤俭、奋斗、创新、奉献的劳动精神；具备满足生存发展需要的基本劳动能力，形成良好的劳动习惯。

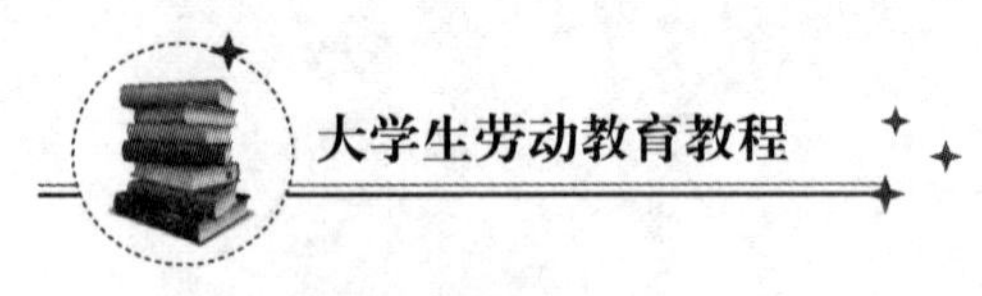

知识拓展

教育部印发《大中小学劳动教育指导纲要（试行）》

为深入贯彻习近平总书记关于教育的重要论述，全面贯彻党的教育方针，落实中共中央、国务院《关于全面加强新时代大中小学劳动教育的意见》，加快构建德智体美劳全面培养的教育体系，教育部印发《大中小学劳动教育指导纲要（试行）》（以下简称《指导纲要》），主要面向学校，重点针对劳动教育是什么、教什么、怎么教等问题，细化有关要求，加强专业指导。

《指导纲要》明确指出，劳动教育是发挥劳动的育人功能，对学生进行热爱劳动、热爱劳动人民的教育活动，要强化学生的劳动观念，弘扬勤俭、奋斗、创新、奉献的劳动精神；强调全身心参与，手脑并用，亲历实际的劳动过程；要在充分发挥传统劳动工艺项目育人功能的同时，紧跟科技发展和产业变革，体现时代要求；还要充分发挥学生的主动性、积极性，鼓励创新创造。《指导纲要》规定，劳动教育的内容主要包括日常生活劳动教育、生产劳动教育和服务性劳动教育三个方面。其中，日常生活劳动教育要让学生立足个人生活事务处理，培养良好生活习惯和卫生习惯，强化自立自强意识；生产劳动教育要让学生体验工农业生产创造物质财富的过程，增强产品质量意识，体会平凡劳动中的伟大；服务性劳动教育要注重让学生利用所学知识技能，服务他人和社会，强化社会责任感。《指导纲要》强调劳动教育途径要注重课内外结合，在开设劳动教育必修课的同时，还要在课外校外活动中安排劳动实践。《指导纲要》要求学校和教师要抓住关键环节，灵活运用讲解说明、淬炼操作、项目实践、反思交流、榜样激励等多种方式方法，增强劳动教育效果；开展平时表现评价、学段综合评价和学生劳动素养监测，发挥评价的育人导向和反馈改进功能。要求各地和学校加强劳动教育的组织管理，对劳动教育所需要的师资、场地设施、经费投入等，进行合理规划和统筹安排，为劳动教育的实施创造必要条件；加强研究和指导，为提高劳动教育质量提供必要支撑。

（一）劳动教育是大学生思想政治教育和道德教育的前提和保证

众所周知，劳动是实现由猿到人这一飞跃的关键，也是人类生存和发展的最根本方式，人类的一切物质文明和精神文明都是劳动的产物。因此，劳动教育可以培养大学生对劳动和劳动者的感情以及珍惜劳动、热爱劳动的优良品质，还能让学生懂得只有通过全体人民的艰苦创业、勤奋劳动，国家才能富强、人民才能幸福的道理。

目前，大学生的就业意愿方面暴露出很多问题：一些大学生好逸恶劳，不珍惜劳动成果，只追求物质利益，不愿意到基层和艰苦的地方去工作。因此，在劳动教育中要渗透热爱祖国的教育，要帮助学生树立正确的劳动观，培养学生具有艰苦朴素、勤俭节约、遵纪守法、认真负责、团结协作、关心集体、珍惜劳动成果的优良品质，激励学生用自己的双手去建设美好的未来。

（二）实施劳动素质教育是大学生全面发展素质的需要

首先，劳动素质教育是提高大学生文化素质的需要。

大学生的文化素质包括知识、智力和技能三个方面，它们的最终目的都是指导实践。而技能的培养更离不开劳动实践，只有实践才能出真知。因此，学生只有结合书本知识参加大量的劳动实践，才能把所学的知识转化成服务社会的技能。生产劳动教育可以使学生感受到科学知识的重要性，从而提高学生学习的积极性和兴趣，并且可以加深学生对科学原理的理解，从而启发学生的创造性。

其次，劳动素质教育是大学生增强自身身体素质和提高审美素质的需要。

大学生正处在身体发育的重要时期，适度的劳动会使肌肉、筋骨受到锻炼，从而使体质和体力得到增强。大学生应多参加劳动，为将来走上工作岗位打造良好的身体素质。劳动素质教育还可以培养大学生的美感，从而提高其审美能力。生产劳动的过程本身就是一个接触美、体验美、创造美的过程。

（三）劳动素质教育是增强大学生心理素质的需要

当今社会物质生活条件越来越好，许多孩子“四体不勤，五谷不分”，一旦遇到困难与挫折，脆弱的心理和生活技能的缺乏就会让他们不知所措。同时，大学生当下面临的学习压力、就业压力、交往压力都可能使大学生出现各种心理问题。因此，高校在大力普及心理健康教育的同时，也可以开展劳动素质教育以缓解大学生的心理压力。因为劳动既可培养人的独立思考能力，又可磨炼人的意志，从而增强抗挫折能力和竞争能力。

遵守劳动纪律

一、活动目标

理解遵守劳动纪律的重要性，倡导遵纪守法提升个人的劳动素养。

二、活动时间

建议 20 分钟。

三、活动流程

1. 教师出示以下阅读材料，并提问：如果你也正在这条路上驾车行驶，你会这样做吗？

通往墨尔本的道路

几个人驾车从澳大利亚的墨尔本出发，去往南端的菲利普岛看企鹅归巢的美景。从车上的收音机里他们得知，企鹅岛正在举行一场大规模的摩托车赛，到时候会有成千上万的汽车朝墨尔本方向开。由于这条路只有两车道，所以他们都担心因塞车而错过最佳的观赏时间。

离企鹅岛还有 60 多公里时，对面蜂拥而来大批车流，有汽车，还有摩托车。可是他们的车却畅通无阻！后来他们注意到对面驶来的所有车辆，没有一辆越过中线。这是一个左右极不平衡的车道，一边是光光的道路，一边是密密麻麻的车辆。然而没有一个“聪明人”试图去破坏这样的秩序，要知道，这里没有警察，也没有监控。

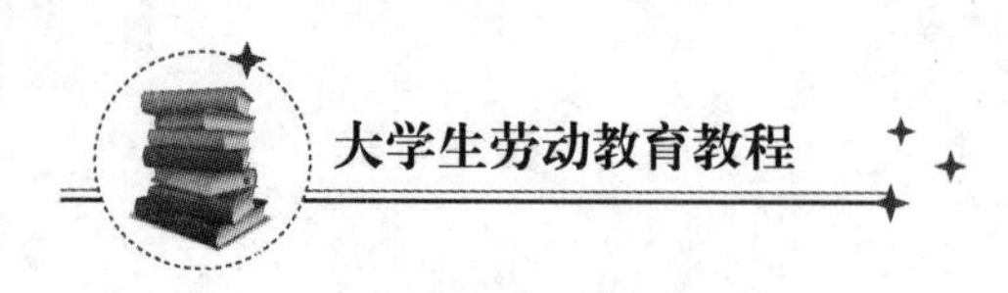

设想，如果在这条道路上，所有车辆都不遵守交通规则，擅自行驶，那么结果会怎样？

2. 教师将学生按照 4~6 人划分小组，通过小组内部讨论形成小组观点。

3. 每个小组选出一名代表陈述本组观点，其他小组可以对其进行提问，小组内其他成员也可以回答提出的问题；通过问题交流，将每一个需要研讨的问题都弄清楚。

4. 教师进行分析、归纳、总结。

5. 教师根据各组在研讨过程中的表现给予点评赋分。

任务二　工匠精神

学习目标

1. 了解工匠精神的内涵。
2. 能够理解工匠精神的意义。
3. 弘扬工匠精神，传递正能量。

案例导入

焊接火箭“心脏”的金牌“大国工匠”——高凤林

高凤林，河北人。1980 年他从技校毕业后在中国航天科技集团公司从事火箭发动机焊接工作至今，为我国 130 多枚火箭焊接过“心脏”——氢氧发动机喷管，占到我国火箭发射总数近四成。

工作之初，为了提高技艺，高凤林一面虚心向老师傅求教焊接技巧，一面苦练基本功，吃饭时拿筷子练习送丝的动作，喝水时端着盛满水的缸子练稳定性，休息时举着铁块练耐力，甚至冒着高温观察铁液的流动规律，这种不怕吃苦、无惧劳累、善于观察、勇于钻研的精神，使高凤林的技艺突飞猛进、日臻成熟。

工作之余，高凤林对知识的渴求也愈加强烈，面对繁重的生产任务和大量的社会工作，他克服种种困难进修了大学学历，不断改进工艺措施，不断创造新工艺方法，创造性地将知识与技术运用到科研生产实践中，使焊接设备自动化控制和应用技术达到了国际先进水平，破解了无数新型号发动机及重要产品的焊接修复难题，成为火箭发动机焊接专业领域的“技能大师”和“大国工匠”。

高凤林始终坚持以国为重、扎根一线、勇于登攀、甘于奉献，一次次攻克了发动机喷管焊接技术世界级难关，毫无保留地将自己积累的丰富经验和技能传授给同事和他的徒弟们，为北斗导航、嫦娥探月、载人航天等国家重点工程的顺利实施以及长征五号新一代运载火箭研制做出了突出贡献。他说：“火箭发射成功后的自豪和满足引领我一路前行，成就了我对人生价值的追求，也见证了中国走向航天强国的辉煌历程”。

工匠精神在中国自古有之。我国工匠群体从历史时间轴的起点伊始，不断积聚着力量和惯性，凝集着中华民族的工匠精神，一步一步跨过时间的长河，留下了令世界惊叹的造物技艺。

一、工匠精神

（一）工匠精神的内涵

工匠精神是指工匠对自己的产品精雕细琢、精益求精、追求完美的精神理念。它是一种在设计上追求独具匠心、质量上追求精益求精、技艺上追求尽善尽美、服务上追求用户至上的精神。

工匠精神是一种职业精神，它是指从业者不仅要具有高超的技艺和精湛的技能，而且还要有严谨细致、专注执着、精益求精、淡泊名利、敬业守信、勇于创新的工作态度，以及对职业的认同感、责任感、使命感、自豪感等可贵品质；它是职业道德、职业能力、职业品质的体现，是从业者的一种职业价值取向和行为表现。

早在4 300年之前，便出现了有史可载的工匠精神的萌芽。相传舜“陶于河滨，河滨之陶者器不苦窳”，记录了舜早年在河滨制陶时，追求精工细作，以此带动周围人们制作陶器并杜绝粗制滥造的事迹。自舜帝时期开始，再到夏朝的“奚仲”，商朝的“傅说”，春秋战国的“庆”，工匠开始大量出现在史书之中，其演变历史也随着我国古代政治、文化、商业、科技等领域的发展而不断推进，由此形成了我国独特悠久的工匠文化和工匠精神。

“工匠”一词最早指的是手工业者，他们在古代被称为“百工”，是社会成员之一。成书于春秋末期战国初期的《周礼·考工记》，是我国已知年代最久远的手工业技术文献，这本书在中国工艺美术史、科技史、文化史上有着举足轻重的地位，在当时的世界上也是独一无二的。全书共7 100多字，记述了春秋战国时期官营手工业中的木工、金工、皮革、染色、刮磨、陶瓷六大类30个工种的内容，反映了当时我国所达到的科技及工艺水平。

《考工记》把当时的社会成员划分为“王公、大夫、百工、农夫、妇功、商旅”六大类，对百工的职责做了明确界定：“审曲面势，以饬五材，以辨民器，谓之百工”，也就是说工匠的职责是需要充分了解自然物材的形状和性能，对原材料进行辨别挑选，加工成各种器具供人所用的。这种职业特性从本质上把工匠和那些“坐而论道”的王公区别开来，工匠成为当时除巫职之外的一个重要的专业阶层。

工匠的首要职责就是造物，技艺是造物的前提，也是工匠存在的第一要素。如何使技艺达到熟练精巧，古代工匠们有着超乎寻常的，甚至是近乎偏执的追求。他们对自己的每一件作品都力求尽善尽美，并为自己的优秀作品而深感骄傲和自豪。如果工匠任凭质量不好的作品流传到市面上，往往会被认为是他职业生涯最大的耻辱。

古代工匠除了对自己的技艺要求严苛，还怀有一种绝对的专注和执着，达到忘我的境界，这也一直是我国古代工匠穷其一生努力追求的最高境界。

工匠文化和工匠精神不仅是我国古代社会走向繁荣的重要支撑，也是一份厚重的历史沉淀。工匠的本质是精业与敬业，这种精神融入工匠们的血液之中，技艺为骨，匠心为魂，共同铸就了我国丰富的物质文化现象，推动了我国古代技术的创新发展。

（二）新时代的工匠精神

2017 年，中共中央、国务院印发了《新时期产业工人队伍建设改革方案》（以下简称《方案》）。《方案》指出：要“加强产业工人队伍建设，必须把培育和弘扬‘工匠精神’放在更加重要的位置，让劳动光荣、技能宝贵、创造伟大的时代风尚更加浓厚，真正造就一支有理想守信念、懂技术会创新、敢担当讲奉献的宏大的产业工人队伍，为实现‘两个一百年’奋斗目标、实现中华民族伟大复兴的中国梦凝聚最强大的力量。”

当前，我国正处在从工业大国向工业强国迈进的关键时期，培育和弘扬严谨认真、精益求精、追求完美的工匠精神，对于建设制造强国具有重要意义。而只有对新时代“工匠精神”的基本内涵形成共识，才能树匠心、育匠人，为推进中国制造的“品质革命”提供源源不断的动力。

工匠精神包括爱岗敬业的职业精神、精益求精的品质精神、协作共进的团队精神、追求卓越的创新精神这 4 个方面的内容。其中，爱岗敬业的职业精神是根本，精益求精的品质精神是核心，协作共进的团队精神是要义，追求卓越的创新精神是灵魂。

1. 爱岗敬业的职业精神

爱岗敬业，是爱岗和敬业的合称，二者互为表里，相辅相成。爱岗是敬业的基础，而敬业是爱岗的升华，是工匠精神的力量源泉。爱岗敬业是中华民族的传统美德，是一份崇高的精神，“问渠那得清如许，为有源头活水来”，正是爱岗敬业精神激励着一代代工匠匠心筑梦。

2. 精益求精的品质精神

精益求精，是工匠精神最为称赞之处，具备工匠精神的人对工艺品质有着不懈的追求，以严谨的态度，规范地完成每一道工艺，达到极致。

3. 协作共进的团队精神

如果说“爱岗敬业的职业精神”“精益求精的品质精神”是传统的“工匠精神”中所具有的内涵，那么“协作共进的团队精神”主要体现于新时代的“工匠精神”之中。

4. 追求卓越的创新精神

工匠们在传承传统品德的同时，也要追随时代的脚步，锐意创新，善于运用新理论、新技术、新工艺、新方法，将工作推上一个新的台阶，是新时代“工匠精神”的内涵之一，甚至是新时代“工匠精神”的灵魂。

二、高等院校培育塑造学生工匠精神的路径

（一）以“工匠精神”引领大学生正确三观的培养

我国正处在由制造大国向制造强国迈进的过渡阶段，这一时期需要更多的大学生参与到创业创新的行动中来。在创业创新的过程中，只有全体成员拥有高度的责任感和创新意识，发挥团队精神，才能顺利实现由制造到创新的转型。以“工匠精神”引领大学生正确

价值观的培养，可以使大学生认识到弘扬“工匠精神”的目的是服务社会，创业创新既是追逐梦想的过程也是服务社会的过程。大学生弘扬“工匠精神”和服务社会的理念，在知行合一的过程中，能够感知社会责任的重大，积极地调和个人价值与社会价值之间的冲突，在发展变化的时代逐步建立起正确的价值观。

“中华技能大奖”和“全国技术能手”

为加速培养大批具有优秀品质和高超技艺的技术工人，引导广大工人钻研技术业务，走岗位成才之路，加大宣传优秀技术工人和能工巧匠的先进事迹，表彰他们为企业、为国家作出的突出贡献，人力资源和社会保障部（原劳动部）从1995年开始，会同46个行业主管部门和各省、市建立了“中华技能大奖”（以下简称“大奖”）和“全国技术能手”（以下简称“能手”）评选表彰制度。

“大奖”和“能手”评选表彰是对全国优秀技术技能人才的奖励制度。人力资源和社会保障部设全国技能人才评选表彰办公室，负责大奖和能手评选表彰的具体组织管理工作。大奖和能手评选的职业（工种）范围为国家职业标准中设有高级（国家职业技能等级三级）以上等级的职业（工种）。全国范围的评选表彰活动每两年开展一次。

（二）以“工匠精神”塑造大学生的职业观和创业观

大国“工匠精神”在职业观的塑造中极为关键，它折射出从业人员的职业价值观与就业观。大国“工匠精神”对大学生就业也具有指导意义。大学生只有拥有了过硬的业务能力与优良的职业素质，才能奠定职业发展的良好基础。

在“大众创业，万众创新”的口号响彻中华大地的今天，大学生创业绝不是一件容易的事情，尤其在创业的初始阶段，“工匠精神”应该植根于每一位大学生创业者的内心。只有时刻秉持把产品和服务做精做强的理念，才能在创业中立于不败之地。

（三）以“工匠精神”培养大学生求真务实的良好学风

在今天变革创新的时代亟须大量创新务实的人才。高校要以“工匠精神”培养大学生求真务实的学术精神。一方面，“工匠精神”有助于大学生形成独立自主、踏实务实的学习态度，化被动为主动学习，克服浮躁心态，脚踏实地、深入钻研，积极主动地思考问题。另一方面，“工匠精神”有助于培养大学生严谨的作风和精益求精的品质，能够以追求完美的态度对待自己的学习和生活，并激发对专业的兴趣与热爱。

（四）以“工匠精神”引导大学生精益求精、追求卓越的创新精神

“工匠精神”的深层次含义就是创新。精益求精、追求卓越，本身就包含了不断创新的精神。创新并不是盲目的想象和突发奇想，而是在不断的实践过程中反复打磨而产生的。学习“工匠精神”，可以使大学生在实践过程中逐渐形成创新思维模式，在生活中注重观察与思考，勇于质疑与批判，大胆地实践，最终化不可能为可能。正是“工匠精神”

的这种敏锐创意、精雕细琢、不断求精的精神支撑，才能使中国实现由制造大国向创新大国的转变。因此，“工匠精神”应当贯穿于大学生成长成才的全过程。

三、当代工匠的职业价值

（一）手工技艺依然无法被取代

传统工匠主要依赖手工技艺进行器物的制作，其特点主要在两方面：一是速度慢、周期长、标准不规范、生产效率低；二是体现制作者的个性特征，能够按照需求进行个性化制作，每件作品都独一无二。正是上述两个方面的特点，决定了手工技艺在科技水平已经非常高超的今天，依然无法被取代。所以，当代工匠中的手工艺人，既要得到传统工匠的“风骨”真传，又要获得当代科技文化的极高素养。他们是相关产业的人才支柱和相关产业发展的技术基石。

（二）现代企业中的“三驾马车”之一

通常，管理人员、科技人员、技能人员被视为现代企业的“三驾马车”。现代企业中的技能人员较之传统工匠发生了很大的改变，虽然他们不能自主地决定产品的生产方式和技术规范，但他们对规范和标准的领会程度以及操控机器设备的能力依然决定着产品质量的优劣。我们现在所熟知的高质量的“德国制造”，就是得益于大批高素质的当代工匠。

（三）当代科技创新的最终实现者

第一次工业革命发生前，工匠的技艺水平往往代表着时代的科技水平。从石器时代、青铜时代、铁器时代到蒸汽时代，催生这种革命的都是以工匠为主导的科技发现和技艺改良。虽然在第一次工业革命后，科学家作为一个群体迅速崛起，将人类社会带向了电气时代、信息时代。这期间工匠虽不再作为科技创新的主力军，但依然是所有科技创新的最后实现者。个中原因非常简单，越是尖端前沿的科技构想，越是需要杰出的工匠将其打造为实物。可以这样说，如果没有大批杰出工匠的创造性劳动，人类的一切奇思妙想都将是空中楼阁。

四、技能人才

技能人才是指掌握专门知识和技术，具备一定的操作技能，并在工作实践中能够运用自己的技术和能力进行实际操作的人员。他们是我国人才队伍的组成部分，是技术人员队伍的骨干。

（一）用好工匠人才培养的长效机制

基于技能大赛平台，许多学校建立健全了全员参与大赛的组织制度，由专门教师长期负责大赛组织、训练、参赛等工作，并联合相关部门参与人才培养的评价、改进、后勤服务及安全保障等工作。学校将技能大赛与常规教学活动结合起来，区别以往的赛前集中突击培训，避免教学资源的滥用与浪费，将大赛资源进行转化和应用到日常教学中。大学生应该抓住学校利用大赛培养工匠人才的长效机制，珍惜每次参与的机会。

（二）自觉融入德技并修的竞赛文化氛围

现在职业类高校都在积极贯彻落实教育部等部门关于职业教育活动的要求，每年定期开展院级职业技能大赛活动，参照国赛赛项设置各类竞赛，建立学院、省、国家三级人才选拔机制，为参加省赛、国赛选拔储备有潜质的“种子”选手，实现职业技能大赛的广泛化、常态化、制度化，营造了德技并修的竞赛文化氛围。大学生要积极参与各类竞赛，自觉融入校园竞赛文化氛围。

（三）适应“赛教融合、赛课融通”的教学模式

现在许多高校依据职业技能大赛赛项、规程改革了教学内容，紧密对接相关专业中的专业课程、理实一体化课程，将大赛项目有机融入教学，将新技术、新工艺、新方法充实到教学内容中，并根据每年技能大赛内容的变化随时充实、调整和更新。大学生可依照工匠精神培养指标进行自评（见表 4-1）。

表 4-1　学生工匠精神培养指标

<table>
<tr><th>分类</th><th colspan="2">素质层级</th><th>指标提取</th></tr>
<tr><td rowspan="2">显性素质</td><td colspan="2">知识技能</td><td>所学专业或学科的技能知识</td></tr>
<tr><td colspan="2">行为习惯</td><td>自觉遵守操作规范 / 踏实肯练，不浮不躁，不投机取巧 / 精益求精，不打折扣，不急功近利 / 坚持写好学习和实训日志，及时总结和反思 / 思维活跃，主动创新 / 在团队中主动沟通合作</td></tr>
<tr><td rowspan="6">隐性素质</td><td colspan="2">价值观</td><td>对职业的敬畏与热爱 / 有责任担当意识和使命感 / 个人价值与社会价值的一致</td></tr>
<tr><td colspan="2">自我认知</td><td>自尊 / 自爱 / 自信 / 乐观</td></tr>
<tr><td rowspan="3">特质</td><td>个性品质</td><td>遵守规则 / 守时守约 / 诚实守信 / 责任心强 / 严谨，一丝不苟 / 求真务实 / 有毅力、有恒心，坚忍执着 / 谦恭自省 / 开放包容 / 彰显个性 / 善于沟通合作，具有团队精神</td></tr>
<tr><td>艺术修养</td><td>艺术感受力强、细腻 / 艺术表达欲望强烈 / 趣味高雅 / 有一定的人文底蕴 / 注重文化传承</td></tr>
<tr><td>工艺追求</td><td>符合技术标准规范 / 精益求精，追求卓越 / 善于发现问题、解决问题 / 有原创意识，富于挑战与创新</td></tr>
<tr><td colspan="2">动机</td><td>对所学专业领域和技艺表现出兴趣和热情 / 享受作品、产品不断完善的过程 / 追求“尽善尽美”的境界 / 对未来相关领域职业成功和成就的渴求</td></tr>
</table>

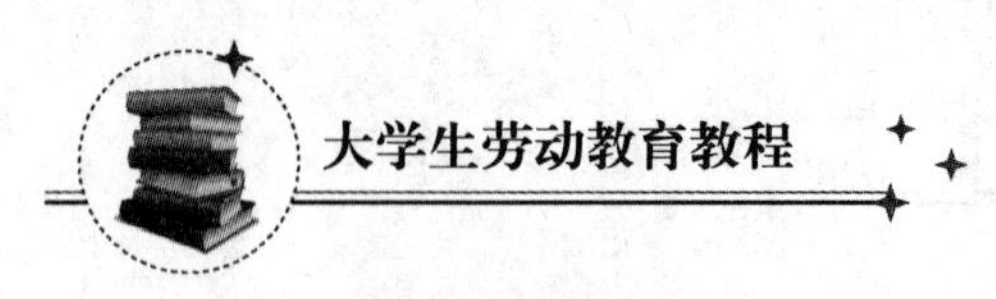

课堂活动

关于工匠精神培养的思考

一、活动目标

理解工匠精神是如何培养的及工匠养成的意义。

二、活动时间

建议 15 分钟。

三、活动流程

1. 教师出示以下阅读材料，并提问：你从关改玉身上学到了什么？

钢轨探伤“女神探”关改玉

高铁建设中，500 米长的钢轨要用自动焊接机一根根焊接在一起。关改玉的工作就是用专用的超声探测仪，检查每一处钢轨焊接口是否合格。关改玉说，做这个工作的第一步就是除锈，就是用专门的钢丝刷，将铁轨接缝处及周围的锈迹刷掉，再用毛刷将上面的细屑、灰土以及旁边的沙粒、碎石清理干净；第二步是涂抹机油，就是铁轨探伤用的耦合剂；第三步是用探头检测钢轨的轨底、轨腰、轨头等部位，确认每个焊接口没有伤损，不会给行车安全留下隐患。

能够探到伤损，是探伤工的价值所在。但现在钢轨无缝焊接技术已经非常成熟，常常是一条线路几百公里走下来，没有一个伤损出现。关改玉说，现在碰到的伤损越来越少，但自己的压力反而越来越大，因为枯燥的工作很容易让人疲劳、分心，万一有一个伤损没有被探出，那留下的隐患可能是致命的。所以，尽管检测出伤损的概率很小，但必须要求自己对每个焊接口的检测，都按照规程严格执行，这样就可以杜绝侥幸心理的出现，保证每个焊接口的检测过程都符合技术要求，所出的最后结果都科学可靠。

2. 教师将学生按照 4~6 人划分小组，通过小组内部讨论形成小组观点。

3. 每个小组选出一组代表陈述本组观点，其他小组可以对其进行提问，小组内其他成员也可以回答提出的问题；通过问题交流，将每个需要研讨的问题都弄清楚。

4. 教师进行分析、归纳、总结。

5. 教师根据各组在研讨过程中的表现，给予点评赋分。

任务三　职业道德与劳动纪律

学习目标

1. 了解职业道德的含义、特点、基本规范。
2. 了解劳动纪律的含义和特征。
3. 了解职业道德与劳动纪律二者的区别与联系。
4. 加强职业道德与劳动纪律的培养，能够自觉遵守职业道德和劳动纪律。

案例导入

“知识工人”邓建军：由一名普通工人成为技术总监

邓建军，江苏常州人，毕业于常州市轻工技术学校（现常州工业职业技术学院），现为江苏黑牡丹（集团）股份有限公司技术总监，党的十七大、十八大、十九大代表，中国工会十六届执委，中共江苏省第十三届委员会候补委员，江苏省总工会副主席（兼职）。从一名中专毕业的普通工人到高级工程师，邓建军在学习与创新中接续奋斗30年，被誉为“知识型产业工人领跑者”。在2013年召开的全国劳模代表座谈会，习近平总书记在讲话中称其为“知识工人邓建军”。

1988年，邓建军初入职就立志要在岗位实践中自学成才，不断提升学习力，需要什么就学什么。现已取得工程硕士学位，正从容统筹着企业技术研发、工艺创新等重要环节。1992年，企业从国外引进了一批剑杆织机，他每天蹲在机器边14个小时以上，从最基本的制图做起，最终“驯服”了这些机器。1999年，公司从比利时进口了一批喷气织机。这些机器其中一个关键的部位是张力传感器，安装时外国厂商拒绝提供相关技术资料，出现故障后难以维修。结果邓建军从市场上找到了只要1分钱的替代配件。之后，邓建军解决问题的领域不局限在电气和机械，开始涉及工艺流程。

他更以“专、精、创”的新时代工匠精神带动人、引领人，为建设知识型、技能型、创新型劳动者大军不懈奋斗，形成了劳模的“扩散”“集聚”和“品牌”效应，一大批邓建军式的知识型员工迅速成长起来。

分析：通过不断学习，邓建军从一名普通中专生毕业，成为一名普通的技术工人，到成为高级工程师，直至成长为集团公司技术总监，成为道德高尚、技术过硬、人人敬佩的全国劳模，说明劳模不是与生俱来的，只有坚持不懈的学文化、学技术，一个普通人也能发挥出巨大的潜能，并能最终获得成功。

一、职业道德的基本概念和特点

（一）职业道德的基本概念

职业道德是社会道德在职业行为和职业关系中的具体体现，是整个社会道德生活的重要组成部分。职业道德是指从事某种职业的人员在工作或劳动过程中所应遵守的与其职业活动紧密联系的道德规范和原则的总和。职业道德的内容包括职业道德意识、职业道德行为规范和职业守则等。

职业道德既反映某种职业的特殊性，也反映各个行业职业的共同性；既是从业人员履行本职工作时从思想到行动应该遵守的准则，也是各行各业在道德方面对社会应尽的责任和义务。

从业人员对自己所从事职业的态度，是其价值观、道德观的具体体现，只有树立良好的职业道德，遵守职业守则，安心本职工作，勤奋钻研业务，才能提高自身的职业能力和素质，在竞争中立于不败之地。

（二）职业道德的特点

职业道德具有以下特点。

1. 职业道德是社会主义道德体系的重要组成部分

由于每个职业都与国家、人民的利益密切相关，每个工作岗位、每一次职业行为，都包含着如何处理个人与集体、个人与国家利益的关系问题。因此，职业道德是社会主义道德体系的重要组成部分。

2. 职业道德的实质是树立全新的社会主义劳动态度

职业道德的实质是在社会主义市场经济条件下，约束从业人员的行为，鼓励其通过诚实的劳动，在改善自己生活的同时，增加社会财富，促进国家建设。劳动既是个人谋生的手段，也是为社会服务的途径。劳动的双重含义决定了从业人员全新的劳动态度和职业道德观念。

二、职业道德基本规范

（一）爱岗敬业

爱岗敬业是职业道德的基本规范，是对所有从业人员的基本要求。“爱岗”就是热爱自己的工作岗位，热爱本职工作。“敬业”就是以一种严肃认真、尽职尽责、勤奋积极的态度对待工作。爱岗与敬业是相互联系、相辅相成的，只有做到将个人的好恶放在一边，干一行，爱一行，才能真正做到爱岗敬业。

（二）诚实守信

诚实守信不仅是职业道德的要求，更是做人的一种基本道德品质。在工作中要做到实事求是，真实表达自己的思想和感情，要信守诺言并努力实现自己的诺言。

诚实守信要求我们做到诚信无欺、讲究质量、信守合同。诚信无欺，即待人接物诚恳可信，不采用欺骗手段。讲究质量，即要树立质量第一的观念，严把质量关。信守合同，即要说到做到，言而有信，认真履行承诺或合同。

（三）办事公道

办事公道是指从业人员在办事、处理问题时，要站在公正的立场上，按照同一标准和同一原则办事的职业道德规范。

办事公道要求人们做到客观公正，照章办事。客观公正，即遇事从客观事实出发，并能做出客观、公正的判断和处理。照章办事，即按照规章制度来对待所有的当事人，不徇情枉法、不徇私枉法。办事公道的核心就是要克服私心，正直无私。要做到办事公道，还必须加强学习，不断提高认识能力，能明确是非标准，分辨善恶美丑，并有敏锐的洞察力，只有这样，才能公道办事。

（四）服务群众

服务群众即为人民群众服务。服务群众要做到热情周到，满足需要。热情周到，即从业人员对服务对象要抱以主动、热情、耐心的态度，把群众当作亲人，服务细致周到，勤勤恳恳。满足需要，即从业人员要努力为群众提供方便，想群众之所想，急群众之所急，关心他人疾苦，主动为他人排忧解难。最后，做每件事都要方便群众。

（五）奉献社会

奉献社会，即全心全意为社会做贡献，是为人民服务精神的最高表现。

奉献，即不期望等价的回报和酬劳，而愿意为他人、为社会或为真理、为正义献出自己的力量，包括宝贵的生命。

奉献社会要求人们做到把公众利益、社会效益摆在第一位。奉献社会是职业道德中的最高境界。奉献是一种人生境界，是一种融在一生事业中的高尚人格。

三、劳动纪律的概念和特征

（一）劳动纪律的概念

劳动纪律又称为职业纪律或职业规则，是指劳动者在劳动过程中应遵守的劳动规则和劳动秩序，根据劳动纪律的要求，劳动者必须按照规定的时间、质量、程序和方法，完成自己承担的生产和工作任务。

任何一种劳动，特别是社会化大生产劳动，都需要把每个劳动者的劳动协调起来，从而保证集体劳动的有序进行。马克思曾说过："一切规模较大的直接社会劳动或共同劳动，都或多或少地需要指挥，以协调个人的活动，并执行生产总体的运动——不同于这一总体的独立器官的运动——所产生的各种一般职能。"他还说过："一个单独的提琴手是自己指挥自己，一个乐队就需要一个乐队指挥。"如果没有劳动纪律，就缺乏实现劳动过程所需要的规则和秩序，使生产工作处于混乱、无序的状态，从而无法顺利地完成生产任务。

（二）劳动纪律的特征

（1）从劳动者的角度而言，遵守劳动纪律有利于保护其生命安全和身体健康。制定和遵守劳动纪律是对劳动者利益的保护。因此，劳动者有遵守劳动纪律的主动性和自觉性。

（2）从用人单位的角度而言，制定劳动纪律有利于保证生产和经营的安全有效。制定和遵守劳动纪律也是对用人单位利益的保护。因此，用人单位有权在法律允许的情况下制定劳动纪律，并对违反劳动纪律的劳动者进行处理。

四、劳动纪律和职业道德的关系

（一）劳动纪律和职业道德的区别

1. 性质不同

劳动纪律属于法律关系的范畴，是一种义务；而职业道德属于思想意识的范畴，是一种自律信条。

2. 直接目的不同

劳动纪律的直接目的是保证劳动者劳动义务的实现，保证劳动者能按时、按质、按量完成自己的本职工作；而职业道德的直接目的是企业实现最佳的经济效益以及实现其他劳动者的合法权益。

3. 实现的手段不同

为了保证劳动纪律的实现，法律、法规制定了奖惩制度，以激励和惩戒相结合的方式，促使人们遵守劳动纪律；而职业道德的实现，则主要依靠人们的自觉遵守，依靠社会舆论、社会习俗以及人们的内心信念。

（二）劳动纪律和职业道德的联系

1. 主体相同

它们共同的主体都是劳动者，劳动者在遵守劳动纪律的同时，也应当具有良好的职业道德。

2. 调整对象相同

劳动纪律和职业道德调整的都是劳动者的职业劳动，在劳动者的劳动过程中发挥作用，调整的是同一行为——劳动行为。

3. 最终目的相同

二者的直接目的不同，但它们的最终目的是一致的，都是为了保证社会主义生产劳动的正常进行，促进劳动生产率的提高，完善科学管理，还可以促进社会主义精神文明建设的发展。

劳动纪律是法人单位所制定的一切规章制度，它要求每个职工必须遵守，如果违反了劳动纪律，单位有权根据所制定的奖惩制度予以惩罚，但前提是所制定的劳动纪律要符合国家颁布的《劳动法》，不能有相抵触的内容。

职业道德是人们在从事不同职业中所表现的个人道德修养，它是不受法律所约束的。不同的职业有着不同的道德“底线”，超出了“底线”就很可能违法、犯法。

劳动纪律与职业道德既有联系又有区别，劳动纪律是强制性的，必须遵守的。职业道德是每个人的自觉行动，一般是不受制度、法律所约束的。劳动纪律是建立在良好的职业道德之上的。没有良好的职业道德，劳动纪律就很难保证。

五、加强对大学生职业道德与劳动纪律的培养

在21世纪，人才的竞争不仅是在学历上，更多的是在劳动者素质上。现如今在社会主义经济建设中，人们最大化地追求经济的发展，生活水平的提高，忽视了道德品质的培养，导致整个社会道德水平的下降，而职业道德是劳动者在职业活动过程中应遵循的特定的职业思想和行为准则，面对这样的社会环境，当代大学生应该提高自身职业道德，为以后正确处理职业内部、职业之间、职业与社会之间、人与人之间的关系做好准备。

职业道德行为是作为大学生应当遵循的行为规范，也是社会一般道德在职业中的具体体现和要求，它不仅关系着个人的名誉和形象，还与公司、企业乃至整个行业的声望和利益密切相关，良好的职业道德会给企业带来额外的收益。具有良好的职业道德，是职业需要，也是大学生应当具备的条件。

现如今，许多学校在职业道德教育上还存在着很多问题，在道德教育上要培养怎样的人，如何培养等存在的不确定的因素较多，没有一定的标准可以衡量，因此，学校往往忽视了学生人文素养方面的教育。从学生角度看，一些学生认为自己是高材生便可以高枕无忧，从而疏忽了自身职业道德水平和素养的提高，然而等毕业后进入社会，往往会感到现实的残酷。

职业道德包括职业理想、职业信念、职业态度、职业品质、职业责任、职业良心等诸多方面，职业道德要对学生进行综合性的培养。另外，要加大对学生能力的培养，这是学校培养目标的首位。

（一）在职业道德规范中对大学生的要求

（1）树立全心全意为人民服务的思想，这是职业道德的出发点和落脚点。

（2）忠于职守，热爱本职工作，刻苦钻研职业技术与业务，在职业活动中发挥创造才能。

（3）遵纪守法，团结协作，诚实守信，以主人翁精神对待工作。

（4）努力提高工作效率，保证工作质量，注意增产节约，爱护公共财物，廉洁奉公。因为各行各业有自身的特点，所以职业道德规范也不一样，因此要根据本行业的性质、地位、作用和特点，按照职业活动的客观要求来制定职业道德规范。

（5）要想事业获得成功，首先就要从身边的小事做起。只要长期坚持做好小事，到了一定程度的时候才能成就大事。例如，要培养敬业精神，首先要从热爱本专业做起，从上好每一节课做起。

（二）在职业道德教育中要求教师有特殊的职业道德规范

教师的行为对学生具有示范作用。教师职业行为的示范性和教育性决定着教师必须要以身作则，为人师表，热爱教育工作。在职业教育教学中，教师要激发和培养学生的职业兴趣和对所学专业的刻苦钻研的精神，使学生认识到本职业的重要性、趣味性，在社会中的重要地位、所做出的贡献，培养学生的职业意识，引导他们树立正确的劳动态度和主人翁精神，对本职工作负起道德责任和义务。让学生认识到职业道德水准提高，是职业岗位的本质属性和职业工作人员自身素质提高的内在要求。

（三）在职业教育过程中，强调其职业特性的同时，也要强调培养学生对未来职业岗位变换所具备的知识和能力

应为学生未来的岗位变换做好准备，使学生找到适合自己的或自己更感兴趣的工作。岗位变换也可以消除一个人长期从事某项工作的厌烦心理，重新调动其工作的热情和积极性。

课堂活动

劳模人物访谈

一、活动目标

通过访谈，了解劳模的事迹和劳模精神，帮助自己提升劳动素养。

二、活动时间

建议 90 分钟。

三、活动准备

知识准备：联系三位不同行业的（全国、省、市、县）劳模，就他们的劳动事迹、工作岗位和工作感悟进行访谈。

教具准备：白纸、笔和录音笔。

四、活动流程

1. 教师将学生按照 8~10 人划分小组，并进行小组分工。

2. 确定 3 个不同行业的访谈对象，可以从小组成员周围能联系到的群体中确定，并准备好相应的访谈提纲。

3. 小组成员分工合作，对劳模进行访谈。

4. 组内运用头脑风暴法进行访谈，感悟并总结该如何进一步提升个人劳动素养。

5. 每个小组选派一名代表进行分享，以便其他组学生能了解更多的劳模事迹，感悟劳模精神。

6. 教师进行分析、归纳、总结，并根据每组代表在分享过程中的表现给予点评并赋分。

中　篇

培养劳动能力

学校劳动实践

自我服务实践

社会劳动实践

项目五

学校劳动实践

导读

俗话说“技多不压人”，在科技飞速发展的当代社会，新知识、新技术、新工艺、新方法层出不穷，只有过硬的劳动技能才能成就青年人有“干一行爱一行”的担当，将爱国爱校精神发扬光大。美好的校园靠劳动来创造。劳动与校园活动是密不可分的，不存在也不应该存在不含有劳动因素的教育。因此，劳动教育不是孤立存在的，是要和德育、智育、体育、美育互相交织、有机联系形成促进人的全面发展的现代人才培养体系。学生的成长成才不仅需要依靠知识和智慧，还需要具有深厚的劳动情怀和正确的劳动价值观。所以学校的劳动实践非常重要，它可以培养大学生的集体荣誉感和高度的责任感，培养其热爱劳动、珍惜劳动成果的优良品质和良好的卫生习惯；可以帮助大学生积极有效地适应未来社会的挑战，增强他们学会生存、学会生活、学会学习的实际本领。勤工助学是将从事的活动与所学专业知识、能力培养、素质提高和全面发展紧密结合起来的有偿实践活动，能使原本经济困难的学生缓解生活压力，增强贫困生的责任心，促进心理平衡健康发展。

任务一　校园环境劳动实践

学习目标

1. 能够列出校园环境美化的内容和理解环境美化的内容。
2. 能够灵活运用学校室内、休闲空间和走廊的清洁要求与操作流程进行清洁，可独立实现垃圾分类。
3. 积极参加校园清洁和环保行动，养成崇尚劳动的观念和环保意识。

案例导入

一起动手扮靓校园

2020 年年初，一场突如其来的新型冠状病毒肺炎疫情打乱了全国各地学校的开学节奏，经过全国人民的努力，疫情逐渐被控制，各地开学在即。江苏某高校的学生小明返校

领取技能竞赛材料，却被一股腐烂的气味熏得掩鼻屏息。原来保洁人员还未返校，昔日整洁的校园好像蒙上了一层灰，各个角落飘落着废弃物。这可让他分外着急，因为接下来的两周，他要和9位同学一起备战全国创新创业技能竞赛。

这样的环境怎么能安放下一张书桌？于是，小明跟辅导员商量，能不能号召班内已返校的同学一起动手美化校园。在辅导员和小明的动员下，同学们都动起来了，通过全天劳动大扫除，往日干净整洁的校园又回来了！

分析：“一屋不扫，何以扫天下？”大学生采取积极行动，用双手改变环境，这是因为学校是全体师生的家园，保持校园清洁卫生，是校园中永恒的主题。因为一个干净的校园，会给求知的学生们营造出舒心惬意的学习氛围，也能起到净化心灵的作用。掌握必要的保洁技能，开展爱校卫生行动，在平时可以维护环境，在特殊时期则可以创造一片净土。

一、校园清洁

整洁干净的校园是师生身体健康、生命安全的重要保障。在一个优美、整洁、干净、卫生的环境中学习，有利于师生学习和工作。清洁校园可以让学生养成良好的卫生习惯，培养劳动观念，增强学生的公德意识，提高文明水准。优美宁静的校园可以净化人的心灵，凸显人文追求的校园环境能提升学生的审美品位，激发学生的学习热情，从而达到教书育人的目的。

校园清洁需达到“清洁、整齐、文明、有序”的标准，清洁的范围一般包括教室、楼道、走廊、图书馆、宿舍、会议室等，这些地方的清洁需要师生共同的付出，保持校园清洁需从细节做起。

（一）校园公共场所和环境卫生规范

校园的公共场所卫生一般由学校的专职保洁员负责，除此之外，还需要每个人的努力。校园公共场所的卫生可以按照以下规范去做。

（1）校园、门厅、台阶、走廊地面无污迹、无纸屑果皮、无包装袋等杂物。

（2）教学（实验）楼、图书馆、篮球场、运动场及校内各条道路清洁、无卫生死角。

（3）校内卫生间地面及洗手台面无污迹、无积水；便池内无污迹；卫生间内无异味、镜面清洁。

（4）绿化带、花坛内无纸屑果皮、无包装袋等杂物。

（5）爱护公物，节约水电，所用卫生工具等要妥善保管，谨慎使用，尽可能修旧利废。

（6）垃圾要倒入垃圾桶（箱）内，不能随处乱倒，杜绝焚烧垃圾、树叶等污染环境现象发生。

（7）爱护环卫设施，养成良好的卫生习惯，不在各种建筑物、设施及树木上刻画、张贴。

(8) 公共区坐凳、报栏、橱窗无灰尘污迹和破损。

(9) 楼梯扶手及楼道护栏保持清洁。

(二) 个人卫生和宿舍内务卫生规范

新冠肺炎疫情的暴发，给全球人民上了一堂全方位的卫生教育课，个人卫生意识空前提升。作为大学生，养成良好的卫生习惯和维护宿舍卫生至关重要，在保持好个人卫生的同时，也要和室友一起维护好宿舍卫生。

(1) 养成良好的个人卫生习惯，按时休息、早晚刷牙，勤洗澡、勤洗衣，个人床铺整洁、卫生。

(2) 不随地吐痰，不乱扔果皮、纸屑、饮料盒、食品袋等垃圾杂物；不向窗外倒水和乱扔杂物。

(3) 宿舍的地面、墙壁、门窗整洁干净，保证无灰尘、痰迹、蛛网等。

(4) 室内空气新鲜无异味，寝室垃圾每日清除。

(5) 床、桌、凳、书架等家具摆放整齐、干净。

(6) 灯具、墙壁、顶棚、暖气设备无尘土，无蛛网。

(三) 校园就餐文明规范

食堂是大学生活的重要场所，营造清洁舒适的就餐环境，需要全体学生共同努力。文明用餐是大学生个人素质的体现，当代大学生的健康成长事无巨细，要从自身做起，从点滴做起，共同营造一个良好的就餐环境，文明就餐要做到以下几点。

(1) 爱惜粮食，杜绝浪费。节约粮食是尊重他人劳动的表现，也是每个人高尚人格的体现。

(2) 保持良好的就餐秩序，自觉排队就餐，讲文明、讲礼貌、守公德，言语文明、举止得体。让整齐有序的队伍成为餐厅里一道亮丽的风景线。

(3) 自觉回收餐具。吃完饭后把餐具和杂物带到餐具回收处，这样既减轻了餐厅人员的工作强度，更方便了其他就餐的同学。

(4) 不要随地吐痰、乱扔餐巾纸和食物残渣，注意自己的仪容和行为，给自己留下美好的回忆，也为他人创造干净整洁的就餐环境。

(5) 爱护餐厅的设施，不蹬踏桌凳，不乱涂，不乱刻，不损坏电器、照明等设备，维护公共卫生安全。

(6) 尊重餐厅工作人员，不侮辱谩骂工作人员，发现问题，不吵不闹，逐级反映，妥善解决。

(四) 环境卫生基本操作流程

1. 教室保洁的基本操作

(1) 玻璃、门窗清洁。用湿抹布进行擦拭，然后用玻璃刮从上至下的顺序，依次擦拭，直至玻璃、门窗无水渍、污物等，保持光洁明亮。

（2）天花板及墙面的清理。用长柄扫把清扫天花板、墙面、墙角等的蜘蛛网和灰尘。

（3）进行推尘处理。推尘要按照先里后外、先上后下、先窗后门、先桌面后地面的顺序，先清扫天花板、墙角上的蜘蛛网和灰尘，再抹窗户玻璃门面的灰尘，实验器材等设备挪动后要原位摆好。

（4）进行整理归置。讲台、桌面、实验台上的主要用品，如粉笔盒、粉笔擦、实验器具等抹净后按照原位摆放整齐。

（5）垃圾清倒处理。按照垃圾分类方法，收集垃圾，并清倒室内的纸篓、垃圾桶，及时更换垃圾袋。

（6）清洁结束后的处理。参与保洁的人员退至门口，环视室内，确认清扫质量，然后关窗、关电、锁门。

2. 走廊保洁的基本操作

（1）进行检查处理。先查看是否有异常现象、有无已损坏的物品。如果发现异常，应先向有关部门或老师报告后再进行保洁作业。

（2）地面清扫处理。先用扫把对地面进行清洁，捡去纸屑等杂物。

（3）墙面擦抹处理。用湿抹布由高到低擦拭墙面。用长柄扫把清扫走廊顶部，做到无尘、无蜘蛛网等。

（4）走廊灭火器材处理。用干净的潮湿抹布，清洁灭火器材的箱体，保证外观干净整洁。

（5）垃圾清倒处理。按照垃圾分类方法，收集垃圾，及时更换垃圾袋。

（6）清洁完毕后，应将楼道内的设施摆放整齐。

3. 卫生间保洁的基本操作

（1）天花板的清洁。用长柄扫把清扫天花板、墙面、墙角等的蜘蛛网和灰尘。

（2）隔板的清洁。用湿抹布擦拭隔板和顶部、里外两侧、隔板横梁，保证不留水痕、灰尘。

（3）蹲便池和小便池的清洁。先用夹子夹纸屑等杂物，然后冲水，再倒入洁厕剂，用便池刷刷干净便池内侧污垢。蹲便池、小便池内四周表面及外部表面均要清洗，检查冲水是否正常，有无堵塞。

（4）地面清洁。用干净的拖把浸入适量的水，从里至外，包括便池台面，地面全部拖一遍，拖干净积水，检查墙面是否有污垢、污渍。

（5）洗手盆的清洁。用抹布擦拭水龙头、洗手台台面，保持洗手盆内无污渍，不锈钢水龙头无水痕。

（6）倾倒垃圾篓。按照垃圾分类方法收集垃圾，清洁垃圾篓里侧和外观，更换垃圾袋。

4. 包干区保洁的基本操作

包干区是为增强学生的劳动意识，培养学生的劳动精神，保持校园优美环境，特将学校卫生区域包干到班。包干区主要清扫各种垃圾、灰尘、树叶、废弃物，清除路沿石缝杂草、清除人行道边上绿化带的树叶杂草。

(1) 工具准备。按包干区打扫要求准备打扫工具，如扫把、拖把、簸箕等。然后进行分组、分路段、分区域明确清扫范围。

(2) 合理安排。定期以班级为单位，合理安排清理垃圾、灰尘、树叶、杂草等任务。

(3) 路面清洁。用扫把等工具，对包干区路面进行全面清扫，要做到“六不”“三净”。“六不”即不花扫、漏扫；不见积水（无法排除的积水除外）；不见树叶、纸屑、烟头；不漏收堆；不乱倒垃圾；不随便焚烧垃圾。“三净”为路面干净、路尾干净、人行道干净。

(4) 绿化带清洁。定期用工具清除杂草，清理绿化带树叶、废弃物等垃圾。

(5) 倾倒垃圾桶。按照垃圾分类方法收集垃圾，更换垃圾袋。

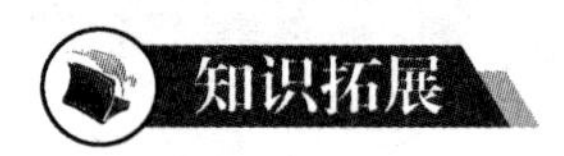

垃圾分类

垃圾分类一般是指按一定规定或标准将垃圾分类储存、分类投放和分类搬运，从而转变成公共资源的一系列活动的总称。垃圾分类的目的是提高垃圾的资源价值和经济价值，力争物尽其用。

一、垃圾分类的背景

习近平总书记在党的十九大报告中指出：“建设生态文明是中华民族永续发展的千年大计，必须树立和践行绿水青山就是金山银山的理念。”“要坚定走生产发展、生活富裕、生态良好的文明发展道路，建设美丽中国，为人民创造良好生产生活环境，为全球生态安全做出贡献。”

随着社会经济发展和物质消费水平的大幅度提高，我国每年垃圾产生量迅速增长，2018 年仅生活垃圾总量就增至 4 亿多吨，这些垃圾不仅造成了环境安全隐患，也造成资源浪费，成为人民群众反映强烈的突出问题，成为社会经济持续健康发展的制约因素。实行垃圾分类，关系广大人民群众生活环境，关系节约使用资源，也是社会文明水平的一个重要体现。

二、垃圾种类

1. 可回收物

主要包括废纸、塑料、玻璃、金属和布料五大类。

(1) 废纸：主要包括报纸、期刊、图书、各种包装纸等。注意：纸巾和厕所用纸由于水溶性太强不可回收。

(2) 塑料：各种塑料袋、塑料泡沫、塑料包装、一次性塑料餐盒餐具、硬塑料、塑料牙刷、塑料杯子、矿泉水瓶等。

(3) 玻璃：主要包括各种玻璃瓶、碎玻璃片、镜子、暖瓶等。

(4) 金属物：主要包括易拉罐、罐头盒等。

(5) 布料：主要包括废弃衣服、桌布、洗脸巾、书包、鞋等。

这些垃圾通过综合处理回收利用，可以减少污染、节省资源。例如，每回收 1 吨废纸可造好纸 850 千克，节省木材 300 千克，比等量生产减少污染 74%；每回收 1 吨塑料饮料瓶可获得 0.7 吨二级原料；每回收 1 吨废钢铁可炼好钢 0.9 吨，比用矿石冶炼节约成本 47%，减少空气污染 75%，减少 97%的水污染和固体废物。

2. 厨余垃圾

厨余垃圾是有机垃圾的一种，包括剩菜、剩饭、菜叶、果皮、蛋壳、茶渣、骨、贝壳等，泛指家庭生活饮食中所需用的来源生料及成品（熟食）或残留物。经生物技术就地处理堆肥，每吨可生产 0.6~0.7 吨有机肥料。

3. 有害垃圾

有害垃圾指含有对人体健康有害的重金属、有毒的物质或者对环境造成现实危害或者潜在危害的废弃物，包括电池、荧光灯管、灯泡、水银温度计、油漆桶、部分家电、过期药品、过期化妆品等。这些垃圾一般使用单独回收或填埋处理。

4. 其他垃圾

其他垃圾主要包括砖瓦陶瓷、渣土、卫生间废纸、瓷器碎片等难以回收的废弃物。其他垃圾危害较小，但无再次利用价值，是可回收垃圾、厨余垃圾、有害垃圾剩余下来的一种垃圾。一般采取填埋、焚烧、卫生分解等方法，部分还可以使用生物降解。

二、校园绿化美化

（一）绿色校园的卫生维护和能源节约

《全国环境宣传教育行动纲要》在 1996 年首次提出了“绿色校园”概念，它将环保意识和行动贯穿于学校的管理、教育、教学和建设的整体性活动中，引导师生关注环境问题，让青少年树立热爱大自然、保护地球家园的高尚情操和对环境负责任的精神；掌握基本的环境科学知识，懂得人与自然要和谐相处的基本理念；学会如何从自己开始，从身边的小事做起，积极参与保护环境的行动，在头脑中孕育可持续发展思想萌芽；让学校里所有的师生从关心学校环境到关心周围、关心社会、关心国家、关心世界，并在教育和学习中学会创新和积极实践。它不仅成为我国学校实施素质教育的重要载体，而且也逐渐成为新形势下环境教育的一种有效方式。

“空气清新，环境整洁，楼房林立，绿树环抱”，这种良好的校园环境是实现环境育人的关键，为了给自己学习创造一个优美整洁的学习生活环境，需要通过学生多方面的共同努力。不仅要每个人能够养成讲究卫生的好习惯，还要不断增强对校园的环境保护意识，使大家树立“校园是我家，卫生靠大家”的思想意识，从养成良好的卫生习惯做起；并且加强各项卫生制度的落实，做好平时卫生保持工作，并不断激发学生的爱校荣誉感，促进学生能自觉维护校园环境卫生，爱护校园公共设施，能自觉做到不乱扔、乱倒、乱吐、乱画、乱张贴。懂得勤俭节约，不浪费水、电和食物，不过度浪费能源，不追求过冷的空调、过高的供暖温度等。

（二）精神美化

环境美化既包括物质的美化，如校园建筑的设计、绿植的栽培等，也包括精神的美化，即通过文化的建设来美化校园环境。这里主要介绍宿舍文化和班级文化。

1. 宿舍文化

宿舍文化是指依附于宿舍这个载体来反映和传播的各种文化现象的总和。它既包括校园中的物质文化、制度文化，也包括师生的价值观念、群体心态、校园舆论等。它以宿舍成员共同的价值观为核心，由涉及宿舍生活的各方面的价值准则、群体意识、行为规范、公共行为和学习生活习惯所组成，是由宿舍成员共同建立和长期形成的、潜移默化的氛围和影响力。

学生宿舍文化包括宿舍的室内设施、整体布局、卫生状况、规章制度、宿舍成员的人际关系、道德水准、学识智能、审美情趣、价值取向、行为方式等。

（1）保持宿舍卫生干净整洁。干净整洁的宿舍会给我们创造一个良好的生活休息环境，有利于我们的身心健康。每位学生都要把宿舍当成自己家，在宿舍不乱扔垃圾，认真做好值日，保持个人卫生，不给他人带来麻烦。

（2）共同打造宿舍文化。宿舍成员共同设计宿舍名字、宿舍舍徽，根据各宿舍的特点，布置宿舍，对宿舍进行美化，让宿舍成为温馨的家园。

2. 班级文化

班级文化是“班级群体文化”的简称。作为社会群体的班级所有或部分成员共有的信念、价值观、态度的复合体，班级成员的言行倾向、班级人际环境、班级风气等为其主体标识，班级的墙报、黑板报、活动角及教室内外环境布置等则为其物化反映。

班级文化可分为“硬文化”和“软文化”。所谓硬文化，是一种“显性文化”，是可以摸得着、看得见的环境文化，也就是物质文化，比如教室墙壁上的名言警句，英雄人物或世界名人的画像；展示学生书画艺术的书画长廊；悬挂在教室前面的班训、班风等醒目图案和标语，等等。而软文化，则是一种“隐性文化”，包括制度文化、观念文化和行为文化。制度文化包括各种班级规约，构成一个制度化的法制文化环境；观念文化则是关于班级、学生、社会、人生、世界、价值的种种观念，这些观念弥漫在班级的各个角落，潜移默化地影响着每个学生；因制度和观念等引发出来，从学生身上表现出来的言谈举止和精神面貌，则是行为文化。

（1）“硬文化”的建设。苏霍姆林斯基曾经说过：“要使教室的每一面墙壁都具有教育的作用”。可见，对于教育而言，一切都可以成为它有利的素材。有效的运用空间资源，创设具有教育性、开放性、生动性且安全性的“硬文化”环境，对于陶冶学生的情操，激活学生的思维，融合师生的情感有着巨大的积极作用。对班级“硬文化”环境建设的法则

是：力求朴素、大方，突出班级特点。我们要注重教室的卫生，当看到地上有纸屑时就主动捡起来，课桌椅摆放整齐，小黑板、扫帚、水桶理整齐等。每个学生都需树立主人翁的责任感——“教室就是我的家”。我们要重视教室的布置，两侧的墙壁可以贴一些字画、人物等（由学生自己选出）；教室的四角，可以布置成自然角、科技角、书法角等；后面的黑板报应经常更换，由学生自己排版、策划；教室前面黑板的上方可以挑选一句话作为整个班级的座右铭。教室的布置不能乱，应使各个部分都和谐统一起来。

（2）软文化建设。建设好班级“硬文化”环境，只是给这个班级做了一件好看的外衣，班级真正的精神体现还要看班级“软文化”环境的建设。班级“软文化”环境是班级文化环境的核心，是最能体现班级个性的。班级整体形象的优劣最终将取决于班级“软文化”环境是否健康。在班级软文化的建设中，首先可以考虑设计班歌、班徽、班旗等项目，使其作为班级的特色标志，增强大家对班级的认同感和自豪感。其次是班风的建设，这是班级“软文化”环境建设的重头戏，也是整个文化环境建设的核心部分。良好的班风是无声的命令，是不成规章的准则，它能使大家自觉地约束自己的思想言行，抵制和排除不符合班级利益的各种行为。

校园垃圾分类我先行

一、活动目标

践行垃圾分类新风尚，为校园垃圾箱制作醒目垃圾分类小标识，主动将校园垃圾分类投放；引导校园内师生投放垃圾时主动将垃圾进行分类；培养垃圾分类好习惯，提高团队合作意识。

二、活动时间

建议 4~6 个小时。

三、活动流程

1. 教师先给学生集中展示垃圾分类方法，让学生熟悉日常生活垃圾的分类方法，动员学生参与校园垃圾分类实践行动。

2. 教师将学生按照 6~8 人进行分组，每组选出 1 名组长，教师引导学生制定垃圾分类的达到目标及确定垃圾分类行动的区域。

3. 以组为单位制定校园垃圾分类行动计划，制作垃圾分类小标识。

4. 学生分组行动，分配到校园内各个垃圾投放点，组长带领组员将制作的垃圾分类标识张贴到各垃圾投放点的垃圾桶，主动将校园内垃圾进行分类投放，并引导校园内的师生在投放垃圾分类时主动进行分类。

5. 各组汇报展示活动成果，总结分享劳动收获。

6. 每组选派一名代表与教师一起对劳动成果进行评比，教师根据评审结果进行点评。

任务二　勤工助学劳动实践

学习目标

1. 理解勤工助学的概念、意义和内涵，了解勤工俭学相关政策。
2. 可结合勤工助学岗位及其要求，参加力所能及的劳动。
3. 能与他人交流关于对勤工助学的认知，提升自己的勤工助学能力。

案例导入

交大标兵：勤工助学，自己交学费，成绩第一被保研

他专业成绩第一、连续两年获国家奖学金、获全国大学生数学建模国家一等奖、美国大学生数学建模二等奖。此外，他还是乐于助人的公益之星，是体测成绩“101 分”的运动达人。他最骄傲的，是自高考结束通过勤工助学，独立承担了自己所有学费。他就是西安交通大学优秀学生标兵、能动学院学生吴思远。

吴思远热爱公益，参与各项公益服务活动，大学三年累计志愿工时超 400 小时。他参与彭康学导团建设工作两年，完成了高数、线代、概率论的资料编写，累计发放量超 2 000 份，他也是学导团高数答疑志愿者，两年来帮助许多同学提高了学业成绩。他说：“做公益这件事情，并不是每个人都会认可你，但是你还是要坚持做下去，因为你是去做一件你感觉很有意义的事情，在未来的某一天，你的付出就会得到别人的认可和尊重。”

他坚持跑步 3 年，总路程超过 1 000 千米。大二时，体测超百加分 1，千米跑超满分 15 秒。在各个跑步赛场，也总能看到他的身影。他参与勤工俭学 3 年，负责校园绿化管理工作，工作总时长超过 400 小时。他独立自强，每周带 3 个家教，自高考结束，他就独立承担自己所有学费。

分析：吴思远通过勤工助学不仅承担了自己大学期间的所有学费，而且还取得了优异成绩。随着国家体制的改革和素质教育的全面铺开，勤工助学成为大学生实践活动的重要环节，它可以帮助大学生顺利完成学业，及时而又满意地就业或更好地创新创业。每个大学生都可以在学有余力的情况下积极参与勤工助学行动，学习与实践相结合，为自己未来走向社会奠定一定基础。

一、勤工助学及政策

（一）勤工助学的概念

勤工助学是指学生在学校的组织下利用课余时间，通过自己的劳动取得合法报酬，用于改善学习和生活条件的社会实践活动。勤工助学是学校学生资助工作的重要组成部分，是提高学生综合素质和资助家庭经济困难学生的有效途径。

学校设置校内勤工助学岗位，并为学生提供校外勤工助学机会。家庭经济困难的学生优先考虑。

（二）勤工助学的意义

1. 勤工助学实现了“济困”的功能

目前，大学中很大一部分时间是由学生自由支配的，勤工助学能够让学生在业余时间展示其价值，通过自己的劳动来获取报酬；同时勤工助学能帮助贫困学生缓解经济压力，已成为学校实现“济困”的重要手段。

2. 勤工助学锻炼了当代学生的思想品格

当下，“90 后”“00 后”大学生普遍害怕吃苦，缺乏服务精神和团队意识，责任意识不强。因此，通过勤工助学实践活动能够让学生感受到生活的艰辛，懂得什么是责任和担当，明白什么是感恩和奉献，有利于他们树立自信心，形成劳动光荣的观念，有利于他们树立正确的人生观、世界观和价值观。在团队中学会面对激烈的竞争，提高他们的心理承受能力并培养危机意识。同时，在长期的勤工助学实践中，能够培养学生的自我约束力、劳动意识和职业道德，这些都将成为他们以后人生路上的宝贵财富。

3. 勤工助学提高了学生综合能力和素质

通过勤工助学实践活动，学生的学习能力、社会能力及内省能力可得到进一步提高。从校内岗位到校外岗位，从懵懂跟从到独立选择，从忐忑上岗到独当一面，学生们的实践能力、创新意识和独立分析解决问题的能力等明显提升；学生提前接触社会，了解社会规则，调整自己的预期，改进自身不足，契合社会需求，团队意识、自律能力、心理素质明显提升，社会适应能力显著提高。另外，通过勤工助学，学生的学习能力和专业素质也得到了增强。学生把学到的专业知识很好地运用到实践中去，边学习边实践，不仅可以让自己的专业知识更扎实与稳健，同时还可以从专业出发去扩展专业相应的特长，增强个人能力。

4. 勤工助学增强了学生创新创业能力

勤工助学引导带动学生从课堂到课外，从学校到企业，从学生到职员，从兼职到就业创业，开阔了视野。学生在自己熟悉的领域经过长期实践已趋于理性，从创新的角度重新审视身边的各种资源，寻求资源的更佳配置，谋求更大的发展。学生在勤工助学过程中容易迸发出创新想法和创业激情，结合团队管理、项目运作、人际管理、目标管理等，进入一个融会贯通、将所学所思转化为所想所为的新境界，创新创业能力大大提升。

5. 勤工助学促进了学生就业

勤工助学能够不断提升学生的管理组织能力和待人处事能力，使学生的职业素质和职业能力全方位提升，帮助他们储备优质就业和自主创业所需要的身心素质和技能。

（三）勤工助学的政策要求

1. 活动管理

学生在学有余力的前提下，向学校提出勤工助学的申请，接受必要的勤工助学岗前培训和安全教育，再由学校统一安排到校内或校外的岗位上进行勤工助学活动。学校不得安排学生参加有毒、有害和危险的生产作业，以及超过身体承受能力、有碍健康的劳动。任何单位和个人未经学校同意，不得聘用在校学生打工。

2. 时间安排

学生参加勤工助学不应当影响学业，原则上每周不超过 8 小时，每月不超过 40 小时。

3. 劳动报酬

学生参加校内固定岗位的勤工助学，其劳动报酬由学校按月计算。每月 40 个工时的酬金原则上不低于当地政府或有关部门制定的最低工资标准或居民最低生活保障标准，可以适当上下浮动。学生参加校内临时岗位的勤工助学，其劳动报酬由学校按小时计算。每小时酬金原则上不低于 8 元人民币。学生参加校外勤工助学的酬金标准不低于学校所在地政府或有关部门规定的最低工资标准，具体数额由用人单位、学校与学生协商确定，并写进聘用协议。

4. 权益保护

学生在开始勤工助学活动前应当与有关单位签订协议，保护自身的合法权益。学生在进行校内勤工助学前，应当与学校的学生勤工助学管理服务组织签订具有法律效力的协议书。学生在进行校外勤工助学前，应当与代表学校的学生勤工助学管理服务组织、用人单位签订具有法律效力的三方协议书。协议书应当明确学校、用人单位和学生三方的权利和义务，意外伤害事故的处理办法及争议解决方法。

二、校内勤工助学的岗位需求

助学中心本着“教书育人，服务育人，管理育人”的精神，以资助经济困难生、帮助学生自立自强为目的，设立了一系列校内勤工助学岗位，体现了国家和学校对学生的深切关怀。为了使学生对各岗位有一个大致的了解，方便学生选择适合自己的助学岗位，对校内勤工助学固定岗位介绍如下。

1. 中心联络员

为配合助学中心老师的工作和促进各院勤工助学工作的开展，加强助学中心与学生的联系，设立中心联络员组，一个院配备一至两名联络员。

联络员主要在值班时间协助老师处理助学中心的日常事务，配合院系老师做好院系固定岗的勤工助学工作，广泛深入地了解本院系困难生的生活和工作情况，并及时把信息反馈到院系和助学中心。同时负责协助各勤工助学小组的日常考核、督促和申报工时等工作。

2. 各院系固定岗

在各个院系的办公室或实验室、实训室协助老师工作，包括日常事务和卫生等，主要按照各学院老师的要求安排具体工作。

3. 新媒体中心

新媒体中心包括校报编辑部、校广播站、校电视台三部分。主要协助中心老师做学生新闻采访报道、校报编辑、广播放音、录制新闻等工作。

4. 大学生活动中心

在学生活动中心值班并管理活动中心的各种器材，接待来访者，介绍活动中心的情况并负责环境卫生等。

5. 体育器材室

在器材室值班，管理体育器材和体育课器材借还工作，保证器材使用完毕后放回原处，并检查器材的情况，做登记，定期整理、打扫器材室。

6. 阶梯教室管理员

打扫阶梯教室内卫生，维护教室的干净整洁，保障教室的正常使用。

7. 图书馆

负责图书馆的图书整理和库房管理及日常办公，包括文字输入、整理档案、采编书目、上书整架等，协助图书馆工作人员顺利开展工作。

8. 食堂

负责协助食堂帮厨打饭、洗碗、维持秩序等工作。

9. 其他

校内固定岗位设置还包括学苑超市、食堂管理等。每年在这些岗位上得到锻炼的学生，都感到受益匪浅。

三、勤工助学的岗位申请指南

1. 查看学校发布的岗位信息

在资助中心网站上查看相关岗位信息。明确岗位名称、岗位类型、工作地点、工作时间、工作要求和薪酬待遇等。

2. 填写勤工助学申请表

在助学中心办公室登记，填写《勤工助学岗位申请表》（以下简称《申请表》，表 5-1）。中心将根据申请人实际情况合理安排助学岗位。岗位申请表一般包含姓名、班级、专业、个人特长、空余时间等信息。

表 5-1　勤工助学岗位申请表

<table>
<tr><td>姓名</td><td></td><td>学号</td><td></td><td>性别</td><td></td><td>系别</td><td></td></tr>
<tr><td>专业</td><td></td><td>政治面貌</td><td></td><td>联系电话</td><td></td><td>辅导员</td><td></td></tr>
<tr><td colspan="8">家庭主要成员情况</td></tr>
<tr><td>称谓</td><td>姓名</td><td colspan="4">工作单位</td><td colspan="2">月均收入</td></tr>
<tr><td></td><td></td><td colspan="4"></td><td colspan="2">元</td></tr>
</table>

续表

<table>
<tr><td></td><td></td><td colspan="5"></td><td>元</td></tr>
<tr><td></td><td></td><td colspan="5"></td><td>元</td></tr>
<tr><td colspan="2">上学年综合学分成绩</td><td colspan="4"></td><td>本人月
生活费</td><td>元</td></tr>
<tr><td>申请
原因</td><td colspan="7">签名：
日期：</td></tr>
<tr><td rowspan="2">辅导员
意见</td><td colspan="2">是否经贫困生认定
是□　　否□</td><td>贫困等级</td><td colspan="4">特困□　困难□　一般困难□　临时困难□</td></tr>
<tr><td colspan="7">以上情况属实，同意申请。
签名：
日期：</td></tr>
<tr><td>院系学工
领导意见</td><td colspan="7">签名：
日期：</td></tr>
<tr><td>本人
特长</td><td colspan="7"></td></tr>
<tr><td rowspan="2">空余
时间</td><td>星期一</td><td>星期二</td><td>星期三</td><td>星期四</td><td>星期五</td><td>星期六</td><td>星期日</td></tr>
<tr><td></td><td></td><td></td><td></td><td></td><td></td><td></td></tr>
</table>

学工处制表

3. 学院审批

学院根据分配的岗位情况按照一定比例安排学生到用工单位应聘，并在《申请表》上签署意见（需辅导员签字盖章，若为家庭经济困难学生则在“院系学工领导意见”栏中注明）。

4. 面试

学院审批后，学生本人持《申请表》在指定的招聘时间内到用工单位应聘（注：学生需提前根据用工计划选择适合自己的岗位）。

5. 签订协议

被录用的学生将《申请表》交用工单位，然后与用工单位签订《校内用工协议书》（协议在用工单位领取）；被录用学生在指定时间根据用工单位要求报到上岗。

注意：所有参加勤工助学的学生必须保证在岗一学年（寒暑假除外），中途不得无故辞职，特殊原因需辞职者必须提前 7 天向用工单位及学生处提出申请，经批准后方可离岗，否则将扣发当月工资，并取消本学年在校内工作的资格（包括寒暑假）。参加勤工助学的学生不得在校内同时有两个岗位，否则将取消其勤工助学的资格。

四、勤工助学岗位应聘技巧

勤工助学岗位应聘应该做好充分准备，根据岗位说明书准备佐证材料。递交书面申请后及时询问确认面试时间。面试中涉及的常见问题有：大学期间的学习情况，如专业排名、获得奖学金等；家教、兼职经历；学习紧张程度、空余时间等具体问题。学生要根据这些基本问题做好充分的准备，对评委的问题尽量回答，对于自己应聘的岗位谈出认知。在着装和文明礼貌方面还要精心准备，增加印象分。在语言表达方面，不要使用口头禅，自我介绍时让自己有特点。

走进儿童福利院，我们能为孩子们做些什么

一、活动目标

弘扬“奉献、友爱、互助、进步”的志愿者精神，关注儿童，传递爱心，培养社会责任感。

二、活动时间

建议 4~6 小时。

三、活动准备

1. 以小组为单位，为孩子们准备自制的小礼品。
2. 选出有文艺特长的同学，准备节目表演，为孩子们带去欢乐。
3. 校园募捐活动，为孩子们筹集图书、学习用品。

四、活动流程

1. 学生按照学校或教师安排到达指定的儿童福利院，为孩子们送上小礼品和募捐的物品。
2. 按照事先的排练，与福利院孩子一起开展联欢会，送上丰富多彩的节目。
3. 服务结束后，教师将学生按照 6~8 人划分小组，组内头脑风暴讨论自己的感悟和收获，并齐心协力写一份心得体会。
4. 每组选派一名代表分享小组的心得体会，其他小组成员可以对其进行提问，小组内其他成员也可以回答提出的问题；通过问题交流，将每一个需要研讨的问题都弄清楚。
5. 教师进行分析、归纳、总结，并根据各组在整个活动过程中的表现予以赋分。

任务三　实习实训基地劳动实践

学习目标

1. 理解生产性实训的概念、意义，描述生产性实训的内涵。
2. 可结合生产性实训的要求，参加学校或企业组织的生产实训。
3. 掌握实训室6S管理，积极参与生产实训，提升自己的实训能力和管理能力。

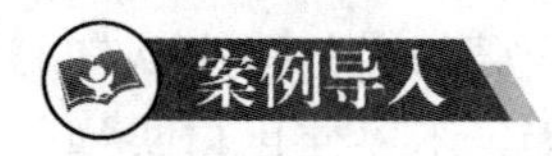

案例导入

王先彬：我主动申请延长岗位实习

“我们同意王先彬同学寒假实训时间延长的申请。现在是国家危难之时，正是用人之日，他现在实训的岗位也是服务人民。‘天下兴亡，匹夫有责’，这时更应该挺身而出，为国家奉献自己的一分力量，作为家长我们必须支持他们的工作!”

这是湖南安全技术职业学院安全工程学院轨道1805班学生王先彬的父母给学校写的一纸同意书，王先彬便这样留在了深圳地铁进行岗位实习。

2020年1月5日，王先彬随着学院五十多人来到深圳地铁进行岗位实习。因新型冠状病毒肺炎疫情发展，1月28日，王先彬所在的实习班级收到了学校要求提前撤离岗位的通知。

王先彬成了继续留在深圳地铁岗位实习的唯一学生。负责地铁入口行李安检是王先彬的主要工作内容。对于这样的工作，王先彬适应得很快，也觉得很轻松。“学的专业就是这个，之前也有类似的实习经历。”

疫情之下，工作增添了额外的困难，但最让王先彬委屈和不解的是乘客的不配合与不理解。王先彬记得有一次在看安检机时，发现一名乘客包里有一小瓶100毫升的白酒。王先彬便拿出来检查。按规定，白酒不是按毫升来算，而是按度数，超过50°的需要登记。

但乘客并不理解，说酒只有100毫升，不愿意登记。“这位先生很不理解，指责我们，说我们上班是不是闲的。有时，也会觉得委屈。”

但后来经历多了，王先彬的心态也在逐渐调整，“干这个就是从细节做起，为大家服务。”

分析：对于正在岗位实习的学生，在个人自愿，学生、学校、企业签订三方协议情况下，企业确保防控健康安全的前提下，学校可允许学生暂不返校，延长岗位实习。此举既解了企业复工复产的用工燃眉之急，又让学生完成实习任务，还履行了学校的社会责任，一举三得。当然，如何做到疫情防控保健康、岗位实习保实效、岗位实习就业两促进，仍是不小的挑战。为此要做到：学生自律、企业尽责、学校尽心。

一、实习实训的概念及模式

实习、实训是大学生校园生活的重要组成部分，指学生在校期间，到单位的具体岗位上参与实践工作的过程。在《职业学校学生实习管理规定》中对实习的定义为："由职业学校安排或者经职业学校批准自行到企（事）业等单位进行专业技能培养的实践性教育教学活动，包括认知实习和岗位实习等形式。"实训主要指在学校控制状态下，按照人才培养的目标，对学生进行职业能力训练的教学过程。实训的目的主要在于在实训环境下将学生的实操能力在理论的引导下锻炼并培养出来。实训是培养高技能型人才的关键教学环节，是对学生进行专业岗位技术技能培训与鉴定的重要实践教学形式之一。学生通过实训能够验证自己的职业抉择，了解目标工作内容，学习工作及企业标准，找到自身职业的差距，实现全面提高职业素质，最终达到学生满意就业、企业满意用人的目的。

知识拓展

学校和实习单位不得出现下列情景。

第一，安排、接收刚入校在校学生岗位实习。

第二，安排未满 16 周岁的学生岗位实习。

第三，安排未成年学生从事《未成年工特殊保护规定》中禁忌从事的劳动。

第四，安排实习的女学生从事《女职工劳动保护特别规定》中禁忌从事的劳动。

第五，安排学生到酒吧、夜总会、歌厅、洗浴中心等营业性娱乐场所实习。

第六，通过中介机构或有偿代理组织，安排和管理学生实习工作。

（一）校内实习实训培养模式

学校根据课程培养目标，专业大纲计划，制定出实训课程要求，使学生在所学专业内掌握多门课程知识，掌握多种技术技能，能够在特定的时间内进行装调、维修、做出成品等；使学生通晓多方面的知识和技能，以后面对多种岗位需求时能够短时间培训上岗，能力强的学生还能成为企业技术骨干。但在校实训也有局限性，对学生来说模拟的实训和真实的实习有不同的感受。

（二）订单式培养模式

许多企业出于用工的迫切和需求量，也为了省却培训员工的时间和场地，与学校进行订单式培养。学校按照企业用工的标准对学生进行理论和实践技能的培训，针对性和专业性非常强。学生按照标准完成课业后能够直接上岗进行实际工作。此模式需要学生和企业签订合同，即学生毕业后必须在企业工作几年，企业也会给在校的优秀学生颁发奖学金甚至学费，以此期望优秀的学生毕业后成为企业员工。

（三）合作式培养模式

企业需要新鲜力量的注入，需要研发新产品、新技术、新设计，对技术工人的要求是年轻、有活力、肯学习、有冲劲，不会被习惯性、依赖性所影响。学校也需要企业来给学生进行毕业设计、毕业实习等提供岗位、机会，为毕业生的就业增加砝码。合作式培养满足了企业、学校、学生三方面的需求，是很好的培养模式。

（四）企业实训模式

企业实训一般安排学生毕业前半年到一年的时间。学生在企业实习，巩固自己的理论知识，锻炼自己的技能；在企业了解企业的产品，对员工的要求、企业的文化及在企业工作升职的一些条件和福利；对自己将来的职业规划有初步的想法，并且能够在企业环境中转变自己的身份。企业也需要吸收新鲜力量提高自己的技术线水准，吸纳创新力量的融入。企业接纳学生，展示自己的企业内涵也是一种向社会宣传自己的方式。

（五）工学交替模式

工学交替模式是学生在校学习——企业锻炼——回到学校学习，一般安排在学生毕业前两年。在企业实训期间学生是双重身份，既是学生又是职员。在企业中，学生把自己所学的知识和技能应用于实际岗位，在企业期间他们可以学到很多在学校学不到的东西，也可以把自己的一些新东西带入企业，当他们再次回到学校思想会发生一些转变，会让自己更加有紧迫感。

（六）自主创业模式

自主创业一般是学生毕业前半年到毕业后一年自己进行的创业。职业学校在校面对学生都有 SYB、SIYB 等创业培训，给学生进行创业目的、创业准备、创业计划等全方位的培训，让那些有创造精神和有资金支持的学生能够自主创业。

二、新时代大学生参与实训的主要途径

（一）科研院所实习实训

部分学校会组织学生赴合作单位科研院所开展短期实习。学生在院所导师、研究生的指导下聆听院士、学者所做的科普报告、院所介绍，参观实验室，参加组会，协助处理研究所日常工作。这种实训的特点是时间短，组织难度相对较小，适合低年级本科生，易于较大规模实施。

（二）企业公司实习实训

为增强大学生的实践能力、创新精神和社会责任感的培养，学校通常会组织大学生到企业进行短期实习实训，时间一般在一个月以内，主要目的是深化课堂教学，让学生了解社会、接触生产实际，获取、掌握生产现场相关知识。同时目前很多企业会招聘实习岗位，大学生可利用假期、周末等空闲时间申请到企业实习加以锻炼提升自己。

（三）创新创业实习实训

近年来，国家为支持大学生创新创业出台了一系列的政策措施，但是大学生在创业过程中最缺乏的不是资金，而是知识和技能，只有具备一定的能力才有成功的可能。目前，很多高校设立创新创业实训中心，开设创新创业课程，以引领、扶持大学生创新创业为核

心。通过组织大学生参加创业大赛、项目模拟等方式增强学生的认知感和创业意识，对大学生创新创业能力进行培养。

（四）政府部门、事业单位见习

为促进就业、增强大学生的实践能力，各地市政府机关事业单位常在暑期、寒假组织大学生见习活动。通过实践，让大学生将理论知识在实践中得到验证，培养灵活运用知识的能力，增加社会接触，扩充知识面，为毕业后顺利融入社会打下坚实的基础。

三、实训场地 6S 管理

实训教学因其教学场所和教学过程比较特殊，存在着一些不可忽视的教学管理问题，如工具材料存放问题、实训设备管理问题等。为了解决实训教学管理环境下，设备摆放不整齐、工具与量具混放、场地狭窄、实训工位不够、实训室清洁不够等一系列问题，学校在实训教学中极力推广 6S 管理，规范实训现场环境，让学生在实训活动中掌握更多企业需求。

（一）6S 管理的内容和目的

6S 管理在实训教学中的实施内容主要是整理、清扫、整顿、清洁、安全、素养。整理，要求学生在实训活动中能够准确区分现场环境中“要”和“不要”的物品，目的在于培养学生有效空间利用意识。清扫，要求学生在实训练习结束之后主动清除现场脏污，目的在于保持现场环境清洁度，避免环境污染。整顿，要求学生在实训练习结束之后将物品放在原位，目的在于防范找不到物品的问题，缩短物品寻找时间。清洁，要求学生在实训练习中应注重及时清洗相关仪器，目的在于提高设备利用率。安全，要求学生不能出现任何违规操作，目的在于保护实训操作现场的安全性。素养，要求学生按照规定行事，目的在于培养学生的纪律性。

（二）6S 管理的实施步骤和要领

明确 6S 实施首先要明确整理要领、清扫要领、整顿要领、清洁要领、安全要领和素养要领。6S 管理在实训教学中的实施步骤主要分为 6 步。如图 5-1 所示。

图 5-1　学前教育一体化教室 6S 管理示范

第一步，按照整理内容，先清走与本次实训活动无关的物品，再归类存放“要”的物品，节省物品寻找时间。

第二步，根据清扫内容，先对实训现场进行大面积清扫，再遵从责任化、制度化原则，对清扫任务进行分工，细致清扫实训现场每个角落。

第三步，把实训活动中所需的公共设施整齐地摆放在相应位置，列出所有仪器对应清单。

第四步，为了保证仪器设备正常使用，要定期对仪器设备进行清洗和维护，帮助学生树立良好的仪器使用理念。

第五步，制定实训物品保管、领取等相关规章制度，培养学生良好的习惯，营造一个相对安全的实训现场环境。

第六步，发展学生职业素养，科学规范学生行为习惯。

（三）实习实训场地实施6S管理的规划

1. 实习实训场地各功能区域规划

实习实训场地在实施6S管理时，首先要对实习实训场地进行规划。实训室内应该分为多少个小组合适，实训室内的工作台如何摆放整齐，设备如何安放，必备工具和物料的摆放位置，这些都是首先要考虑好并且按设想安放整齐到位的。如图5-2所示。

图5-2　实训室6S管理示范

2. 实习实训场地区域划分使用的胶带

高等院校的实习实训场地都要进行教学实验分区、机器设备定位、课桌椅和柜子的摆放定位。这些定位可以采用三种规格的工业地板警示胶带（见图5-3）。

（a）宽10cm的黑黄相间胶带

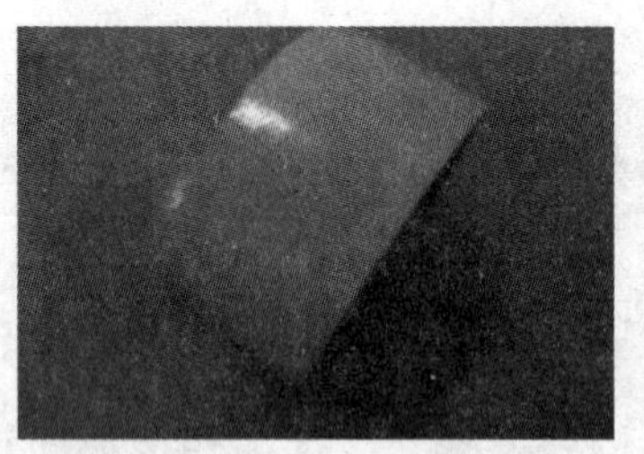

（b）宽5cm的黄色胶带

（c）宽2.5cm的黄色胶带

图5-3　胶带

3. 实习实训场地实施6S管理使用的标识字符

实习实训场地在实施6S管理时，对各种区域的标识，各种设备的标识和各种必需工具和物料的标识都是很重要的。可以使用不干胶类型的写真不干胶材质，具体类型如下（见图5-4）。

（1）教学、实验区域：字体采用方正黑体 300、加粗，字宽 10cm×10cm。

（2）5cm 定位标识字符：讲台、空调、撮箕、扫把、拖把、垃圾桶、方桌、作品展览柜等使用。字体采用方正黑体 150、加粗，字宽 5cm×5cm。

（3）2. 5cm 定位标识字符：学习位、粉笔位置、工位、显示器位置、电烙铁位置等使用。字体采用方正黑体 63、加粗，字宽 2. 5cm×2. 5cm。

工作区一　　学习一组

（a）区域标识字符

工具柜位置　　拖把摆放处

（b）5cm 定位标识字符

显示器位置　　学习位16

（c）2. 5cm 定位标识字符

图 5-4　标识字符

4. 实习实训场地实施 6S 管理的细节规划和标识

（1）大工作区域划分：指实习实训场地中的教学区域分区和实验操作区域；采用宽 10cm 的黑黄相间胶带，用“学习一组、实验操作一区”等字样标准，采用教学、实验区域标识字符格式。如图 5-5 所示。

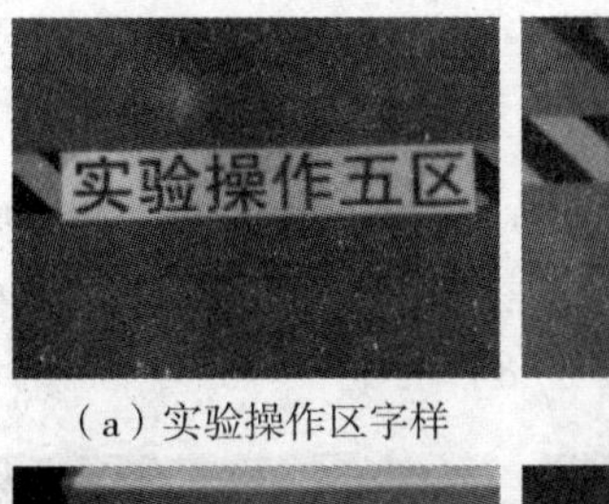

（a）实验操作区字样　（b）学习组字样

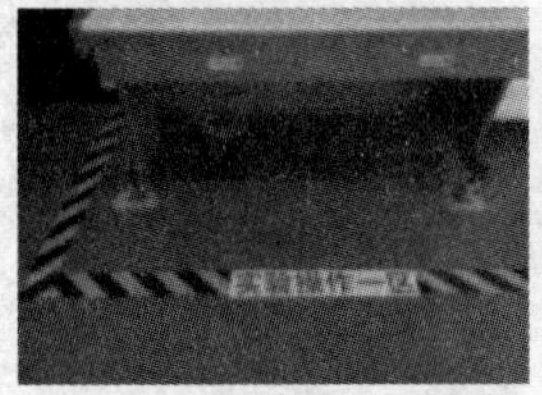

（c）实验操作区域展示　（d）学习组区域展示

图 5-5　大区域规划展示

（2）大工作区域内的小区域划分：指学习区域的分组学习区域和实验操作区域的分组操作区域；采用宽 5cm 的黄色胶带，字符采用 5cm 定位标识字符格式。如图 5-6 所示。

（a）

（b）

图 5-6　大区域内小区域黄色胶带划分展示

（3）讲台、空调、撮箕、扫把、拖把、垃圾桶、方桌、作品展览柜都采用宽 5cm 的黄色胶带，分别用“讲台位置、撮箕摆放处、扫把摆放处、拖把摆放处、垃圾桶位置、方桌位置、作品展览柜位置”字样标注；采用宽 5cm 的黄色胶带，字符采用 5cm 定位标识字符格式。如图 5-7 所示。

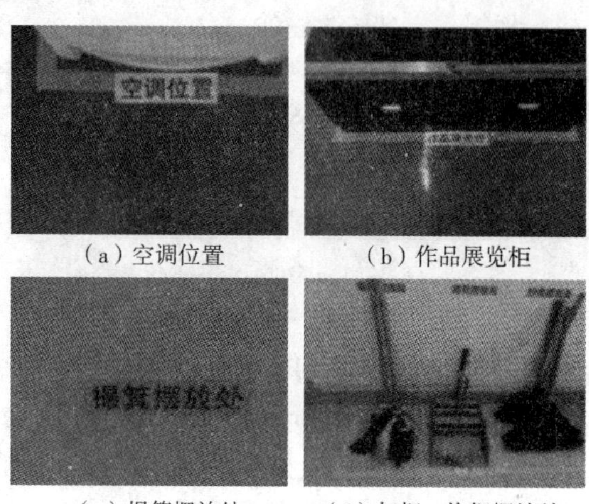

（a）空调位置　（b）作品展览柜

（c）撮箕摆放处　（d）扫把、拖把摆放处

图 5-7　各种 5cm 定位标识区规划

（4）工位、置物柜、设备、显示器、电烙铁都采用宽 2.5cm 的黄色胶带，分别用“工作位 1、设备 1、显示器 1、电烙铁位置”字样标注；采用 2.5cm 的黄色胶带定位，字符使用 2.5cm 的定位标识字符格式。如图 5-8 所示。

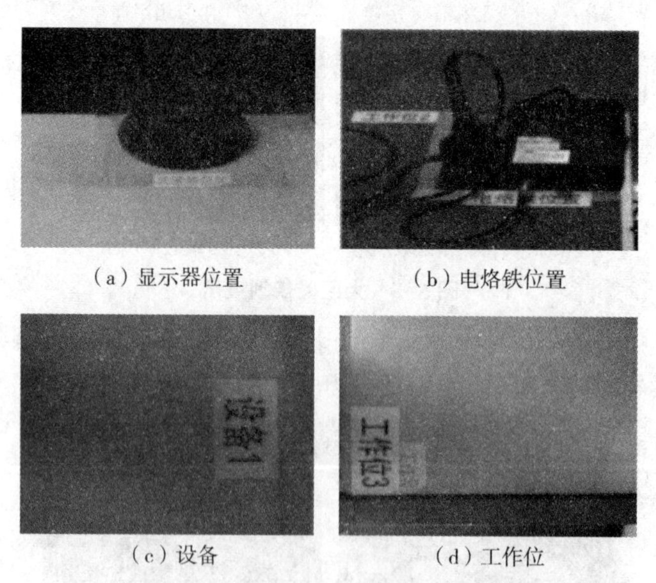

（a）显示器位置　（b）电烙铁位置

（c）设备　（d）工作位

图 5-8　各种 2.5cm 定位标识位置

（5）设备脚及凳子脚都采用黄色胶带制作专用固定脚，保证设备及凳子摆放的整齐性和规范性。如图 5-9 所示。

（a）设备脚的固定

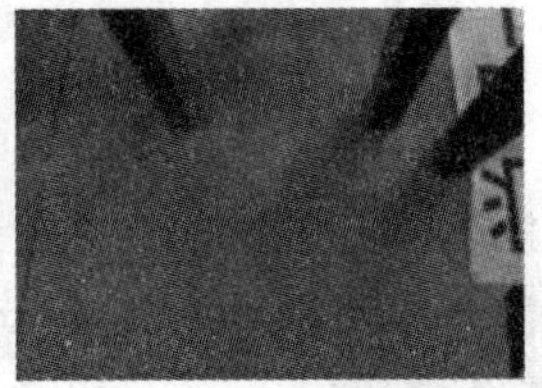
（b）凳子的固定

图 5-9　机器、凳子 2.5cm 标识定位规划

劳动防护与安全标志

劳动防护用品是指在生产劳动过程中为保护作业人员的人身安全与健康而配备的个人防护装备。劳动防护用品分为一般劳动防护用品和特种作业防护用品，如图 5-10 所示。

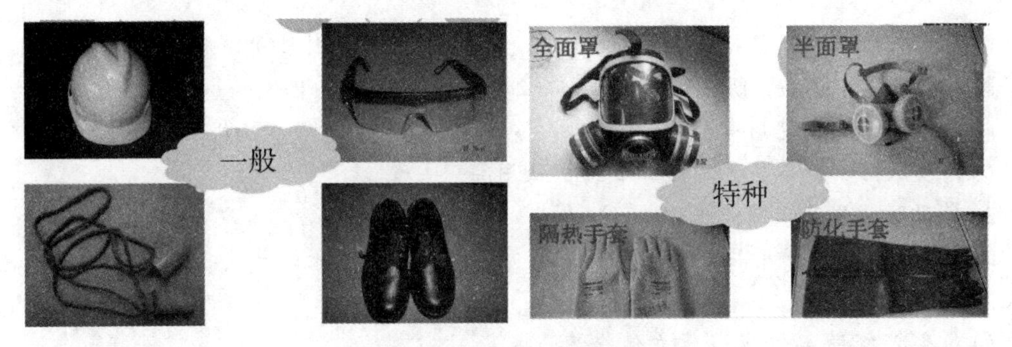

图 5-10　劳动防护用品

防护用品应严格保证质量，安全可靠，而且穿戴要舒适方便，经济耐用。

1. 劳动防护用品按照防护部位分类

（1）头部防护类。主要是安全帽、工作帽、防寒帽等。

（2）面部防护类。包括电焊面罩，各种护目镜、防冲击面罩头盔等。

（3）呼吸器官防护类。包括过滤式防毒面具、各种防尘口罩（不包括纱布口罩）、过滤式防微粒口罩、氧（空）气呼吸器等，如图 5-11 所示。

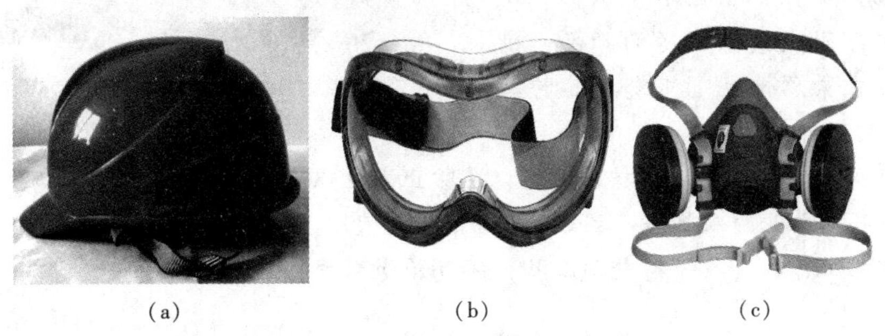
（a）　（b）　（c）

图 5-11　安全帽、护目镜和防毒面具

(4) 听觉器官防护类：主要有耳塞、耳罩和防噪声帽等。

(5) 手部防护类：绝缘、耐油、耐酸碱手套，防寒、防震、防静电、焊接手套等。

(6) 脚部防护类：包括矿工靴、防水胶靴，绝缘鞋、防滑、防砸、防刺穿、防静电鞋等，如图 5-12 所示。

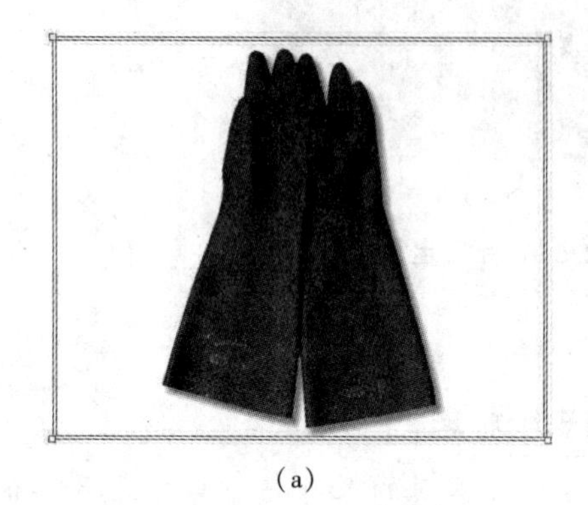

(a)

(b)

图 5-12 手套和防水胶鞋

(7) 躯体防护类：包括工作服、防护服、救生衣、带电作业屏蔽服，绝缘、防寒、防水、防静电服，化学品、阻燃服、焊接防护服等。

(8) 防坠落类：包括安全带、安全网、安全绳。

(9) 皮肤防护：各种劳动防护专用护肤用品。

2. 劳动防护用品正确使用方法

正确使用劳动防护用品，是保障从业人员人身安全与健康的重要措施。为此要注意以下几点。

(1) 生产经营单位应当建立健全有关劳动防护用品的管理制度。要加强劳动防护用品的购买、验收、保管、发放、更新、报废等环节的管理，监督并教育从业人员按照使用要求佩戴和使用。如图 5-13 所示。

图 5-13 劳动防护

(2) 提供的防护用品必须符合国家标准或行业标准。不得以货币或其他物品替代劳动防护用品，也不得购买、使用超过使用期限或质量低劣的产品，确保防护用品在紧急情况下能发挥其特有的效能。

(3) 在佩戴和使用劳动防护用品时，要防止发生以下情况。

①从事高空作业的人员，不系好安全带发生坠落。

②从事电工作业（或手持电动工具）不穿绝缘鞋发生触电。

③在车间或工地不按要求穿工作服，穿裙子或休闲衣服；或者虽然穿着工作服但穿着不整齐，敞着前襟、不系袖口等，造成机械缠绕。

④长发没有盘入工作帽中，造成长发被机械卷入。

⑤不正确戴手套。有的该戴不戴，造成手的烫伤、刺破等伤害。有的不该戴而戴，造成卷住手套带进手，甚至连胳膊也带进去的伤害事故。

⑥不及时佩戴适当的护目镜和面罩，使面部和眼睛受到飞溅物伤害或灼伤，或者受强光刺激，造成视力伤害。

⑦不正确戴安全帽。当发生物体坠落或头部受撞击时，造成伤害事故。

⑧在工作场所不按规定穿劳保皮鞋，造成脚部伤害。

⑨不能正确选择和使用各类口罩、面具，不会熟练使用防毒护品，造成中毒伤害。

⑩在其他需要进行防护的场所，如噪声、振动、辐射等，也要正确佩戴和使用劳动防护用品，从而保护自己的人身安全和健康。

策划暑期社会实践

一、活动目标

引导学生形成社会实践策划书。

二、活动时间

建议 20 分钟。

三、活动流程

1. 教师提出问题：

（1）所学专业若暑假组织社会实践，你认为最可行的行业岗位有哪些？

（2）我们该如何策划实施暑假社会实践？

2. 教师将学生按照 8~10 人划分小组，要求每组通过搜集资料并经小组内部讨论后形成策划书。

3. 每个小组选出 2 名代表陈述本组策划书，通过大幅白板展示策划书要点，小组内其他成员也可以补充资料。

4. 教师对各组的策划书进行分析、归纳、总结。

5. 教师根据各组在活动过程中的表现，给予点评并赋分。

项目六

自我服务实践

导读

家庭是每个人的避风港和栖息地，需要所有人的共同努力，才能拥有温暖。家庭的温暖，不仅体现在亲密的言谈举止中，更体现在琐碎的家务劳动中，一个人对待家务的态度，就是对待家庭的温度。家务是家庭幸福的润滑剂，许多家务劳动都是举手之间的小事，并不需要占用太多的时间。通过做家务，我们不仅可以增长生活技能，还能切身体验家务的琐碎和不易，懂得感恩和尊重。

在未来的社会中，身体素质的好坏和劳动意识的强弱，将是一个人能否取得成功的关键。而一个人的劳动观念、劳动态度、劳动习惯、独立能力、掌握劳动的技能技巧，理解劳动中自己所扮演的角色与人际关系，以及在学习中是否勤奋、是否肯于动脑动手等，在很大程度上是从小时候开始的自我服务和参与家务劳动而逐渐形成与获得的。每个人的家庭都是培养自身自理能力和劳动习惯的实践场所，每个人应根据个人年龄和能力适度参与家庭劳动。

任务一　生活自理劳动实践

学习目标

1. 了解校园生活自理劳动包含的具体劳动技能，找到自身不足，重点突破。
2. 能说出生活自理劳动意识建立的意义，积极养成生活自理和管理习惯。
3. 能运用自理劳动能力提升的途径和方法帮助自己提升自立自主水平。

案例导入

缺乏独立自主生活能力的小曹

吃饭、打水、洗澡……一切都得自己搞定的高校生活，让第一次远离父母，开始住宿生活的合肥女孩小曹非常不适应。

从幼儿园到高中毕业，小曹都是在“无菌室”里长大的。因家庭条件优越，父母只给

小曹定下一个目标——学习，对孩子一直“惯着”，很少批评孩子，所有的衣服从袜子到外套从不用孩子洗，整理、扫地也从没让小曹动过手。

2019年新学期开始，小曹的父母把她送到学校报到后却接连几天频繁接到小曹电话，洗衣服、打饭、打水，这些都不会，还说“想家”“想爸爸妈妈”“想回家”。因为担心女儿，夫妻俩只得驱车两个小时来学校看她，每次都带去换洗的衣物，还有小曹喜欢吃的饭菜，临走再把脏衣服带走。

这样持续了一个多月后，小曹的不适应渐渐变成了恐惧，她一回到寝室就激动，有时候大哭，甚至不敢睡觉。同宿舍的室友一开始还能关心小曹，后来都被她的举动吓到了，也不敢接近。小曹因没法在寝室住下去，只能住到离学校最近的宾馆。她的父母以为国庆假期过后小曹会有所缓解，但假期里，不管谁来劝，小曹都一直拒绝回到学校，全家人一商量，小曹如果这种状况持续到这个学期结束，恐怕就只能退学了。

分析：人生活在社会中需要一定的生活自理能力，这些能力的缺失对个人未来的发展极为不利。因为父母的过度溺爱导致小曹在成长过程中缺乏基本的自我服务劳动能力，对父母依赖性大，无法独立料理自己的生活，所以无法适应学校的学习和生活，面临退学的尴尬局面。

在所有人眼中，大学生的形象应该是独立且有主见的，他们有能力照顾和管理好自己的生活。但事实上，虽然大部分的大学生都是十分独立的，但是也有小部分的大学生无法很好地处理好自己的生活，不操心自己的日常事务，十分缺乏自理能力。例如，有的大学生，衣服不会洗，铺床、叠被子这样最基本的生活技能都没有，更夸张的是有的人将自己积攒了很久的脏衣服和杂物在某个特定的时间全部寄回家里，让自己的父母帮忙收拾和清洗。这样的新闻其实有很多，甚至有大学生因为无法接受自己离开家将要独自生活的现实患上了抑郁症。

虽然这样的情况只存在于小部分的大学生群体中，但是也确实值得整个社会反思。

一、自理劳动

（一）自理劳动的概念

自理劳动是学生料理自己生活的各种劳动，主要有清洁自身、整理床铺、打扫房间、洗涤缝补衣服、收拾桌椅、洗碗筷、整理橱柜、打扫宿舍等。它是最简单的一种日常劳动，不管学生在校学习或参加工作，自理劳动是大学生基本义务和习惯。

现代教育则普遍重视培养个人生活自理能力。热爱劳动首先要从自理劳动开始，要从小做起，从自身做起，从小事做起，自己的事情自己做，同时能为他人、为集体服务，逐渐培养自己的责任感和社会适应能力。

（二）自理劳动技能

自理劳动技能是人人必须具备的技能，在我国，尽管各民族、各地区人们的生活习惯有所差异，但卫生习惯、生活自理、学习自理应当是共同的。自理劳动技能包括洗手、洗脸、刷牙、洗脚、剪指甲、洗头、梳头、洗澡、穿脱衣服、系鞋带、铺床、叠被、洗小件

衣物、洗碗筷、洗茶杯、钉纽扣、缝补衣物、晒被褥、洗外衣、叠放衣服、收拾书包、修补图书和整理学习用品等。

这类劳动项目重在养成学生自己动手的良好习惯，从而认识劳动光荣，为从事其他各类劳动打下基础。

1. 洗手七步法

在流动水下用肥皂或皂液洗手，可以去除手部污垢和部分病原菌。预防接触感染，减少传染病的传播。7 步洗手法如图 6-1 所示。

第一步（内）：洗手掌，流水湿润双手，涂抹洗手液（或肥皂），掌心相对，手指并拢相互揉搓。

第二步（外）：洗背侧指缝，手心对手背沿指缝相互揉搓，双手交换进行。

第三步（夹）：洗掌侧指缝，掌心相对，双手交叉沿指缝相互揉搓。

第四步（弓）：洗手指背部，弯曲各手指关节，半握拳把指背放在另一手掌心旋转揉搓，双手交换进行。

第五步（大）：洗拇指，手握另一手大拇指旋转揉搓，双手交换进行。

第六步（立）：洗指尖，弯曲各手指关节，把指尖合拢在另一手掌心旋转揉搓，双手交换进行。

第七步（腕）：洗手腕手臂，揉搓手腕、手臂，双手交换进行。

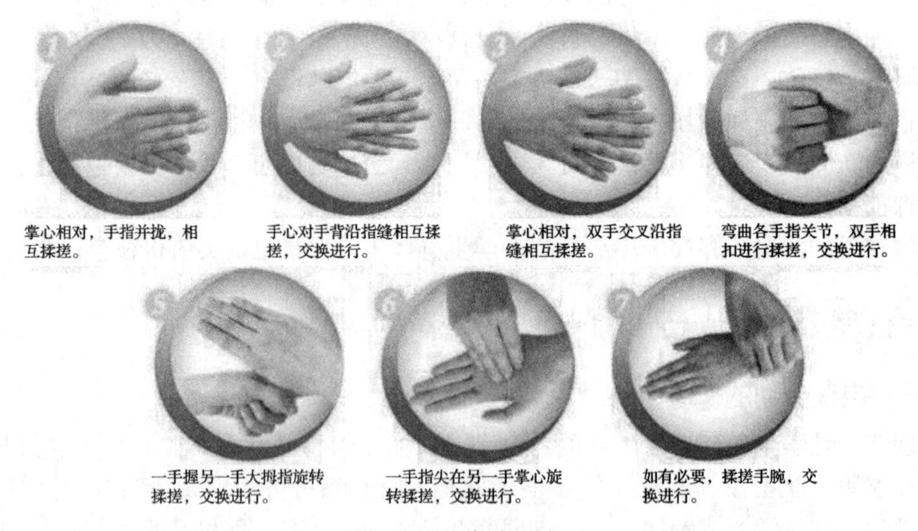

图 6-1　7 步洗手法

2. 洗脸的正确方法

第一步：用温水湿润脸部，保证毛孔充分张开，又不会使皮肤的天然保湿油分过分丢失。取面积如 5 角硬币大小的洁面乳，在手心充分打起泡沫。

第二步：把泡沫涂在脸上，特别是 T 区，轻轻打圈按摩，注意不要太用力，以免产生皱纹。大概按摩 15 下，让泡沫遍及整个面部。

第三步：用清水洗去洁面乳，照镜子检查一下发际周围是否有残留的洁面乳，防止发际周围长痘。

第四步：用双手捧起冷水撩洗面部 20 下左右，同时用蘸了凉水的毛巾轻敷脸部，使毛孔收紧，促进面部血液循环。

3. 刷牙的正确方法（见图 6–2）

第一步：手持牙刷柄，将刷毛置于龈缘处，刷毛与牙体成 45°角，先刷上下排牙齿的外侧面，做短距离水平颤动约 10 次。注意牙面要重叠不遗漏。

第二步：刷上下前牙时将牙根竖起，刷毛前端进入龈缘做上下颤动，每个部位颤动约 10 次，刷子从右到左。注意牙面要重叠不遗漏。

第三步：刷牙齿内侧面，做短距离上下颤动约 10 次。注意牙面要重叠不遗漏。

第四步：刷毛竖起刷咬合面，应注意切勿用力横刷，易形成颈部楔状缺损。

第五步：刷门牙。牙刷勿选择大头硬毛牙刷，应选择小头软毛牙刷，这样可以更好地清洁口腔内各个牙面和卫生死角。

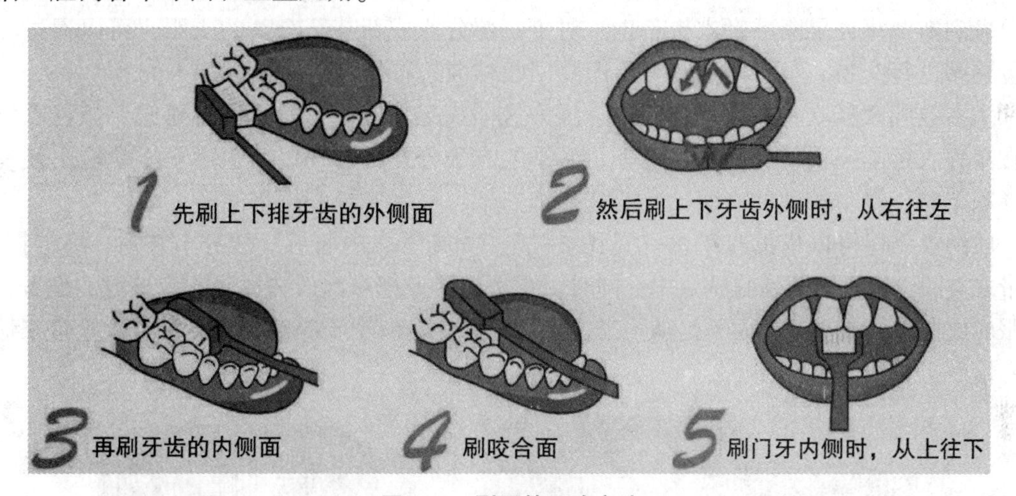

图 6–2　刷牙的正确方法

4. 洗脚的正确方法

洗脚时水的温度保持在 40℃～50℃，水量以淹没脚踝部为好。将双脚放入温水中浸泡 5～10 分钟，然后用手按摩脚心，按摩时动作要缓慢、连贯、轻重合适。刚开始速度要慢，时间要短，等适应后再逐渐加速。

洗脚时，可加入一些药物，可以防治脚癣、脚臭、脚干裂、脚汗过多、足跟痛、冻疮、下肢浮肿麻木、四肢不温、感冒、风湿性关节炎及夜尿频等。洗脚时尽量避免用碱性强的肥皂，以免去脂过多，使皮肤干裂。洗完脚要用毛巾揩干，搽上无刺激性的油脂或护肤膏。

5. 洗头的正确方法

护理秀发中最重要的便是要学会正确的洗护秀发，掌握正确的洗发方法，不让脏物过多影响秀发的正常发育或脱发，保持清洁状态是关键。

洗发前要根据自己的发质选择适合的洗发产品，不要盲目。发质可以分为油性发质、干性发质和混合型发质。油性发质一般出油都比较快，所以最好是隔一天就洗一次，避免头发粘连影响个人形象。如果属于头皮油头发干的类型，可以选择去油的洗发露，然后再使用补水一类的护发素，通过合理的搭配使用，能更好地呵护自己的头发，使头发更加黑亮、光滑。干性发质要选择补水保湿一类的洗护产品，尽量让头发自然晾干，少用吹风机。

第一步：洗发前先用大齿发梳将秀发梳通，从发梢开始逐渐向上，最后再从发根至发梢梳通。

第二步：用温水彻底淋湿秀发。

第三步：往手掌里倒入适量的洗发露，在手心把洗发露揉起泡沫。

第四步：从头皮部位抹起，由发根至发梢，将洗发露均匀地抹在秀发上。

第五步：用水将头发冲洗干净。

6. 收纳衣物的正确方法

大学生每到换季势必会需要重新整理一批衣服，在整理之前，对于一些不再使用的衣物要做到断舍离，果断减轻衣柜负担。对于一部分八成新甚至全新的衣服，可以通过二手闲置网站进行交易，也可以选择交给旧物回收站或选择寄给贫困山区的人们。

大多数同学喜欢将衣服悬挂起来，因为这样找起来方便，而且不容易皱。悬挂衣物需放在单独衣柜隔间，将春秋季、夏季、冬季的衣服分开，这样以后也不至于拿取不便。在选择衣架时，夏季偏薄的衣服一定要选择细衣架，可以充分利用空间。

收纳衣物还可以借助收纳盒（见图 6-3），如袜子、内衣裤、贴身小衣物、吊带打底、腰带之类的，都可以放在收纳盒中。同时，要做到尽量把东西放在属于它应该放的位置，如衣服应放在衣柜或衣架，而不是随手扔在凳子、床上。一个干净的宿舍，会给大家带来愉悦的心情。

(a)

(b)

图 6-3　衣物收纳

衣物的收纳主要有折叠法和卷折法。下面以 T 恤为例，介绍两种收纳的方法。

T 恤折叠方法如下（见图 6-4）。

第一步：把衣服平铺放在桌面上，把两边袖子向内折叠放在衣服上。

第二步：把衣服左右两边折叠起来。

第三步：把衣服下半部分折叠起来。

第四步：把衣服上半部分塞进下半部分的衣服里面。

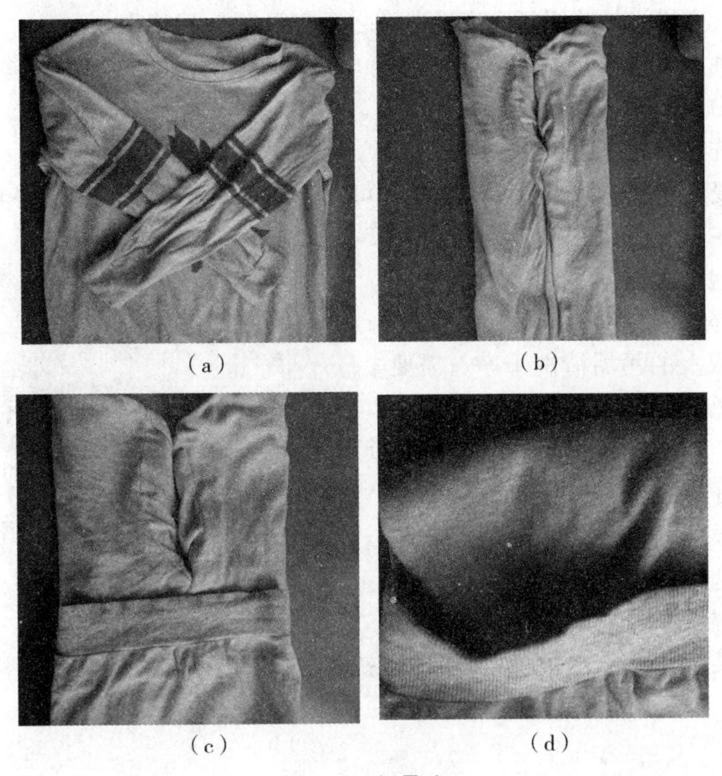

（a）　（b）

（c）　（d）

图 6-4　折叠法

T 恤卷折方法如下：首先将衣服抖平，平摊在桌子上；然后向后对折起来，袖子相对应；最后从 T 恤衫的上方开始卷起来，就像卷毛巾一样，这样更方便收纳，而且 T 恤也不会出现皱巴巴的情况。T 恤卷折后如图 6-5 所示。

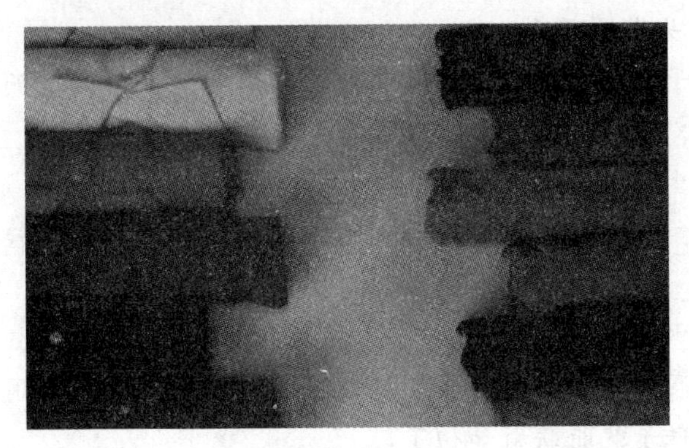

图 6-5　卷折法

7. 洗衣服的正确方法

第一步：分出掉色的衣服。不要把容易掉色的衣服和其他衣服混在一起洗，否则衣服容易沾染上掉色衣服的颜色。例如，纯白色的纯棉衬衣之类，千万不要和其他衣服混合洗。

第二步：适度调整洗衣服的水温。水温太高，会令衣服出现掉色严重的情况，还会把衣服烫得变形、变松，如针织衫，高温洗净之后变得完全不合身。

第三步：挑出手洗与机洗的衣服。注意羊绒类、呢子面料的衣服不能放入洗衣机中洗，容易使衣物变形。

第四步：洗衣服分先后顺序。内衣裤宜单独搓洗，先洗衬衣，然后是外套、袜子。

第五步：浸泡衣服。将水温调好之后，可以选择洗衣液或洗衣粉，将其溶解之后，与衣服一起浸泡在水盆里。一般浸泡 15 分钟就可以了。浸泡一段时间之后，洗衣液能够很好地融进衣服的污垢里，当搓洗时，会快速地将衣服上的污垢清洗干净。需要注意的是，浅色的衣服不要和深色衣服放在一起浸泡。

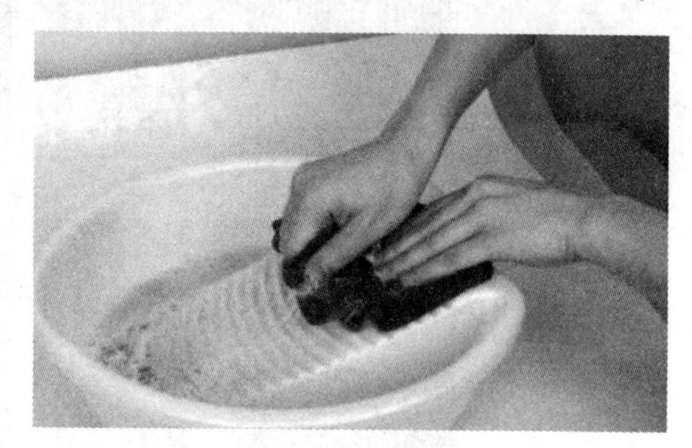

图 6-6　洗衣服

第六步：仔细搓洗并对光检查。仔仔细细地搓洗衣服上面的污垢，重点如衣领、袖口、前襟，这些都是衣服上污垢比较多的地方。轻轻搓洗一段时间之后，对着阳光看一看，如果还有没洗干净的地方，这样就能很清楚地看到，再次用手搓洗一下，直到彻底干净为止。如图 6-6 所示。

知识拓展

如何清理鞋子上的污渍

鞋子脏了应该如何清洗才好呢？以下是清理鞋子上污渍的小窍门。

1. 真皮皮革可用头发调理剂

皮靴相对其他鞋子更容易磨损，想要修复它不用去购买鞋油，而是用我们的头发调理剂和一个干净的抹布，轻轻摩擦少量进入皮革。

2. 运动鞋可用魔幻橡皮擦

运动鞋也容易脏，我们可以把一块小小的海绵蘸湿，然后用它轻缓地擦掉运动鞋上的污迹。

3. 鹿皮长筒靴可用橡皮擦

长筒靴有一些划痕或者污渍的时候，我们可以找一个干净未使用的橡皮擦来轻轻地擦拭污垢，然后我们的鞋子就能崭新如初了。

4. 雨靴可用橄榄油

当雨靴产生一些白色印痕时，可把一些橄榄油倒在干净的布上，然后以圆周运动摩擦。

5. 皮革鞋可用凡士林

皮革鞋脏了后可将少量凡士林抹在干净的布上，轻轻擦拭污垢。

8. 清除茶杯污垢的正确方法

喝茶可以让人放松，也能养胃调理身体，但是泡茶的杯子，时间久了会有很多茶垢，并且还不容易清洗，清洗茶垢的正确方法如下。

用清水清洗一下杯子，然后用沾上一些牙膏的海绵来刷杯子。牙膏中有去污剂，可以很好地去除茶垢而且不损伤茶杯的内壁。如果杯子比较厚实还有盖子，可以抓一点米放在茶杯里，然后盖上盖子，使劲摇晃一会，茶杯就干净了。去除小块茶垢时，可将其浸泡于漂白剂或清洁粉的溶液中，并放置一晚，就可去掉茶垢。

二、自理劳动意识建立的意义

习近平总书记曾指出："人世间的美好梦想，只有通过诚实劳动才能实现；发展中的各种难题，只有通过诚实劳动才能破解；生命里的一切辉煌，只有通过诚实劳动才能铸就。""以劳动托起中国梦"，进行伟大斗争、建设伟大工程、推进伟大事业、实现伟大梦想，全面建成小康社会，进而建成富强民主文明和谐美丽的社会主义现代化强国，根本上要靠劳动，要靠劳动者的辛勤劳动、诚实劳动和创造性劳动。

在我国转变经济增长的方式、实现中国制造 2025 目标、做强实体经济、建设知识技能型新型劳动者大军的今天，大学生劳动意识的培养是当代中国学生发展核心素养中不可或缺的，是一个学生全面发展、全面成长的必要条件和必然要求。"一屋不扫，何以扫天下"，作为大学生先要从料理自己的生活开始，培养劳动意识和技能，为成长为合格公民而诚实合法劳动、创造成功生活奠定基础。

（一）自理劳动是提升个人觉悟、发展自身智力的需要

劳动意识主要指劳动主体对劳动主体和劳动客体之间相互作用过程的主观反映，它不仅是劳动主体对进入其活动范围的客观对象自身存在的认识和把握，同时还体现劳动主体对自身属性、身心结构的反映。通俗地说，劳动意识即爱劳动，主动参与承担劳动的思想观念。劳动能力即会劳动，掌握劳动的基本技能技巧。高校阶段学生的自理劳动意识就是衣、食、住、行等自理能力及思想观念。爱劳动一直是中华民族的传统美德。部分大学生"四体不勤"，懒惰成性，既没有劳动意识也缺乏劳动的技能和习惯，成了衣来伸手、饭来张口的书呆子，这些都直接影响了个人的身心发展。

（二）自理劳动有利于培养个人对劳动人民的思想感情

一个人只有付出了辛勤劳动，才能懂得珍惜劳动成果。一个人在穿自己洗的衣服时一般会格外小心在意；在用自己修补的图书时会小心翼翼；在用自己整理的学习用品时会很在意以免弄乱。

（三）自我服务劳动有助于促进个人意志品质的形成

劳动习惯的形成过程也是意志形成的过程。例如，每天早晨起来自己叠被并打扫卧

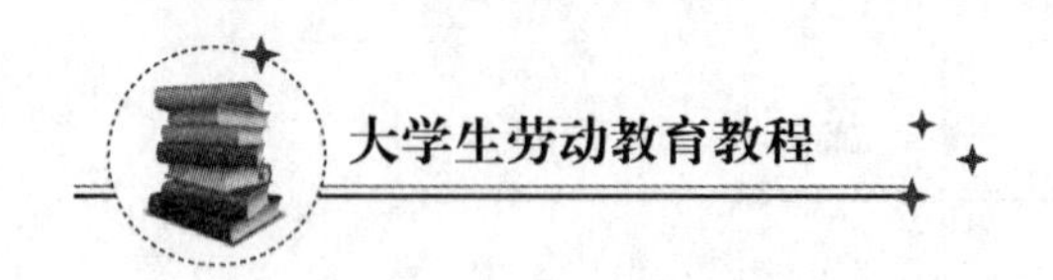

室，没有坚持的意志力是不可想象的。再如，自己洗衣服、刷鞋、倒垃圾等劳动，没有不怕脏、不怕累的品德是不行的。这些劳动不仅锻炼大学生的动手能力，还可以帮助大学生养成良好的意志品质。

三、自理劳动能力提升的途径和方法

自理劳动能力的提升是提高大学生自身生存能力、竞争能力和自我发展能力的基础。生活不能自理，事事由别人操心代劳，也是懒惰与无能的表现。自理能力不是自发产生的，它需要我们有意识地加以培养，需要循序渐进地形成，需要从小事做起，做好。

（一）从情感上真尊重

中华传统美德是劳动最光荣，要从情感上尊重任何劳动者，如保姆、快递员、保安、清洁工等。

（二）从行动上肯动手

在自理劳动中，要多学多做，摒弃“学习就已经够累的了，只要学习好就行了”的错误观点。要改变自己对劳动的错误态度，自己的事自己干，做一些力所能及的事。

（三）从提高上讲渐进

在老师和家长的帮助下制订科学的自理劳动培养计划，根据年龄设计不同的自理劳动要求，逐渐提高，反复训练，循序渐进。多参加其他劳动，提高劳动服务能力。

（四）从学习上要主动

主动学习正确的生活自理方法。一方面，认真学习劳动教育课程内容，通过学校网络劳动视频学习基本知识与技能；另一方面，在家里、寝室要主动跟家长、同学学习一些关于自理劳动的方法。

自我服务劳动成果展示

一、活动目标

用短视频的方式展示自我劳动的结果，养成爱劳动的好习惯。

二、活动时间

建议 20 分钟。

三、活动流程

1. 每名学生把自己认为做得最好的自我服务劳动的过程录制 2 分钟以内的视频。

2. 教师将学生按照 4~6 人划分小组，小组成员观看组内成员的视频并选出最成功的劳动成果。

3. 将每个小组选出的最成功劳动成果对全班学生进行播放，并邀请这几名学生分享个人劳动的经验和体会。

4. 教师对分享者的经验和体会进行归纳、分析和总结。

5. 教师对展示的自我服务劳动成果点评并赋分。

任务二　家庭生活劳动实践

学习目标

1. 熟知家庭护理、家庭维修、家庭营养膳食应具备的基础知识，并能运用这些知识指导护理、维修、营养膳食工作。

2. 掌握家庭清洁中的家具清洁、家庭维修、家庭护理的主要技巧。

3. 愿意参与日常生活劳动，并从中体验劳动的快乐，形成照顾家人的责任感，提升个人服务他人的意识和能力。

案例导入

带着父母上大学，边读书边照顾母亲

家境贫寒、身体瘦弱的小潘被徐州工程学院机械设计专业录取后，他就带着不会说话、不能行走，更加没办法自理，全天 24 小时需要靠人照顾，连吃饭都要插胃管进食的母亲和体弱的父亲来到了徐州这座城市，一边上学一边照顾母亲。

小潘每天需要喂母亲 5 顿饭，每隔两小时就要帮她翻身、按摩，因此他每天的时间就要切割成一个个“两小时”。每天的早中晚，他要分 3 次给母亲买菜做饭，而到了夜里，他要陪母亲到凌晨 2 点才能睡觉。为避免时间太久把人累垮，父子俩就制定好了时间，轮流照顾他的母亲。在他的悉心照料下，虽然小潘的母亲长期卧床，可是她身上却没有褥疮，家里也没有异味。

分析：为了更好地照顾母亲，小潘的大学生活充满了忙碌，甚至还有一些苦涩，但他硬是用一副瘦弱的身板抗下了种种苦难和煎熬，撑起了一个家的同时，也没有荒废过学业。家人生病或年老体弱，我们作为家庭中不可或缺的一分子也应该尽可能抽出时间参与照顾，这就需要我们掌握一定的知识，懂得如何照顾老人和病人。

《易经》曰：“天行健，君子以自强不息；地势坤，君子以厚德载物。”自强不息一直是中华民族的传统美德，是自古君子修身养性的准则。21 世纪新时代环境造就了大学生群体特别厚重的历史使命和责任感，而家庭责任就是其中之一。

大学生作为半独立的社会个体，既离不开出生的家庭，又要为自己将来组建家庭奠定基础。爱父母爱家人，才会爱国家爱社会。所谓家庭责任意识，就是主动参与家庭事务和劳动，承担家庭责任，爱自己的家庭，关心家庭中发生的事，主动为家庭分忧解难。当青年学生还在校读书，未脱离家庭而独立工作、生活之前，就从亲情关系的感情上懂得、领悟到爱意，享受到爱的愉悦，滋生爱人的意识，进而从理性上逐渐认识到人与人相互之间需要用责任意识来协调，这样才可萌生对他人的爱心，乃至爱社会、爱人类。

一、家务劳动

（一）家务劳动的概念

家务劳动是指家庭成员在日常的家庭生活中必须从事的一种无报酬劳动，包括洗衣做饭、照看孩子、购买日用品、清洁卫生、照顾老人或病人等。

通过调查，在家务劳动问题中，有 43%的大学生经常做家务，49%的人偶尔做家务，其余 8%的同学极少或从不做家务，反映了大学生参与家庭劳动的现实水平较低，也反映了劳动态度和劳动实践的差异。而在主动进行家务劳动中，仅有 35%的同学经常主动做家务，其余大部分同学表示是在被家长命令和督促下做家务的。而在具体的劳动内容上，大部分是打扫卫生和洗衣服，不到一半的大学生做饭。

专家指出，在未来的社会中，身体素质的好坏和劳动意识的强弱，将是一个人能否取得成功的关键所在。大学生应主动参加家务劳动，杜绝养成过分依赖父母的习惯，培养独立性，提高生活自理能力，养成热爱劳动的良好习惯。

（二）家务劳动技能

在我国，家务劳动因民族、地区、家庭情况不同而有差异，共同包含的有家庭清洁、家庭护理、照料饮食起居、家庭维修等内容，大学生应主动承担家庭中力所能及的事情，明确自己作为家庭一分子，劳动既是责任，也是义务。

劳动不只是洗衣、做饭、打扫卫生，更是务实、做事、操作、实践，劳动教育的意义，贵在让人用身体丈量物理和心灵的世界。

家庭清洁包含电器清洁、家具清洁、厨具清洁、门墙清洁等内容。

1. 电视

液晶屏是液晶电视的核心部分，也是我们清洁的重点。使用柔软的布蘸少许玻璃清洁剂轻轻地擦拭（擦拭时力度要轻，否则屏幕会因此而短路损坏），不要使用酒精一类的化学溶液，不要用硬质毛巾擦洗屏幕表面，以免将屏幕表面擦起毛而影响显示效果，也不能用粗糙的布或是纸类物品，因为这类物质易产生刮痕。当不开电视时，请关闭显示屏（不要仅限于遥控器的关闭状态），以防止灰尘堆积。不要用指尖（经常对屏幕指指点点）或尖物在屏幕上滑动，以免划伤表面。另外，保持使用环境的干燥，远离一些化学药品。

2. 电冰箱

电冰箱需安排单独电源线路和使用专用插座，不能与多个其他电器合用同一插座，否则容易造成不良事故。正确安放电冰箱，不能距离火炉、暖气片等热的地方过近；同时应避免阳光的直接照射，这样有利于散热；应摆放在不潮湿并通风良好的地方。冰箱背部应离墙 10 厘米以上，顶部应有 30 厘米以上的高度空间，四周不应该放置过多的杂物；应摆放在地面平稳的地方，否则当压缩机启动时会产生振动并发出很大的噪声，长期如此会缩短电冰箱的使用寿命；上下不应该摆放重物或过多杂物，特别是不能摆放其他电器。

3. 洗衣机

一般新买的洗衣机在使用半年后，每隔 3 个月都应用洗衣机专用洗洁剂清洗一次。清洁洗衣机时，可先往一条干毛巾上倒上 200 毫升的白醋；然后把沾满白醋的毛巾放到洗衣机里；盖上洗衣机的盖子，按下电源键，调成甩干，再按下启动键；一会儿桶的内部会均匀的沾上白醋，保留 1 个小时，这样可以软化污垢；倒半袋小苏打，往小苏打里倒入适量的清水，将小苏打溶解；洗衣机里加满水，把小苏打液倒进洗衣机里，泡 2 个小时；2 个小时以后，盖上洗衣机盖子漂洗两次。另外要注意：平时不用洗衣机的时候，最好经常打开洗衣机的盖子，让洗衣机内部保持干燥状态。洗完的衣服应立刻拿出来晾晒，千万不要闷在里面。

4. 空调

空调使用有两忌：一是忌与其他电器共用插座；二是忌在运行中改变热泵型空调的运行状态。空调清洗时可用柔软的布醮少量的中性洗涤剂擦拭空调器，而且清洗时水温应低于 40℃，以免引起外壳、面板收缩或变形；室内进风过滤网应每隔 20 天清洗一次，室外机组也应定期除尘。

5. 饮水机

饮水机机身里的水垢，可以先排尽余水，然后再打开冷热水开关放水，取下饮水机内接触矿泉水桶的部分，用酒精棉仔细擦洗饮水机内胆和盖子的内外侧，为下一步消毒做准备。按照去污泡腾片或消毒剂的说明书，兑好消毒水倒入饮水机，使消毒水充盈整个腔体留置 10~15 分钟，但更建议从进水口倒入少许白醋或鲜榨柠檬汁，再将里面加满水留置 2 小时，这样不用担心清洁剂残留对人体造成危害。

6. 玻璃门窗的清洁

第一步：自制擦玻璃清洁剂。准备一个水流较细的小喷壶，倒入一半的水，四分之一的洗洁精，四分之一的白醋，摇晃均匀即可。

第二步：准备纸和两块不掉毛的布，纸可以是报纸，也可以是买鞋子时塞在鞋子中的纸。布的要求是不掉色、不掉毛、吸水，另一块布料保持干燥。

第三步：将调制好的清洁剂摇晃均匀后喷在玻璃上，用纸揉开，自上往下擦拭，让清洁剂均匀的覆盖住玻璃，一般一次并不能清洁干净，往往还需要喷涂一遍清洁剂后再用报纸擦一遍。

第四步：选用一块布料湿水之后擦拭玻璃，将玻璃上的泡沫擦干净，等泡沫彻底擦干净之后，用另一块干的布料再擦掉所有的水迹，窗户也就擦好了。

需要注意的是：这个方法适用于擦室内的窗户，对于高层楼房来说，室外的窗户尽量还是找专业的人来清洁，不建议大家自己探出身子或用其他方法去擦室外的窗户，这样很不安全。

7. 家具的清洁

（1）木质家具。木制家具因其天然美观和环保性强的特点，被各家各户广泛使用，但木质家具并不易于保养，所以我们在日常生活中对木制家具还是要多加保养清洁。

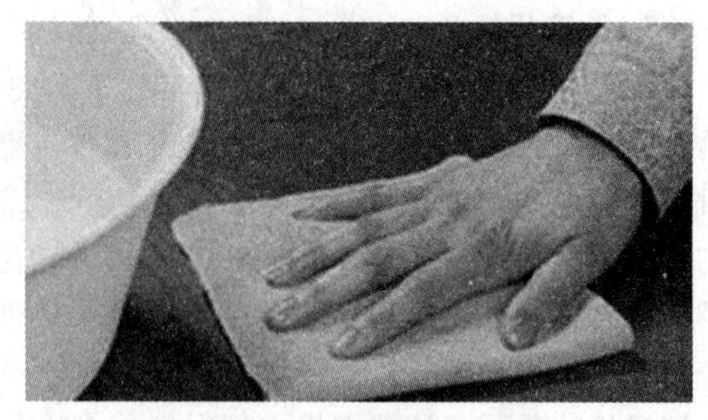
图 6-7　木质家具的清洁

日常清洁时，用柔软的抹布或海绵蘸温热的肥皂水擦洗（见图 6-7），等到自然风干时，再用家具油蜡抛光。残茶是极好的去除木制家具上的油污清洁剂，可使用残茶水涂抹擦拭，再喷洒少量的玉米粉进行抹拭，最后将玉米粉抹净即可。可以清洁所有吸附在家具表面的脏物，使漆面光滑明亮。如果家具漆膜被烟头、烟灰或未熄灭的火柴等物灼伤，留下焦痕，而未烧焦漆膜以下的木质，可以用小块细纹硬布包一根筷子头，轻轻抹烧灼痕迹，然后涂上一层薄蜡液，焦痕即可除去。木质家具不耐热，受热容易形成伤痕，可以用半个柠檬擦洗伤痕，再用浸在热水中的软布擦拭，即可修复伤痕。家具因沾水没有及时抹净，水渗入漆膜空隙并积存，使漆膜泛起水印，在这种情况下，只要将水迹印痕上盖上一块干净湿布，然后用熨斗压熨湿布，聚集在水印中的水会被蒸发出来，水印也就消失了。

木质家具要避免阳光直射。尽管秋日的阳光没有夏季猛烈，但长时间的日晒加上干燥的气候，木质过于干燥，容易出现裂缝和局部褪色。

（2）皮质家具的清洁方法。与其他材质的家具比较，皮质家具最为突出的优点即表面美观，手感好，而且耐磨性、耐揉性、耐水性很好，抗裂强度、抗脱落强度也很高，现在家庭皮质家具的使用较广泛。

皮质家具适合使用专用清洁皮质家具的清洁剂，切记不要用一些烈性较强的化学剂清洗，以免化学剂残留在皮表面，造成皮质家具的腐蚀。在用完清洁剂后需用清水擦洗一遍，再用干抹布擦一遍。

8. 抽油烟机的清洁方法

抽油烟机内的叶轮一般在运用 6 个月后，应请专业人士进行彻底清洗，若是长时间带着超负荷的油污旋转，极易出现变形、噪声增大，甚至影响抽油烟效果，缩短设备寿命。通常，专业人员会用高温高压清洗机，配合高效环保清洗剂，对油烟机的风轮、网罩、外壳等进行全方位清洗，彻底去除内外油污。然后，拆下涡轮，放在专业清洗剂中浸泡，再用高温高压喷雾机往油箱内喷洒高温蒸汽 3 分钟，用专用铁铲铲出较厚的油垢。

日常简单清洁可以使用吹风机和洗洁精。

第一步：用吹风机的热风对着油污吹，直到发现油污呈溶解状态后停下。

第二步：准备一张旧报纸，用洗洁精水将其打湿，趁报纸打湿的状态下贴在油烟机上，等半个小时后把报纸撕下来，这时就会发现油污变淡了。

第三步：用洗洁精和抹布擦洗。

9. 墙面污垢的清洁

日常对墙面进行吸尘清洁时，注意要将吸尘器换吸头，以免吸尘器吸头对墙面造成污染。若发现墙面有脏迹时要及时擦除，否则容易在墙面上留下永久斑痕。对于耐水墙面可以使用布蘸水擦洗，擦完后使用干毛巾吸干即可。对于不耐水的墙面，不能用水擦，可选

择用橡皮擦或毛巾蘸些清洁液拧干后轻轻擦除。

多雨的天气室内潮湿，靠近卫生间、厨房等地的墙面极容易出现霉斑，影响墙壁美观。因此，墙体发霉要防患于未然。在墙角摆放茶叶或活性炭等可以吸湿，还可以使用专业除湿器或使用空调除湿。

二、家庭护理

家庭护理是指对患有严重疾病综合征、身体功能失调、慢性精神功能障碍等患者提供的照护。

孝与感恩是中华民族传统美德的基本元素，是中国人传统美德形成的基础，也是政治道德、社会公德、职业道德、家庭美德、个人品德建设的基本元素。我国孝道文化包括敬养父母、生育后代、推恩及人、忠孝两全、缅怀先祖等，是一个由个体到整体，修身、齐家、治国、平天下的延展攀高的多元文化体系。它强调幼敬长、下尊上，要求晚辈尊敬老人，子女孝敬父母，爱护、照顾、赡养老人，使老人们颐养天年，享受天伦之乐，这种精神无论过去、现在还是将来，都具有普遍的社会意义。为了更好地照料家中老人，需要从以下几方面来协助满足老年人的基本需要。

（1）食物的需要：注意老人的膳食营养，为不能自理的家中老人喂食和喂水。

（2）排泄的需要：帮助不能自理的老人进行排便、排尿，及时清除排泄物。

（3）舒适的需要：营造安静、清洁、温度适宜的休养环境。

（4）活动和休息的需要：帮助老人适当活动，并尽可能促进老人的正常睡眠。

（5）安全的需要：防止老年人跌倒、噎食、误吸、损伤，保持皮肤的完整性。

（6）爱和归属的需要：营造良好的休养环境和人际环境，促进老人的人际交往，帮助老人及时与家人联系与沟通，并给予精神上的关心。

（7）尊重的需要：运用沟通技巧，维护老年人的自尊，保护老年人的隐私。

（8）审美的需要：协助老年人的容貌、衣着修饰，使其保持良好的精神状态。

在协助满足老年人的基本需要时，还需要为老年人提供一些生活照料服务。

1. 为卧床老人整理床铺

第一步：关好门窗，移开床旁桌、椅。如果病情许可，可放平床头，以便于彻底清扫。

第二步：协助老人翻身至对侧，松开近侧床单，用床刷从床头至床尾扫净床单上的渣屑，应注意将枕下及老人身下各层彻底扫净，然后将床单拉平铺好，协助老人翻身卧于扫净的一侧。转至另侧，以上面的方法逐层清扫，并拉平床单铺好。

第三步：整理被盖，将棉被拉平，为老人盖好。

第四步：取下枕头揉松，放于老人头下。

2. 为卧床老人更换床单

第一步：酌情关好门窗，移开床旁桌、椅。

第二步：放平老人，帮助老人侧卧在床的一边，背向护理人。枕头与老人一起移向

对侧。

第三步：将脏污床单卷起，塞入老人身下，扫净垫褥上的渣屑。

第四步：将清洁床单铺在床的一边（正面在内），迭缝中线与床中线对齐，将上半幅卷起塞在老人身下，靠近侧的半幅自床头、床尾、中间、先后履平拉紧塞入床垫下，帮助老人侧卧于清洁床单上，面向护理人，转至对侧，将脏污床单自床头至床尾边卷边拉出，然后将清洁床单拉平，同上法铺好，帮助老人取仰卧位。

第五步：盖好棉被，拉平，使老人舒适平卧。

第六步：一手挟住老人的头颈部，另一只手迅速将枕头取出，更换枕套，给老人枕好。

3. 扶助卧床老人翻身

第一步：仰卧老人要向一侧翻身时，先使老人两手放于腹部，两腿屈膝，护理人一前臂伸入老人腰部，另一臂伸入其股下，用臂的力量，将老人迅速抬起，移近床沿，同时转向对侧。

第二步：抬起老人头肩部，并转向对侧，在老人的背部放置软枕，以维持体位，胸前放一软枕，支持前臂，使老人舒适。

第三步：将老人上腿弯向前方，下腿微屈，两膝之间垫以软枕，防止两腿之间相互受压及摩擦。

4. 生命体征测量

生命体征包括体温、脉搏、呼吸、血压，它是标志生命活动存在与质量的重要征象，是评估身体的重要项目之一。基础的生命体征测量方法如下。

第一步：测量体温。协助被测家人解开衣物，有汗应擦干腋下，将体温计水银端置于其腋窝深处贴紧皮肤、屈臂过胸夹紧，过10分钟以后取出体温计。如图6-8所示。

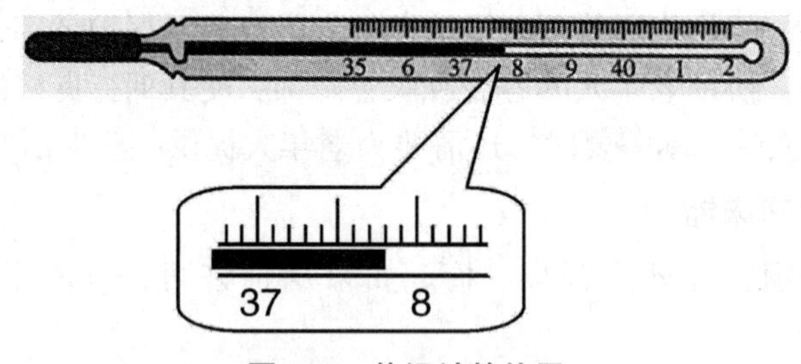

图6-8 体温计的使用

第二步：测量脉搏。协助被测家人手臂放松，要求其手臂向上，然后将自己的食指、中指、无名指的指端放在其桡动脉表面，计数30秒。正常成人60~100次/分，老年人可慢至55~75次/分。

第三步：测量呼吸。在测量脉搏后仍然把手按在被测家人的手腕上，观察其腹部或胸部的起伏，一呼一吸为一次，计数为30秒。

5. 换药

换药是指对创伤后、手术后的伤口及其他伤口进行敷料更换，促使伤口愈合和防止并发症的方法，主要目的是清除或引流伤口分泌物，除去坏死组织，促进伤口愈合。一般换药可在家中完成，其步骤如下。

第一步：要进行无菌操作，原则上要戴口罩、帽子，用肥皂及流水洗净双手。

第二步：区分所需换药伤口的种类准备所用物品。

第三步：采取合适的体位，铺治疗巾。

第四步：去除伤口原有的敷料。撕胶布时要由外向内，顺着毛发生长方向，外层敷料用手揭去后，内层用无菌镊除去，顺着伤口的长轴方向。

第五步：伤口清洁、消毒、处理后，根据伤口的种类使用不同的换药方法。

第六步：敷料覆盖伤口后再视情况进行包扎。

医院陪护常识

1. 现在医院一般都提供住宿的常用物品，如床单、被褥、热水瓶等，病人和陪伴家属只需准备个人用品即可。建议携带以下用品：衣物、水杯、洗漱用品（肥皂、牙刷、牙膏、脸盆、毛巾），日常餐具、纸巾、拖鞋。

2. 病人需先到门诊或病房开住院证，然后交一定的费用。凭住院证，到所住科室的护理站办理住院病历，测量体温、脉搏、呼吸、血压等，听取护士介绍病区情况及住院注意事项，并领取住院所用物品，交纳物品押金。

3. 我们要积极了解所住科室和医院的基本情况。要熟悉住院药房、交费处、查账处、洗澡间、消防通道等位置的布局；同时，要知道自己家人的管床医生、护士以及主管教授，并同他们建立联系。

4. 医院属于公共场所，人员较杂，一定要妥善保管好贵重物品和金钱。

5. 每家医院都有自己的一套“入院须知”，应浏览。

6. 住院时有哪些治疗检查？住院期间为明确诊断会作一些检查，多在住院当天或第二天完成。大型和贵重的检查，医生一般会征求病人或陪护者的意见。如不同意，可婉转地表示要“考虑、考虑”或“同家属商量一下”，给自己留有余地。

7. 一般住院 3 天后，医院会给出一个诊断和治疗的初步意见，并对治疗效果做初步判断。病人或陪护者在此时可明确提出心中疑问：为什么要用这种药，有没有作用类似而价格低廉的，需要住多长时间院？病人伙食如何安排？住院时病情突然变化，该找谁？等等。住院期间每一位病人都有固定的管床医生和责任护士为其提供诊治服务，当病情有变化时，可向他们反映，晚间可向值班的医生、护士反映。

8. 医院病区对陪伴、探视人员的要求有哪些？为保证正常的治疗秩序，医院大都规定上午治疗查房时间谢绝探视，探视时间大多定在下午和夜间。

9. 住院要注意哪些安全问题？年龄大的老人行走不便、情绪不稳，陪伴要注意病人跌倒或出现意外。

10. 住院费用如何查询、交纳？入院时需交纳预付款；治疗期间可在医院设立的查询柜台查询。发现疑问时，可积极向病区护士反映。

11. 病人住院有哪些权益？管床医生每天查房，做体检，告知病人各项检查结果，为病人制定治疗方案并解释病情，安排上级医师查房，办理出院，为病人提供卫生宣教等。

12. 不满意怎么办？可向医院医务处、科主任、科护士长投诉。

13. 手术后病人如何睡觉？手术后积极的治疗和护理，妥善认真的伤口管理，对治疗效果至关重要。全麻的病人未清醒时，应平卧，不垫枕头，头偏向一侧，以防唾液或呕吐物吸入呼吸道，引起呼吸道感染。硬膜外麻醉或腰麻的病人，术后要平卧 6~12 小时，以防术后头痛的发生。胸部手术之后，多采取半坐或半卧位。脊柱手术后的病人，要睡硬板床。四肢手术后的患者，须抬高手术的肢体或进行牵引。

14. 手术后多久能活动？术后要早点活动。根据手术的大小和术后的病情，在经过医生准许的条件下，争取早点下床活动。如腹部手术，麻醉清醒后即可下床活动或作床上活动，以防止腹胀和肠粘连。肥胖病人应多活动四肢，防止静脉血栓形成。

15. 陪伴如何观察术后病人？我们可协助医护人员观察体温、脉搏、面色、呼吸、血压和小便等。如病人感觉不适，发热和心跳快等，应向医生、护士报告。要知道术后反应热，即 3~5 天内，体温常在 38℃左右，对此不必紧张。

16. 手术后多久能吃东西？一般的手术，术后 6 小时才可进食，腹部手术的病人，要腹部通气后方可进流质。

17. 出院前应做哪些准备？应请主管医生写好出院小结——小结里一般详细记载了本次住院的重要检查结果和治疗手段，对病人的康复和进一步治疗至关重要。需要出院带药，也要向医生交代。

三、餐饮劳动

家庭餐饮劳动包含调理家人营养、买菜、洗菜、煮饭、洗碗刷锅、收拾饭桌等内容。

1. 日常食材的初步处理

不同的食材有不同的处理方法，我们把一些日常食材的初步处理方法进行了整理，参见表 6-1。

表 6-1　日常食材初步处理方法

食材名称	初步处理方法
青椒	①将青椒洗净后掰开；②去除蒂和内部的籽。
芹菜	①芹菜洗净，择下芹菜叶子；②撕去芹菜梗表面的粗丝。
黄瓜	①黄瓜洗净，加少许盐用清水浸泡；②带刺黄瓜要用刷子刷洗。
冬瓜	①冬瓜用刷子刷洗干净；②用削皮刀削去硬皮；③去皮冬瓜一切两半；④挖去冬瓜瓤。
苦瓜	①苦瓜用刷子刷洗净；②顺长剖开；③挖去苦瓜瓤。
南瓜	①南瓜用菜瓜布刷干净；②对半剖开；③用汤匙将瓤挖出；④用菜刀将南瓜皮削去，削时注意菜刀要贴着皮，不要削太厚。
甘蓝	①甘蓝洗净，根部朝上放在案板上，左手按住，用长水果刀顺根切入 2 厘米，刀尖朝菜心；②将水果刀顺着菜根旋转切一圈；③将刀尖向上一手撬，撬去菜根；④从根部将菜叶完整地剥下来；⑤菜叶放入加少许盐的清水中浸泡，再洗净即可。
洋葱	①剥去洋葱外层干皮；②切去洋葱两头；③切圈，即洋葱横放在案板上，直刀出洋葱圈；④切丝，即洋葱对半切开，切丝。
花椰菜	①花椰菜冲洗一下；②掰开成小块；③放入加了少许盐的清水中浸泡片刻即可。
芸豆	①芸豆择去两侧筋，用手将芸豆掰成段；②清洗干净。
豆芽	①豆芽择去豆皮；②掐去根须；③洗净即可。
西红柿	①将西红柿冲洗一下；②放入烧开的水中烫一下；③取出西红柿，很容易就可将皮剥去。
干木耳	①干木耳用水冲洗一下；②用淘米水泡发干木耳；③泡发好的木耳清洗干净；④切除未泡发的部分；⑤剪去硬蒂，撕成小朵即可。
干香菇	①将干香菇冲洗一下，用沸水泡至回软（泡发香菇的水营养丰富，过滤后可用于烹调）；②捞出泡发好的香菇，用剪刀剪去根部，漂洗去泥沙杂质。
干蘑菇	①将干蘑菇冲洗一下；②用温水泡发蘑菇；③蘑菇泡发好后洗净，擦干。
笋	①用刀从笋尖至笋根划一刀；②从开口处把笋壳整个剥掉；③靠近笋尖的部分斜切成块；④靠近根部的部分横切成片。
红枣	①红枣用清水洗净；②将红枣放在蒸笼上；③红枣对准囱孔，用筷子从顶部将红枣核用力推出。
莲藕	①将莲藕从藕结处切开，切去两头；②用削皮刀削去莲藕的表皮；③将去皮莲藕用清水清洗干净。如果不马上使用，要用清水浸泡，以防止变黑。

家庭营养膳食调理

人体是由物质组成的，人体要维持生命并保持健康就必须恰当平衡地不断补充消耗掉的物质。营养是生命的源泉，健康的根本。为指导人们合理摄入营养，中国营养学会提出了食物指南，并形象地称为“4+1 营养金字塔”（简称“营养金字塔”）。“4+1”指每日膳食中应当包括“粮、豆类”“蔬菜、水果”“奶和奶制品”“禽、肉、鱼、蛋”四类食物，以这四类食物作为基础，适当增加“盐、油、糖”。

根据营养金字塔的营养指南，可以制订以下健康饮食计划。

（1）多吃水果和蔬菜：每天要吃足 7~9 份的水果和蔬菜。

（2）低脂肪奶制品：每天至少要食用 3 杯低脂或无脂牛奶、奶酪、酸奶或其他富含钙质的食物。

（3）选择粗粮：每天至少获得 6~8 份的五谷杂粮。

（4）脂肪摄入：尽量避免食用反式及饱和脂肪、钠（盐）、糖和胆固醇，而且要限制每天摄入的脂肪，只占摄入的总热量的 20%~35%。

（5）选择优质的蛋白质：保证每天获得的热量约 15%来自去皮的鸡肉、鱼肉和豆类。

2. 禽类的初步加工方法

家禽、家畜类原料中含有大量的蛋白质、脂肪和脂溶性维生素。不但可以为人体提供充足的营养，同时也是烹调的重要原料。常见的品种有鸡、鸭、鹅、鸽子、猪、牛、羊等，这些原料在烹调使用前都要进行一些必要的初步加工以满足烹调要求。

（1）宰杀。鸡、鸭、鹅可用割断气管和血管的方法宰杀。鸽子等个体较小，可用水溺死的方法宰杀。

（2）烫泡、煺毛。家禽宰杀后根据家禽的老嫩程度和季节变化定水温。一般情况下，鸡用 80℃~90℃的水温，先烫脚、头，再烫全身。鸭、鹅用 60℃~80℃的水温，整只泡入热水内搅拌，这样有利于煺尽羽毛。烫泡和煺毛以煺尽羽毛而不破损家禽皮为好。

（3）开膛取内脏。开膛方法采用腹开、肋开、背开 3 种方法。不管采用哪种方法，都需要把内脏去净，不弄破胆、肝及其他内脏。腹开具体方法是在颈部与脊椎之间开口，取出嗉囊和食管，再在肛门与肚皮之间开 6~7cm 的刀口。将手伸进腹内拉出内脏，用水洗净即可。肋开适用于整只家禽成菜的开膛方法。具体方法是按腹开法取出嗉囊和食管后。在家禽肋（翅膀）下开长 3cm 左右的刀口，取出内脏冲洗干净即可。背开适合背开法加工成的菜肴，上桌时胸脯部朝上，不见刀口，外形丰满美观。具体方法是用腹开法取出嗉囊，从臀尖至颈部剖开，取出内脏，冲洗干净即可。

3. 鱼类原料的初步加工

水产类原料品种繁多，主要有淡水产品和海水产品两类。其营养丰富，含有大量的优质蛋白质、不饱和脂肪酸和无机盐，是重要的烹调原料。

鱼类的初步加工方法如下。

第一步：刮鳞去鳃。用硬物从鱼尾到头逆向将鳞刮净。有些鱼的鳞片中含有较多的脂肪，加工时不宜去鳞片。鱼鳃可用刀尖或剪刀去除，也可用筷子绞去。

第二步：剥皮。用于鱼皮粗糙、颜色不美观的鱼类（如扒皮鱼等）。加工时，在背部靠鱼头处割一刀口，捏紧鱼皮用力撕下，再去鳃和内脏，洗净即可。

第三步：泡烫。主要用于加工鱼体表而带有黏液且腥味较重的鱼类，如海鳗、黄鳝等。将鱼放入沸水锅中沾一下，迅速刮去黏液，再去鳃、内脏，洗净即可。

第四步：宰杀。先剖腹，再取出内脏。有的鱼腹内有一层黑膜，一定要清洗干净。

第五步：择洗。软体水产品需采用择洗的方法，如墨鱼、八爪鱼等，都需要除去黑液、嘴、眼等。

4. 虾类原料的初步加工

虾非常营养美味，但是一定要处理干净。平常做虾不仅要干净卫生味道美，而且外观也要漂亮。

第一步：买回来的虾先用清水清洗一遍。

第二步：用剪刀剪去长须和尖角。

第三步：用牙签挑破头和身子连接的组织。开口应小一点，开口太大会影响外观。一边冲洗一边用牙签捣碎沙包里的组织，一定要冲洗干净。

第四步：将牙签插入挨着尾部的那一节，挑破表皮，再用牙签慢慢地挑出虾线。动作要均匀，以免挑断，再用流水冲洗。如图 6-9 所示。

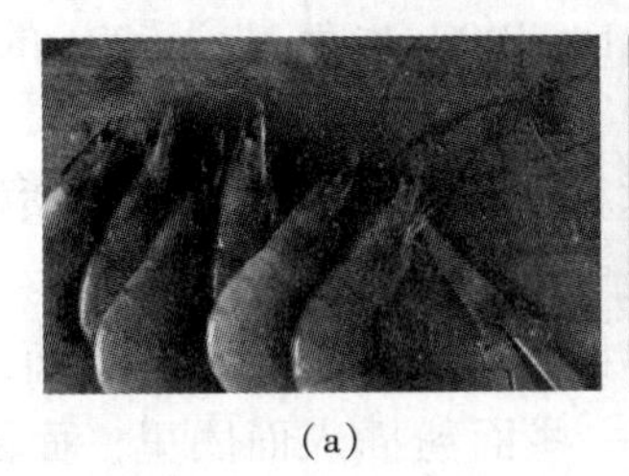
(a)

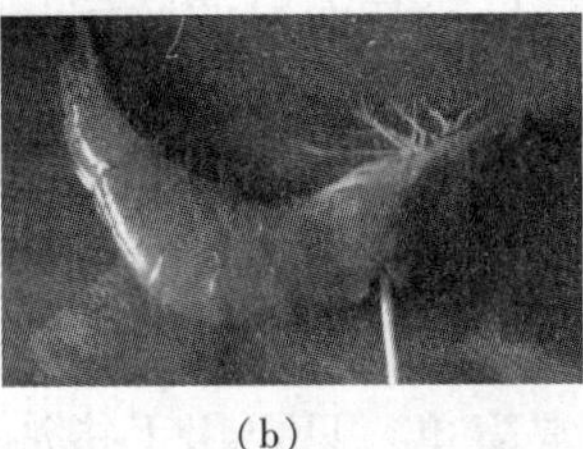
(b)

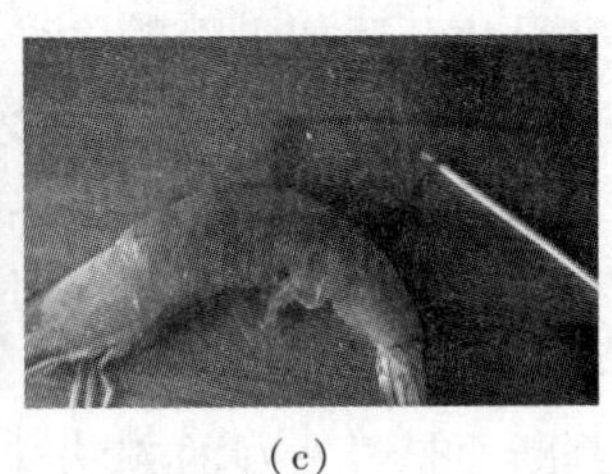
(c)

图 6-9 虾类原料的初步加工

5. 苦瓜的初步加工

苦瓜是夏季比较常见的蔬菜，可是有不少人不太接受它的苦味，其实只要稍微处理一下，苦瓜就不会那么苦了。

第一步：取出瓜瓤。洗掉苦瓜外皮上的脏东西，然后切开两半，用勺子挖干净瓜瓤。

第二步：放盐腌一下，用手抓一抓，再洗干净，洗两至三遍再控干水分。

第三步：放在开水中焯一下，一定要等水滚了才放下去，水再次滚立马捞出来，注意不要焯太长时间。

6. 和面和发面加工

家庭常用简单自发粉和酵母和面。

第一种：自发粉和面。用自发粉加牛奶和面酸碱中和，面不发黄，做出的成品既白又嫩。自发粉内加入牛奶，再使劲揉，揉到面团不粘手，不沾盆，而且面团发光就好了。和面后，面盆盖上保鲜膜放在温暖的地方发酵 50 分钟，面团大约“长”出 1 倍。如果是冬天气温低，可以在微波炉里放一杯热水，然后把面盆放入即可。

第二种：酵母和面。在大约 40℃的水里加一小勺糖，酵母粉倒入水面，1kg 面倒一普通饭碗的温糖水，酵母粉则要薄薄地几乎撒满水面，静置几分钟让其充分溶解，然后再一点点地倒入面里。边倒边和，再使劲揉，揉到面团不粘手，不粘盆，而且面团发光就好。揉好的面团盖上保鲜膜发酵，面团大约“长”出 1 倍即可。

7. 蒸米饭的方法

第一步：洗米。洗米不要超过 3 次，如果超过 3 次，米里的营养就会大量流失，这样蒸出来的米饭香味也会减少。

第二步：泡米。先把米在冷水里浸泡半个小时，可以让米粒充分地吸收水分。这样蒸出来的米饭会粒粒饱满。

第三步：加入清水。米和水的比例应该是 1∶1.2。测量水的量最简单的方法是用食指放入米水里，水不超过食指的第一个关节。

第四步：增香。在锅里加入少量的精盐或花生油。注意花生油必须是烧熟的，而且是晾凉的。

第五步：将精盐或花生油放入要用来蒸米饭的容器中，盖上盖后，接通电源，按下蒸饭键即可。

8. 蒸馒头的方法

第一步：选择多用途麦芯粉，即中筋面粉。麦芯粉做出的馒头面香味浓。用酵母和面，需在温水中化开，溶化酵母粉的水量也量取好。一般制作 500g 面粉用 50mL 的水来化酵母，酵母化开后加入面粉中，酵母粉与面粉的比例是 1∶100，也就是说 500g 的面粉，加 5g 的酵母粉，再加 450mL 的水。

第二步：用筷子将面粉搅拌成雪花状再开始揉面，这样揉面一点也不粘手，揉好面后盖上纱布开始发面。面要揉到面光、盆光、手光，即三光。

第三步：判断面是否发好。很多人做馒头不成功，是因为发面发得不够久或面发得太过了。判断面是否发好的方法非常简单，只要用手指沾一些面粉插入面团里，面团不会缩，这就说明面已经发好了。

第四步：二次发酵。将发酵好的面团揉成光滑的面团，然后再将面团揉成条状，分成相同大小，揉成圆形后盖上纱布进行二次发酵。做刀切馒头更加简单，将面团揉成长条形，然后切成均等大小即可。二次发酵的时间，夏天为 20 分钟，冬天为 30~40 分钟。

第五步：冷水下锅蒸。等馒头二次发酵完成就可以开始蒸馒头了，冷水下锅，先大火烧水，等水烧开后，转中火再蒸 15 分钟就可以了。

第六步：开锅。馒头蒸熟后先不要着急打开锅盖，要过几分钟再打开锅盖，这样馒头就不会马上收缩了。

家常菜谱

1. 酸辣土豆丝（见图 6-10）

材料：土豆、青红辣椒、花椒、蒜、植物油、盐和白醋。

（1）把土豆去皮切丝，青红椒切丝，蒜瓣切粒。

（2）土豆丝过冷水去淀粉，准备盐和白醋。

（3）开火，放炒锅，添油。油温热时，把花椒粒放进去，炸出香味，捞出花椒。

（4）添油，待油热时，把辣椒丝和蒜粒放入爆出香味，倒入准备好的土豆丝，掂锅翻炒几下。

（5）放白醋，放盐，翻炒几下，使盐味更均匀，菜熟装盘。

2. 麻婆豆腐（见图 6-11）

材料：豆腐切丁，牛肉切末，豆瓣酱、盐、酒、干红辣椒碎、葱花、青蒜、姜末、花椒粉、味精、水淀粉、植物油、酱油，少许糖。

（1）锅内加少许植物油，大火加热，油热后依次加入豆瓣酱、盐、干红辣椒碎、青蒜、姜末、花椒粉、肉末，也可将肉末用上述调料腌好后一并加入炒香。

（2）加入切成小块的豆腐，改用小火，煮沸。

（3）待豆腐熟后，改大火，加入由水淀粉、糖、酒、味精、酱油调好的芡汁。待芡汁均匀附着后，关火。

（4）起锅，撒上花椒粉、葱花即可。

图 6-10　酸辣土豆丝

图 6-11　麻婆豆腐

四、家庭维修

几乎每个人在日常生活中都会遇到水管漏水、墙地面破损以及开关插座失效等问题。这些家居中与居住使用密切相关的小问题，稍不注意就容易导致大难题。面对这些问题，很多人常常感到束手无策，叫人来修理，不仅要收费，而且不能及时解决问题；自己动手，看似挺简单的事情，做起来又觉得费劲。其实，大多数家居维修工作都不难解决，主要在于个人对其是否了解，是否有一个正确的维修方法。下面介绍几种常用工具，它们能帮我们解决一部分家居维修工作。

1. 家庭空气治理简单方法

近几年，随着国内环保意识提高，空气变得洁净。家庭常见的空气问题一般是采购新家具或新装修房屋后需要保证家居生活干净的空气，室内污染空气吸入时间长，人会有呼吸道不舒服、嗓子疼的症状。可以通过一些简单的操作解决家庭空气污染的问题。

甲醛超标是很常见的问题，装修后的房子或新买的家具是主要的甲醛来源。家庭除甲醛的措施有以下几种。

（1）通风。在有可能的时间多通风，把甲醛释放出去。

（2）使用一些活性炭或者叶广泥材料。活性炭和叶广泥这类材料中有许多微小的孔隙，可以吸收甲醛、甲苯这类有害气体。

（3）植物。选择芦荟、吊兰、虎尾兰、一叶兰、龟背竹，这些植物是天然的清道夫，具有很强的吸附能力。

室内空气净化措施

(1) 空气需要流动才能保持清新，平时室内有异味或是沉闷，就要适当打开门窗通风换气。如果窗户和门设在背风面，往往自然通风能力差，最好安装一个排气扇或是鼓风机。

(2) 适当的开门窗能通风换气，但有时也会导致室内空气变差。室外烟尘或是有异味，就要关闭门窗，防止污染室内空气。梅雨天气的时候回潮厉害，也要关闭门窗，防止室外的潮湿空气流入室内，导致室内空气霉味浓烈。

(3) 每天打开窗帘。因阳光中有紫外线，具有一定的杀菌能力，所以为了绿色环保杀菌，最好每天打开窗帘让室内晒一会太阳。

(4) 安装紫外灯。假如室内完全无法接受阳光照射，可以安装紫外灯，人员不在室内的时候，定期开灯进行杀菌，对室内空气净化也是有好处的。

(5) 放置水盆和加湿器来增加空气湿度。如果室内空气非常干燥，不但容易起尘，还可能导致室内静电累积和传导，对居住者和精密电子设备都有害处。

(6) 放置生石灰或干燥剂。如果室内湿度过大，容易导致物品霉烂，还容易滋生细菌，所以，此时要降低室内空气湿度，可以在室内用敞口容器放置一些生石灰，或是放置一些其他无腐蚀性干燥剂（最好选择可以循环回收使用的干燥剂），它们的强吸水性可防止空气潮湿。

(7) 凡事从细节做起，在日常生活中养成良好习惯。大、小便都要及时冲水，坐式马桶不用时要盖上盖子；卫生间和厨房有异味时要开通风机，做饭炒菜要开抽油烟机；卫生间和厨房要定期清洁消毒杀菌，防止滋生细菌、有霉味；卫生间和厨房的门窗在卧室和厅堂一侧要尽量关闭，防止厨卫废气污染其他房间；厨卫其他向阳的门窗要尽量定期打开，晒一下太阳，自然杀菌。

(8) 偶尔可以使用空气清新剂来除味。长期来说，不建议使用空气清新剂，市场上不少空气清新剂都有一定的局限，长期使用可能有副作用。

(9) 室内要经常打扫卫生，进行除尘。如果没有吸尘器，可以用除尘拖把。地面不要弄得太湿，不然容易滋生细菌。

(10) 防止室内污染。像汽油、柴油、油漆溶剂等挥发性物质，尽量不要在生活居室内存储，以防止挥发到空气里产生污染，也不安全。一旦这些物品产生了室内污染，特别是装修或是重新装修，一定要对居室进行足够时间的通风。

(11) 养绿色植物。可以在室内养诸如滴水观音、吊兰、绿萝、海芋、橡皮树等吸附灰尘和有毒气体能力比较强的绿色植物，选取的植物要容易养活。

2. 电路维修简单方法

家庭电路常见的几种电路故障如下：①灯泡不亮或闪烁。②突然停电。遇上这些故障时，可以使用下列方法。

(1) 灯泡不亮或闪烁。家里所有的灯泡都不亮。对于这种情况首先应看邻居家是否有电，如果邻居家也没有电，那么可能是供电单位正在进行故障维修，这种情况就没必要去

检查线路。如果邻居家或其他地方有电，那说明家里的电路的保险丝或干路出现了故障，而这种电路的维修也较简单。如果是保险丝断了，那么只要换上好的保险丝即可；而干路的断路应用导体将两端连接在一起。更换的保险丝需与原来的一样大小。

其中一个灯泡不亮。首先要检查灯泡是否烧坏，然后检查开关和灯头，最后检查接到这条支路的线路是否断路。对于第一种现象，只要换一个好灯泡即可。如果是开关和灯头坏了，同样也是直接换上新的。

（2）突然停电。由于各种用电器在人们的生活中应用越来越广泛，有些家庭的所有用电器总功率过大，通过干路的电流超过电能表允许通过的最大电流，这时电路会出现“跳闸”现象。出现这种现象无须惊慌，只要尽量避免同时使用多个用电器即可。但要检查电路中保险丝是否被烧坏，如果烧坏应先换上新的保险丝，再恢复供电。

3. 移动型排插维修方法

移动型排插如果不能使用，其实可以尝试自己动手维修。其实这些小电器维修起来很简单。移动型排插的内部构造如图 6-12 所示。

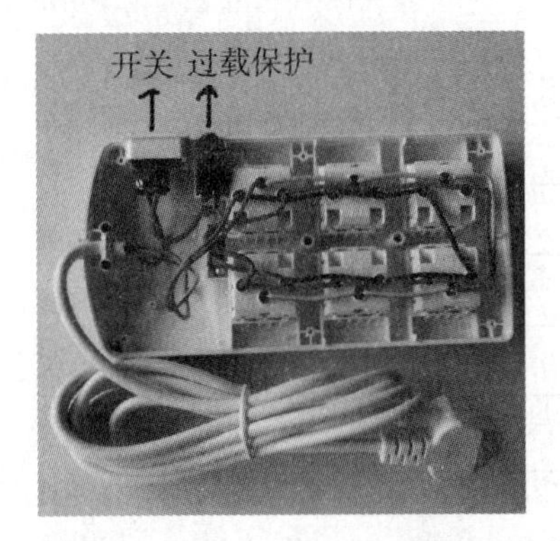

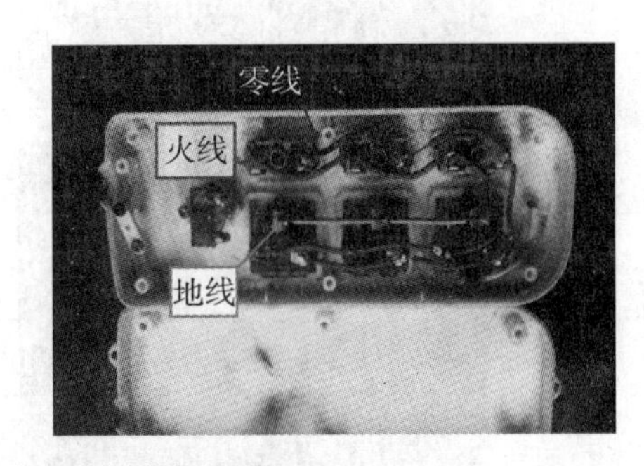

图 6-12 移动型排插内部构造

第一步：检查表面是否完好，如果没有明显的烧坏，一般都能维修。用螺丝批把排插背后的螺丝钉都拧出来。

第二步：拆开后，排插里红色为火线，蓝色为零线，黄绿色为地线。用剪刀把线头绝缘外表皮剥掉，用剪刀再把线剥好内层绝缘皮。

第三步：把多股线芯用手拧成一条，将线绑在排插的对应点上，红接红，蓝接蓝，一般固定插座标准是左零右火。有条件的最好焊上，导电性能比较好。

第四步：绑好电线后，把电线固定好，再把后盖合上，拧完所有螺丝。

4. 无痕墙面挂钩安装的方法

选购含 4 枚小钢钉的无痕墙面挂钩（如图 6-13 所示），将 4 枚小钢钉钉在墙上即可。无痕墙面挂钩用于紧实墙面，最大承重达 6kg。可挂一般的画框、衣物、袋子等物品。

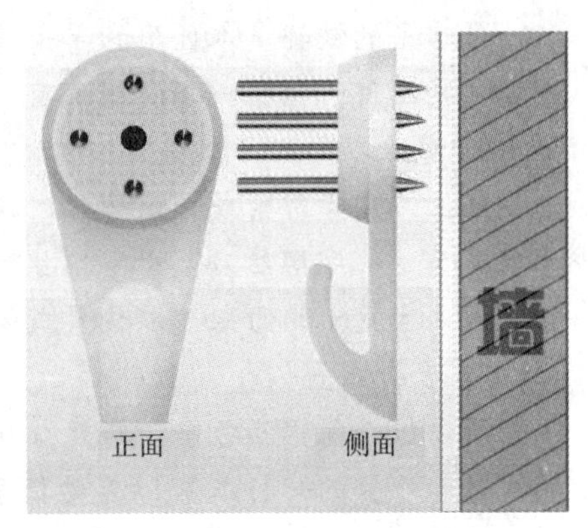

图 6-13 无痕墙面挂钩

知识拓展

家庭常用工具

家庭常用工具有铁锤、梅花起子（拧螺丝用）、一字螺丝刀（拧大螺丝时用）、活动扳手（拧螺母用）、钳子、测电笔、卷尺（量窗户、橱柜和定位衣柜的尺寸用）等。如图6-14所示。

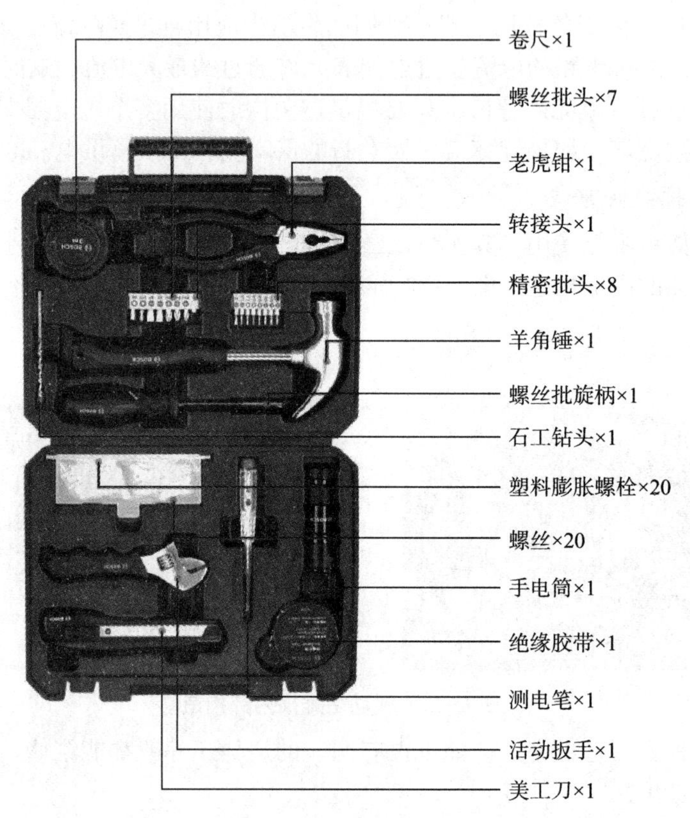

图6-14　家庭常用工具

1. 铁锤

最常见的铁锤是木匠用的羊角拔钉锤。配有铁头，把手为木柄或铁柄，用来击打钉子或其他紧固件。锤头一端的钳爪有两个分叉的拱形物，用来从木头中拔出钉子。

2. 螺丝刀

螺丝刀用于拧紧或拧松螺丝。螺丝刀的类型有很多种，不同类型的螺丝刀使用不同的螺丝刀头。一字螺丝刀、十字螺丝刀、六角形螺丝刀头能与正方形或六边形的凹洞咬合，它可以产生更大的力矩，以旋紧或松开紧固件。

3. 活动扳手

活动扳手简称活扳手，其开口宽度可在一定范围内调节，是用来紧固和起松不同规格的螺母和螺栓的一种工具。活动扳手由头部和柄部构成，头部由活动板唇、呆板唇、板口、涡轮和轴销构成。

4. 钳子

钳子是一种用于夹持、固定加工工件或扭转、弯曲、剪断金属丝线的手工工具。钳子的种类很多，它的用途广泛，按形状可分为尖嘴钳、扁嘴钳、圆嘴钳、弯嘴钳、斜嘴钳、针嘴钳、顶切钳、钢丝钳、花鳃钳等。

5. 卷尺

卷尺是日常生活中常用的工量具，分为纤维卷尺、皮尺、腰围尺等。常见的是钢卷尺，建筑和装修常用，也是家庭必备工具之一。卷尺能卷起来是因为卷尺里面装有弹簧，在拉出测量长度时，实际是拉长标尺及弹簧的长度，一旦测量完毕，卷尺里面的弹簧会自动收缩，标尺在弹簧力的作用下也跟着收缩，所以卷尺就会卷起来。

课堂活动

争做家庭生活劳动好帮手

一、活动目标

通过争做家庭生活劳动好帮手活动提高个人参与家庭劳动的积极性，培养自己吃苦耐劳的劳动观念，增强热爱劳动的意识和劳动能力。

二、活动时间

建议 30 分钟。

三、活动准备

1. 教师要求每名学生与家人一起共同做一项劳动复杂或难度较大的日常生活劳动，由学生负责把本次日常生活劳动进行角色分工、制定作业步骤、准备使用的工具和物品等，并记录下来。

2. 家人共同劳动，学生负责把整个劳动过程用手机录制下来并剪辑成不超过 3 分钟的短视频。

四、活动流程

1. 教师将学生按照 4~6 人进行分组，组内进行视频和记录分享，并对它们进行分析、总结，寻找可能存在的问题。

2. 对于可能存在的问题，每组通过讨论或网上搜索的方式，寻找解决问题的方法并形成小组观点。

3. 每个小组选出一名代表陈述本组组员在本次活动中的亮点和所有可能存在的问题的解决方案，其他小组可以对其进行提问，小组内其他成员也可以回答提出的问题；通过问题交流，将每一个需要研讨的问题都弄清楚。

4. 教师进行分析、归纳、总结，引导学生树立承担日常生活劳动意识，积极参与提高劳动技能的行动。

5. 教师根据各组在活动过程中的表现予以赋分。

任务三 家庭农副业生产劳动实践

学习目标

1. 熟知家庭农副业生产的基础知识并能运用这些知识参与家庭农副业生产工作。
2. 掌握家庭农副业生产的主要技巧。
3. 愿意参与家庭农副业生产，从而了解我国农业生产现状，从中体验劳动带来的价值和快乐。

养山鸡走上致富路

季家峰毕业于山东济南的一所高等院校，主修汽车检测与维修专业。然而，在农村老家的一次偶然劳动实践，让他走上了独特的创业道路。他从一家畜禽企业引进了 2 000 只刚出壳的野鸡苗回到老家，把养鸡场建在一块麦田里，用红砖和石棉瓦搭建了简易房。由于养鸡场的条件相对有限，温度、湿度、通风一直控制不好，鸡苗买回来以后就开始出现感冒、发热的症状，最严重的时候一天死了 300 多只。为了防止鸡雏聚集在一起取暖引起窒息，季家峰不分白天黑夜地守在小窝棚里，有一次竟然三天三夜没有合眼。野山鸡长到 30 日龄的时候就可以露天放养了，这时候对精饲料和青饲料的需求比较大，各项投入与日俱增。为此，一家人做了明确分工：父亲负责家里的几亩庄稼，并提供原粮和青饲料。母亲负责洗衣、做饭等后勤保障。季家峰则负责捕捉黄鳝和小龙虾卖给鱼贩子，再用这些钱买玉米、豆饼等精饲料。鸡仔每天吃的是农场里天然的虫、草，喝的是深层泉水，满山溜达，快乐成长。更令人拍案叫绝的是，他们每天为鸡补充自己配制的益生菌保健液，增强野鸡免疫力，解决了现代大规模养殖遇到的难题。这批露天养殖的野山鸡最终成活了 400 多只，卖了一个好价钱。这批野山鸡的成活率虽然不足四分之一，却给辛苦半年多的季家峰带来了 10 000 多元的经济收入。

一、家庭农副业生产劳动

（一）农业生产

农业生产是指种植农作物的生产活动。包括粮、棉、油、麻、丝、茶、糖、菜、烟、果、药、杂（指其他经济作物、绿肥作物、饲养作物和其他农作物）等农作物的生产。由于动植物的不同地域分布，以及自然条件、社会经济条件的地域差异，世界上形成了多种农业地域类型，如热带雨林迁移农业、商品谷物农业、畜牧业等。

我国农业生产地形复杂，存在平原、山地和丘陵等多样化地形。平原适合大规模集约化生产，丘陵地区适合果树栽培，山地适合绿色环保农业。只有针对不同的地形，合理地发展农业，才可以促进农业的健康持续发展。我国农业发展趋势主要体现在以下几方面。

1. 集约化和规模化的发展趋势

随着我国农业生产收益的下降，大部分务农人员选择进城打工，其普遍存在转让土地经营权利的意愿。随着政策的实施，我国农业将会向着集约化和规模化的方向发展，土地由经验丰富的经营人员进行管理，可以改善土壤肥力，增加土地产量。同时，农产品的增产可以促进加工业的发展，加工业的发展可以引进剩余劳动力的加盟，进而可以壮大农产品加工行业。

2. 休闲农业的发展趋势

休闲农业起步于发达国家，主要是以农业生产活动为基础，将农业和旅游业有机结合的农业经营模式。休闲农业具有经济、教育、环保等功能。随着农业经济的发展，休闲农业必将成为一种发展趋势。目前，我国以度假村、农场和农家乐为代表的休闲农业已经在各地兴起，不仅可以为百姓提供新鲜的农副产品，还可以有效地扩大土地使用面积，并且可以吸引大量的游客观光旅游。

3. 机械化和技术化的发展趋势

我国农业目前的机械化发展程度较低，并且在技术、选种方面依然存在较为宽广的应用前景。因此，因地制宜，合理地发展机械化可以促进农业的发展进程。另外，农业发展推广新技术和新品种可以减少农业生产成本，提高生产效益。由此可知，农业发展的机械化和技术化将是农业发展的必然趋势。

4. 政策化的发展趋势

对于农业的发展，政策的支持起着重要的作用。新时期的农业发展政策有利于调节农业生产关系，可以保证农业的长远发展利益。因此，在农业的发展中，政府应根据发展形势，及时制定或调整农业发展对策。只有政策的合理保障，才可以促进农业的健康持续发展。

5. 信息化发展趋势

随着社会的发展，信息化成为农业发展的必然趋势。随着信息化社会的发展，最新农业生产信息可以使农民掌握最新的市场需求，继而可以针对性地进行选种、选择合理的栽培技术与栽培面积，从而可以更好地促进农业的发展。

6. 生物农业和品牌化发展趋势

目前，发达国家农业的发展基本不使用化肥，而是运用生物农业来促进农业的发展。这对生物技术有着较高的要求，我国虽然暂时难以大规模地使用生物技术，但是其必然是农业发展的趋势。另外，在农副产品的生产加工方面，人们对食品安全的需求越来越高，将农副产品品牌化可以满足群众的食用需求，并且可以最大限度地满足食品加工行业的生产利益。

（二）副业生产

副业又称为农副产业，是指生产单位所从事的主要生产活动以外的生产事业。在我国农业生产部门中，是指种植业、林业、畜牧业、渔业等大田生产以外的其他附带经营的生产事业，如以饲养猪、鸡等畜禽，采集野生植物、从事家庭手工业等为副业。

我国有丰富的副业资源，农民充分利用剩余劳动力、剩余劳动时间和分散的资源、资金发展副业，对于增加农民收入、满足社会需要和推动农业生产发展都有重要意义。

二、家庭农副业生产劳动技能

家庭农副业生产劳动主要包括：采集加工野生植物，如采集野生药材、野生油料、野生淀粉原料、野生纤维、野果、野菜及柴草等；农副产品加工和工业性作业及手工业，如粮油加工、采矿、机械制造、砖瓦等建筑材料的生产；手工业，如编织、手绣等。

2019 年 9 月，经国务院同意，中央农办、农业农村部、国家发展改革委等 11 部门和单位联合印发《关于实施家庭农场培育计划的指导意见》，对加快培育发展家庭农场作出总体部署，加快培育出一大批规模适度、生产集约、管理先进、效益明显的家庭农场。

大学生掌握家庭农副业生产劳动技能，积极参与家庭劳动，可以增加家庭收入，特别是对于贫困家庭，可以助力脱贫。

1. 无土栽培技术

无土栽培是指不用天然土壤而用基质或仅育苗时用基质，在定植以后用营养液进行灌溉的栽培方法。由于无土栽培可人工创造良好的根际环境以取代土壤环境，有效防止土壤连作病害及土壤盐分积累造成的生理障碍，充分满足作物对矿质营养、水分、气体等环境条件的需要，栽培用的基本材料又可以循环利用，因此具有省水、省肥、省工、高产优质等特点。无土栽培中营养液成分易于控制，而且可以随时调节，在光照、温度适宜而没有土壤的地方，如沙漠、海滩、荒岛，只要有一定量的淡水供应，便可进行。大都市的近郊和家庭也可用无土栽培法种植蔬菜花卉。如图 6-15 所示为无土栽培草莓。

图 6-15　无土栽培草莓

无土栽培的装置主要包括栽培容器、储液容器、营养液输排管道和循环系统。栽培容器主要指栽培花卉的容器，常见的有塑料钵、瓷钵、玻璃瓶、金属钵和瓦钵等，主要以容器壁不渗水为好。储液容器包括营养液的配制和储存用容器，常用塑料桶、木桶、搪瓷桶和混凝土池。容器的大小要根据栽培规模而定。营养液输排管道一般采用塑料管和镀锌水管。循环系统主要由水泵来控制，将配制好的营养液从储液容器抽出，经过营养液输排管道，进入栽培容器。

无土栽培技术被广泛用于蔬菜、水果等作物的栽种上，丰富了群众的饮食生活，为我国食品种植开创了新的局面。

2. 竹编工艺

竹编是将毛竹劈成篾片或篾丝并编织成各种用具和工艺品的一种手工艺。工艺竹编不仅具有很大的实用价值，更具深厚的历史底蕴。竹编行业历史上多以世代相传或以作坊依托的师徒关系为主，学徒学成后，自立门户，再招徒弟，口传身教。我国南方地区竹种丰富，有淡竹、水竹、慈竹、刚竹、毛竹等约200种，一般做生活用品、农业用具。如图6-16所示。

图6-16　竹编工艺

竹编首先要把竹子立在院中暴晒，晒干后进行淋雨，再暴晒，然后存放起来。用时，取一把先刮去竹节、竹毛，再一分为二剖开，然后在河里或磨渠中浸泡，泡48小时，待竹子变软后捞出来，这时竹子的柔韧性得到大大提高，适宜加工。然后用剪刀剖成匀称的细条，再刮光，就可用于编织。

竹编工艺流程复杂，作为一种重要的文化载体，它蕴涵着丰富的科学技术基因，是一份极其宝贵的历史遗产。

课堂活动

畅想希望尝试的劳动

一、活动目标

深刻认识自己的优势和不足，愿意积极学习，提升个人劳动技能。

二、活动时间

建议30分钟。

三、活动流程

1. 每个人畅想当前想尝试的劳动，并根据表6-2收集相关资料评估自己是否能胜任，若有欠缺需要在哪些方面继续努力。

表6-2　××劳动要求

岗位功能	工作内容	技能要求	相关知识	自我评估	继续努力

2. 教师根据学生希望尝试的具体工作按照农、工、商三大类进行划分，然后再在每个大类里面按照4~6人划分小组。

3. 组内每个人按照自己填写的表6-2向组员展示并进行陈述，其他人可以对其提问并给予建议。

4. 每组推选一名代表向全班做展示和陈述，并对自我选择做评价。

5. 教师进行分析、归纳和总结，并对每名学生在活动过程中的表现予以赋分。

项目七 社会劳动实践

导读

千千万万种劳动共同创造了我们的美好生活，社会上的每个人都在不同的岗位上服务他人，贡献社会。大学生作为“一只脚踏入社会”的特殊群体，正在完成从家庭化向社会化的转变。作为一个有独立行为能力的成年人，也要开始独自面对复杂的社会并承担起对自己和家庭、社会的责任。大学生从学校进入社会后，将迅速成为我国工业、农业、服务业的各个领域的中坚力量，但职场劳动中充斥着各种安全问题，这些安全问题有的可以直接感受到，有的却是潜在的。不过安全无小事，这需要我们提高劳动安全意识，在作业场所能够正确辨识各种危害因素，做到自我管理、自我保护，提高自救能力。

跨出校门，迈向社会，走进职场，开启人生新篇章，是许多大学生憧憬的生活。但校园与职场是截然不同的环境和文化，如何适应这一转变，顺利度过职业适应期，将是摆在每个大学生面前的现实问题。为了提高自己的职业适应性，需要大学生在校期间提前做好相关准备，做好学生角色到职业角色的转换，以便进入职场后能得心应手地展开工作。

任务一　社区劳动与志愿服务实践

学习目标

1. 理解志愿服务的内涵。
2. 掌握与本专业相关的志愿服务技能，主动参与志愿服务。
3. 养成用专业技能服务社区的习惯，积极参加各种社区劳动。

案例导入

社区服务中的困境

大学生志愿者是青年志愿者的主力军，志愿者参与社区服务是当代中国高校顺应社会

经济体制转型发展的迫切需要。小夏就是顺应大潮的一名共青团员，在某高校的健康管理专业学习两年后，按照学校安排进入社区一家养老院做志愿服务。随着人口老龄化问题的逐渐加剧，面对养老服务人才短缺的困境，引导培育大学生参与养老志愿服务具有重要意义。但是，小夏面临一系列的问题：一是养老院里的老人脾气特别大，总是埋怨小夏干活不利落；二是老人们嗓门大，说话基本在吼，搞得小夏异常疲惫；三是自己的专业技能始终没有顺畅发挥出来。另外，养老院用人的高峰时间恰巧与学业时间冲突。心灰意冷的小夏，已经没有了当初报名志愿服务的那股子热情了。面对周边隔三岔五的好奇询问，她不忍心打击师弟师妹们的热情。通过社区服务，她希望提升“奉献、友爱、互助、进步”精神，但是现实状况并未尽如人意。

分析：目前，有很多大学生自愿走进社区进行服务活动，这一方面给了大学生实习锻炼的机会，另一方面对社区服务起到了完善的作用，一举两得。志愿服务对提高社区服务能力、推进高校人才培养等工作具有重要的意义和价值，大学生志愿服务进社区具有必要性，但也存在问题，可行途径如下：加强和社区的沟通联系，增加志愿服务的途径和方式；立足社团，增加大学生志愿服务能力的培养；进一步完善大学生志愿服务的管理和激励机制；进一步完善大学生志愿服务的保障和支持机制；实施大学生社区志愿服务品牌化发展道路。

一、社区劳动

（一）社区的概念与特点

社区的发展离不开经济与政治的发展。远古人类合群而居，群体的活动离不开一定的地理区域，具有一定地域的组织与场所就是社会群体聚居、活动的场所。随着社会的发展，从事农业生产的人口需要定居于某个地区，于是出现了村庄。自工业革命以来，人类社会进入了都市化的过程，出现了城市社区。

社区是若干社会群体或社会组织聚集在某一领域中所形成的一个生活上相互关联的大集体，是社会有机体最基本的内容，是宏观社会的缩影。一个社区应该包括一定数量的人口、一定范围的地域、一定规模的设施、一定特征的文化、一定类型的组织。社区就是这样一个“聚居在一定地域范围内的人们所组成的社会生活共同体”。生活在同一个社区里的人有着较密切的社会交往。

（二）社区劳动的内容

大学生社区服务作为大学生社会实践活动的重要组成部分和大学生“志愿者”服务活动的重要形式，已经成为当前我国高校的一种常态，它为大学生了解社会、拓展素质、发挥文化知识优势提供了一个良好的平台，是培养和提高大学生社会责任感，促进大学生成长成才的重要途径。同时对社区日常管理建设、文化氛围的提高也有一定的促进作用。

大学生通常以志愿者或社工身份参与社区劳动，劳动的内容一般为打扫卫生、服务老人小孩、提供技术服务、科普宣传、文艺宣传、健康宣传、安全保障等。

二、志愿服务

（一）志愿服务的概念

志愿服务是指志愿者组织、服务社会公众生产生活和促进社会发展进步的行为，也泛指利用自己的时间、技能、资源、善心为他人提供非营利、无偿、非职业化援助的行为。志愿服务的主要特点有志愿贡献个人的时间及精力、不为任何物质报酬、为改善社会、促进社会进步而提供服务。我国志愿服务的范围主要包括扶贫开发、社区建设、环境保护、大型赛会、应急救助、海外服务等。志愿服务的功能有社会动员、社会保障、社会整合、社会教化、促进社会和谐、促进社会进步。

（二）志愿服务队伍管理

党的十八大报告就全面提高公民道德素质的举措提出，深化群众性精神文明创建活动，广泛开展志愿服务，要深入开展城乡社会志愿服务活动，大力发展与政府服务、市场服务衔接的社会志愿服务体系。建设一支强有力的志愿服务队伍是构建社会志愿服务体系的重要一环。

由共青团中央印发的《中国注册志愿者管理办法》规定："团组织、志愿者组织根据服务对象的需求，向注册志愿者发布服务信息、提供服务岗位，志愿者按照相关要求开展志愿服务。注册志愿者也可按照相关规定自行开展志愿服务。提倡具有相同服务意向和志趣爱好的注册志愿者在团组织、志愿者组织指导下结成志愿服务团队开展服务。"

2017 年 6 月 7 日，《志愿服务条例》经国务院第 175 次常务会议通过，由国务院于 2017 年 8 月 22 日发布，自 2017 年 12 月 1 日起施行。《志愿服务条例》指出，志愿者可以将其身份信息、服务技能、服务时间、联系方式等个人基本信息，通过国务院民政部门指定的志愿服务信息系统自行注册，也可以通过志愿服务组织进行注册。志愿服务组织可以采取社会团体、社会服务机构、基金会等组织形式。志愿服务组织的登记管理按照有关法律、行政法规的规定执行。开展志愿服务，应当遵循自愿、无偿、平等、诚信、合法的原则，不得违背社会公德、损害社会公共利益和他人合法权益，不得危害国家安全。志愿者是指以自己的时间、知识、技能、体力等从事志愿服务的自然人。志愿服务组织是指依法成立，以开展志愿服务为宗旨的非营利性组织。

知识拓展

志愿者日

1971 年，联合国志愿人员组织正式成立，它的宗旨是动员具有献身精神并有一技之长的志愿人员，帮助发展中国家尽快实现其发展目标。

1985 年，第四十届联合国代表大会确定从 1986 年起把每年的 12 月 5 日规定为国际志愿者日（IVD）。它是联合国法定的国际志愿者日（国际志愿人员日），我国的香港和台湾，以及东南亚等地称作国际义工日。

2000年，共青团中央确定每年的3月5日为中国青年志愿者服务日，各地团委、中国青年志愿者协会组织青年集中开展内容丰富、形式多样的志愿服务活动。

（三）志愿工作的特征

志愿工作具有志愿性、无偿性、公益性、组织性四大特征。志愿服务的精神是“奉献、友爱、互助、进步”。其中“进步”精神是志愿服务精神的重要组成部分。志愿者通过参与志愿服务，使自己的能力得到提高，同时促进了社会的进步。在志愿活动中无处不体现着“进步”的精神，正是这一精神使人们甘心付出，追求社会和谐之境的实现。

开展青年志愿者行动，一定要坚持自愿参加、量力而行、讲求实效、持之以恒的原则。

1. 自愿参加

主要是强调参加青年志愿服务的自觉性。自愿参加是开展青年志愿服务活动的前提。只有“自愿”才能称其为“志愿者”，只有“自愿”才能持久。对于参加者而言，青年志愿者行动的魅力就在于它变“要我参加”为“我要参加”，充分尊重青年的主体地位，注重调动青年自身的积极性、主动性。

2. 量力而行

就是要根据自己人力、物力、财力条件允许的程度来开展工作。首先，要研究服务客体，也就是要研究服务对象，搞清楚服务需求。现实生活中服务需求是多方面和多层次的，志愿服务一定要从共青团和青年的实际出发，从各地、各条战线、各个行业的实际出发，从社会需求的实际出发，把主观愿望和客观实际结合起来，把社会需求和服务能力结合起来，实事求是，量力而行，不搞一刀切。要分清什么是现在能做到的，什么是下一步才能做到的，什么是将来才能做到的，还有什么是我们做不到的。我们既不能无所作为，也不可包打天下。要循序渐进，逐步发展，切不可操之过急，否则欲速则不达。

3. 讲求实效

首先就是要办实事。青年志愿者行动的出发点和立足点，就是要上为政府分忧，下为群众解难，为社会、群众办实事。其次是要抓落实。面上的示范性的活动要搞，但工作重点是狠抓在基层的落实。青年志愿服务只有落实到基层，落实到具体人、具体事，真正成为基层广大青年的经常行为，才有生命力和发展前途。最后是求实效。求实效的集中表现就是在实践中使社会和群众体验或享受到志愿服务的成效。办实事、抓落实、求实效三者缺一不可。

4. 持之以恒

就是指青年志愿服务要做到经常化、长期化。青年志愿者行动是一项跨世纪事业，必须以办事业的精神和方法来推进。开展志愿服务活动必须与建立多层次社会保障体系结合起来，必须着眼于建立中国特色的青年志愿服务体系，必须建立必要的机制以保障青年志愿者行动经常化、长期化、规范化、制度化；要健全组织，稳定队伍，建立基金，制定规章，形成机制，坚持长久；要保持工作和人员的相对稳定性和连续性。

知识拓展

大学生志愿服务西部计划项目介绍

2003年，团中央、教育部、财政部、人力资源社会保障部根据国务院常务会议和全国高校毕业生就业工作会议精神，联合实施大学生志愿服务西部计划，招募一定数量的普通高等学校应届毕业生或在读研究生，到西部基层开展为期1~3年的志愿服务工作，鼓励志愿者服务期满后扎根当地就业创业。

西部计划按照服务内容分为基础教育、服务三农、医疗卫生、基层青年工作、基层社会管理、服务新疆、服务西藏7个专项。

西部计划实施以来，综合成效明显。作为实践育人工程，引导具有理想主义情怀的青年人，通过火热的西部基层实践进一步坚定理想信念，锤炼意志品格，升华志愿情怀；作为就业促进工程，引导和帮助高校毕业生树立正确的就业观，并为他们搭建到西部去、到基层去、到祖国和人民最需要的地方去干事创业的通道和平台；作为人才流动工程，鼓励和引导东、中部大学生到西部基层工作生活，促进优秀人才的区域流动；作为助力扶贫工程，以西部计划志愿者为载体推动校地共建，引导高校资源参与到当地的脱贫攻坚工作中。

西部计划是国家重大人才工程“高校毕业生基层培养计划”的子项目，是引导和鼓励高校毕业生到基层工作的5个专项之一。党中央、国务院高度关心西部计划志愿者，高度重视西部计划和研究生支教团工作。习近平总书记曾多次做出批示或给志愿者回信，肯定志愿者们在西部地区辛勤耕耘、默默奉献，为当地经济社会发展、民族团结进步做出了贡献，勉励越来越多的青年人以志愿者为榜样，到基层和人民中去建功立业，让青春之花绽放在祖国最需要的地方，在实现中国梦的伟大实践中书写别样精彩的人生。

三、社区劳动与志愿服务的技能要求

（一）社区劳动的技能要求

社区劳动的内容一般为打扫卫生、服务老人小孩、提供技术服务、科普宣传、文艺宣传、健康宣传、安全保障等。社区劳动主要面向校园周边社区或大学生个人所在的社区，学生一般以学校、班级、志愿者团队为单位参与劳动。主要劳动项目有：打扫社区卫生的志愿活动、敬老助残、救助弱势群体的志愿活动、环保知识及健康知识的宣传和讲座、爱心家教等有益社区儿童的志愿活动、宣传青年志愿者精神及其他综合活动、救灾帮扶志愿活动、植树造林的志愿者活动、垃圾分类的志愿者活动、参与献血、捐献骨髓、健康方面的公益演出、文艺演出活动等。

1. 打扫社区卫生

社区打扫街道卫生主要是针对卫生死角进行清扫，包括社区活动室、小广场、道路、垃圾堆、道路被乱占用、墙壁“牛皮癣”等。劳动中要带上适用的工具，如钩子、夹子及安全劳保用品，对于枯树枝、木板、破旧家具等体积较大的物品，要全力清运。

2. 敬老助残、救助弱势群体

开展敬老助残的志愿服务工作，最离不开的是志愿者设身处地为老人和残障人士着想的精神和行动。强调“设身处地”，是强调既要照顾到老人和残障人士的身体，又照顾到他们的心理，切忌“想当然”。所谓“设身处地”，就是在对他们的身体关照方面，应当先尽可能地扮演他们的角色，以确切体会他们的不便，再相应进行志愿服务，解决他们的实际困难。另外，对他们的“心理关照”是否到位，是志愿服务能否起到事半功倍效果的重中之重。例如，许多老人和残障人士并不愿意被旁人当作弱势群体特殊对待，一方面他们觉得这样会让自己被低看了，此时，志愿者需掌握服务对象的心理状态及应对方法；另一方面，需要志愿者自身的志愿者精神做基础，本着“奉献、友爱、互助、进步”的精神，事先设身处地地考虑服务对象的生存、生活状况，服务中随时观察服务对象的反应，对服务做出及时的调整，具体问题具体分析，而非照本宣科，一种模式走到头。

3. 爱心家教

（1）按商定的时间上课，不迟到、不早退、不旷课，遇特殊情况不能上课或需更改上课时间时，应事先和家长协商。

（2）结合学生的实际情况教学，经常与家长和学生沟通交流。

（3）工作时衣着整洁大方。

（4）不得从事与家教无关的活动。

（5）不得有家教以外的任何要求，不得接受家长的任何礼品、礼金，交通费自己解决。

（6）必须牢记安全第一，注意交通安全和人身安全。教学时间应在白天，晚上不在学生家留宿。

（7）自觉遵守法律法规，自觉遵守校纪校规，有良好的社会公德。

4. 植树造林

种植树木，要注意精耕细作，不可随意敷衍了事，要在内心提高对植树节的重视，在种植以前要将土壤彻底翻松，这样便于种植，也便于透水，方便种下的树木可以吸收足够的水分。种树时要注意添加辅助物，保证树木种下之后没有过多的倾斜，避免影响以后的生长。种完树木之后要注意及时浇水，一般新种的树木浇水一定要浇透，否则树木的根部不能吸收到足够的水分。要及时做好杀虫的措施，否则新种下的树木很有可能受到虫害。

知识拓展

中国植树节定于每年的3月12日，是为激发人们爱林、造林的热情，促进国土绿化，保护人类赖以生存的生态环境，通过立法确定的节日。1981年12月13日，第五届全国人民代表大会四次会议审议通过了《关于开展全民义务植树运动的决议》（以下简称《决议》）。《决议》指出，凡是条件具备的地方，年满11岁的中华人民共和国公民，除老弱病残者之外，因地制宜，每人每年义务植树3~5棵，或者完成相应劳动量的育苗、管护和其他绿化任务。《决议》号召全国各族人民“人人动手，每年植树，愚公移山，坚持不懈”。

全民义务植树运动有力推动了中国生态状况的改善。在1981年，中国森林面积为17.29亿亩①，活立木蓄积量为102.6亿立方米，森林覆盖率为12%。截至2018年，中国森林覆盖面积达2.12亿公顷，森林覆盖率为22.08%。2000—2018年，中国森林面积净增0.45亿公顷，增长26.90%，成为维持全球森林覆盖面积基本平衡的主要贡献者。

（二）志愿服务的技能要求

据统计，全国大学生注册志愿者总数已超过3000万人，在北京奥运会、上海世博会及日常很多常规志愿活动中，大学生群体无疑是志愿者团队的中坚力量。综合考量，大学生志愿者和其他年龄段志愿者相比，具备的知识储备和时间相对较为丰富，他们参与志愿服务的优势也更为明显，对大学生而言，抓住大学参与志愿服务这一机会，不仅对自身能力有很大的提升，对今后踏入社会也能积累诸多经验。

在很多重大盛会和体育赛事中，都能看到大学生志愿者的身影，他们积极向上的态度不仅为赛事增加了青春活泼的氛围，更让国际友人看到了中国年青一代的风貌。例如，杭州举办的G20国际峰会，来自杭州各大高校的志愿者“小青荷”就成为峰会的一道亮丽风景线，他们在峰会现场显示出极强的热情和服务能力，不禁让外国友人赞不绝口。参加G20峰会这样的志愿服务经历，对这些大学生而言不仅是重要的一段人生经历，更是对自己的一个巨大挑战。

1. 赛会服务

赛会服务负责为各种大赛活动服务，服务内容有外语翻译、计算机操作、礼仪服务、安全保卫、体力服务等。

2. 抢险救灾

大学生参与抢险救灾主要参与的是抗洪救灾，工作内容包括一线抗洪、搬沙包、铲石子、挖沟渠，大学生还是后勤保障、心理疏导的中坚力量。

3. 公益服务

公益服务主要针对各类社会福利机构，如福利院、敬老院、慈善机构、红十字会、纪念馆、医院、图书馆、博物馆等。志愿者可与区内及市范围内结成一对一定点服务，以接

① 1亩≈666.7平方米。

力的形式将工作延续下去。可根据需要的不同、志愿者能力的特点，针对不同形式的需要，组织不同的小分队开展社区劳动，根据服务对象的不同制订不同的实施方案，组成一批长期稳定的志愿者服务队来为他们提供帮助。

课堂活动

筹划校内志愿服务活动方案

一、活动目标

提升学生对志愿服务的认同感，愿意积极参与传递正能量。

二、活动时间

建议 30 分钟。

三、活动流程

1. 教师按照 6~8 人把学生划为一组，并要求每组自定一项校内志愿服务活动。

2. 小组分工搜集相关资料，针对自定的志愿服务形成 1 个可实施的方案。

3. 每组选出一名代表分享本组的活动方案，其他小组可以对其进行提问，组内其他成员也可以回答问题。

4. 教师进行分析、归纳和总结，每组可在教师总结的基础上再次修改活动方案并提交。

5. 教师根据各组在活动过程中的表现和最终的活动方案给予点评并赋分。

任务二　社会生产劳动实践

学习目标

1. 了解我国的农业、工业和商业文明，对我国三大产业现代化发展有一定的了解。
2. 掌握社会生产劳动的一般技能。
3. 有积极提升自身参与社会生产劳动能力的意识和行动。

案例导入

勤学善思的新人

韦天亮第一天上班就感觉到新人的一点小尴尬。他首先接到的任务是看文档，以及给写好的程序改“漏洞”（bug）。由于接触的是偏技术工作，他有时候找遍手头的资料还是拿不出解决方案，需要问同事，这也锻炼了他沟通的技巧，死磕的次数多了，反而渐渐和同事熟络起来。他仔细琢磨了入职手册，意识到公司喜欢有创造力的员工，于是他开始在改 bug 的间隙也写上几行代码，有几次同事觉得他的思路不错，还增补到源文件中。韦天亮把这些文档保存下来，在试用期结束的时候随自我评价一起交给上司。最后他顺利转正，工资还提高了一档。

分析：公司对新员工的要求与老员工是没有差异的，无非是在试用期里主管可能会多布置些工作给新员工，看他们在一个新环境下的实际工作能力以及适应能力。新人要做好的是：适应新公司的文化、价值观；适应新领导的管理风格；适应新工作环境中与老员工的关系；做好可能会“被欺负”的心理准备。

一、社会生产

社会生产是指人们创造物质财富和精神财富的过程。社会生产的目的是满足人们物质文化生活的需要。社会需要是指整个社会在生产和再生产过程中对社会财富的需求。一般来说，在社会生产与人类需要的矛盾中，人类需要决定社会生产的目的，是发展生产的动因和归宿，社会生产必须同人类需要相适应；社会生产的状况和水平决定人类需要的满足方式和程度，制约和影响人类需要的变化。

社会生产是社会存在和发展的基础。由于社会生产的不断发展，就可以为人们提供越来越多的产品，不仅满足了人们的衣、食、住、行、用等经济生活的物质需要，剩余的产品还能为人们提供物质基础，使其有时间去从事经济活动以外的其他各种社会活动。

二、三大产业的发展

1. 农业生产与发展

我国农业的生产结构包括种植业、林业、畜牧业、渔业和副业，但数千年来一直以种植业为主。由于人口多，耕地面积相对较少，粮食生产尤占主要地位。在传统观念中，种植五谷，几乎就是农业生产的同义语。

我国农作物主要分为七大类：粮食作物、经济作物、蔬菜作物、果类、野生果类、饲料作物、药用作物。粮食作物是人类主要的食物来源，同时也是牲畜的精饲料。经济作物一般是指为工业，特别是为轻工业提供原料的作物。粮食作物以小麦、水稻、玉米、大豆、薯类为主要作物；经济作物以油籽、蔓青、大芥、花生、胡麻、大麻、向日葵等为主；蔬菜作物主要有萝卜、白菜、芹菜、韭菜、蒜、葱、胡萝卜、菜瓜、莲花菜、莴笋、黄花、辣椒、黄瓜、西红柿、香菜等；果类有梨、青梅、苹果、桃、杏、李子、樱桃、草莓、沙果、红枣等品种；野生果类有酸梨、野杏、毛桃、山枣、山樱桃、沙棘等；饲料作物如玉米、绿肥、紫云英等；药用作物有人参、当归、金银花、薄荷、艾蒿等。

现代农业是与工业 4.0 或后工业时代对称的农业现代化。现代农业不同于农业产业化，也不同于农业工业化，而是智慧农业，是以智慧经济为主导、大健康产业为核心的自动化、个性化、艺术化、生态化、规模化、精准化农业。现代农业是健康农业、有机农

业、绿色农业、循环农业、再生农业、观光农业的统一，是田园综合体和新型城镇化的统一，是农业、农村、农民现代化的统一。现代农业是现代产业体系的基础。发展中国家发展现代农业可以加快产业升级、解决就业问题、脱离贫困、缓解两极分化、促进社会公平、消除城乡差距、开发国内市场、形成可持续发展的经济增长点，是发展中国家农业发展的必由之路，是发展中国家实现赶超战略的主要着力点。我国发展现代农业是解决“三农”问题的根本途径，是经济可持续发展、实现赶超战略的根本途径。

现代农业文明带给当代人类的不仅仅是一种新能源，更是继工业革命之后的又一次经济形态转型的新革命。随着我国农业的发展，越来越需要有文化、懂技术、会经营，有较强市场意识、有较高生产技能、有一定管理能力的新型农民。

实现农业现代化的过程主要包括两方面内容：一是农业生产的物质条件和技术的现代化，利用先进的科学技术和生产要素装备农业，实现农业生产机械化、电气化、信息化、生物化和化学化；二是农业组织管理的现代化，实现农业生产专业化、社会化、区域化和企业化。

知识拓展

“互联网+”现代农业　助推现代农业发展4个维度

“互联网+”是利用信息通信技术和互联网平台，让互联网与传统行业进行深度融合，创造新的发展生态。它代表一种新的社会形态，即充分发挥互联网在社会资源配置中的优化和集成作用，将互联网的创新成果深度融合于经济、社会各领域中，提升全社会的创新力和生产力，形成更广泛的以互联网为基础设施和实现工具的经济发展新形态。

“互联网+农业”就是依托互联网的信息技术和通信平台，使农业摆脱传统行业中消息闭塞、流通受限制，农民分散经营，服务体系滞后等难点，使现代农业坐上互联网的快车，实现中国农业集体经济规模经营。通过便利化、实时化、物联化、智能化等手段，对农业的生产、经营、管理、服务等农业产业链环节产生了深远影响，为农业现代化发展提供了新动力。

1. 智慧农业

当前，我国农业生产更多地依赖人力投入，谁来种田、如何种田的问题日益突出，解决这一问题需要借助科技的力量，朝着智慧农业的方向发展。智慧农业体现了当代科学信息技术在农业上的综合应用，已经成为打破传统农业弊端的一种新型农业生产模式，包括农业生产智能化、经营网络化、管理数字化和服务精准化等方面。随着移动互联网的普及和智能设备价格的大幅下降，特别是智能设备在农业上的应用，使传统的农业也插上了智慧的翅膀，进入了以科技、信息等新技术为主要特点的智慧农业发展阶段。利用云计算、数据挖掘等技术对农业信息数据进行多层次分析，并将分析指令与各种控制设备进行联动完成农业生产、管理，不仅可以解决农业劳动力日益紧缺的问题，而且可以实现农业生产的智能化、精准化、数字化、可控化。“互联网+”可以渗透到耕地、播种、施肥、杀虫、收割、存储、育种、销售等各环节，集成智能农业技术体系与农村信息服务体系，实现农业生产全过程的信息感知、智能决策、自动控制和精准管理，助力智慧农业的进程。例如，通过各种无线传感器，互联网技术可以对农业生产现场的光照、温度等信息进行自动记录，并将整合后的信息反馈到互联网核心系统，该核心系统就会根据农作物的生长情况，开启或关闭农业生产设备。

2. 精细农业

当前，我国农业生产方式较为粗放，需要向精细农业转型。精细农业包含精细种植、精细养殖和精细加工等方面，相对于传统农业的一个最大特点就是借助科技手段进行精耕细作，获取资源的最大节约和农业产出的最佳效益。其最重要的价值和意义就在于能够为农业生产提供精确、动态、科学的全方位信息服务，实现农业的科学化与标准化，从而提高农业生产效率和农产品质量。将现代信息技术、生物技术和工程装备技术应用于农业生产的“精细农业”，已成为发达国家面向21世纪的现代知识农业的重要生产方式。互联网、物联网、大数据等指导农民运用现代信息技术、管理方式进行农业生产，借助天气、土壤、水资源、市场环境、市场需求等数据信息，在育种、栽培、施肥、灌溉等多个环节按照严格的标准进行，既实现了传统农业的精耕细作，也促成了农业生产的标准化，有助于提高土地生产率、劳动生产率、资源利用率、投入产出率。例如，基于传感器形成系统的生态体系，将农田、畜牧养殖场、水产养殖基地等生产单位连接在一起，可对其间不同主体、用途的物质交换和能量循环关系进行系统、精密运算，实现生产管理环节的精准灌溉、施肥、施药等。

3. 高效农业

当前，我国农业发展质量效益不高的问题日益突出，比较效益持续下降，需要向高效农业要效益。农业生产抵御风险能力较弱、新型农业组织发展不平衡、土地流转不规范和农民持续增收难度加大等农业发展中的难题，都可以通过“互联网+”得到相应的解决或缓解。互联网与农业的跨界融合，可以推动农产品生产、流通、加工、储运、销售、服务等环节的互联网化，实现农业与第二、第三产业交叉渗透、融合发展，打造城乡一、二、三产业融合的“六次产业”新业态；可以加速推动农业产业链延伸、农业多功能开发、农业门类范围拓展，实现对整个农业产业链的再造；可以使农业生产要素的配置更加合理、农业从业者的服务更有针对性、农业生产经营的管理更加科学。借助互联网，可以将更多现代生产要素、经营方式、发展理念引入农业，引导和支持种养大户、家庭农场、农民合作社、农业企业等新型农业经营主体发展壮大，发展农业适度规模经营，从而提高农业比较效益；可以打破长期以来农村信息闭塞、城乡信息不对称的局面，打破城乡资源配置单向流动的困局，有效避免因市场供需失衡带来的经济损失。例如，农业大数据让农民便捷灵活地掌握天气变化数据、市场供需数据、农作物生长数据等，准确判断农作物是否需要施肥、浇水或打药，避免了因自然因素造成的产量下降，提高了农业生产对自然环境风险的应对能力，使农民不再“靠天吃饭”。

4. 绿色农业

当前，我国农业资源环境问题日益突出，长期过量施肥所形成的土壤污染及与之相伴

随的农产品质量安全，使农业生态环境亮起了“红灯”，实现农业绿色发展和资源永续利用，是必须破解的现实难题，这就倒逼向绿色农业转变。绿色是十八届五中全会提出的五大发展理念之一，也是现代农业发展的方向所在。“互联网+农业”可以形成融保护生态、发展生产为一体的农业生产模式，有效解决我国农业可持续健康发展的痛点。运用互联网思维和系统改造传统农业生产，可以对农业发展进行专业化、科学化管理，实现要素资源优化配置、投入产出精准管理、生产高效节能减排、产品绿色安全优质。例如，借助互联网技术，大力推广测土配方施肥、农药精准科学施用、农业节水灌溉，推动农业废弃物资源化利用，不仅能合理利用农业资源、减少污染、改善生态环境，而且对促进农业资源保护和可持续利用、发展绿色农业具有巨大的推动作用。借助互联网，还可以建立全程可追溯、互联共享的农产品质量和食品安全信息平台，健全从农田到餐桌的农产品质量安全过程监管体系，保障人民群众“舌尖上的绿色与安全”。

2. 工业生产与发展

工业是指原料采集与产品加工制造的产业或工程。工业是社会分工发展的产物，经过手工业、机器工业几个发展阶段。工业是第二产业的组成部分，主要分为轻工业和重工业两类。工业是国民经济中最重要的物质生产部门之一。

我国工业发展分为两个时期，前一时期以国有企业为主导，超前发展了重工业，在发展战略上偏向于内向型，在发展理念上倾向于粗放型。虽然取得了不小的成就，特别是建立了较为完整的工业体系，为后一时期的进一步发展打下了较好的基础，但前一时期同时也存在效率低下、资源浪费、人浮于事等弊端，特别是由于轻视了轻工业导致人民生活水平长期得不到提高。改革开放以后，通过发展多种所有制企业和引进外资，重视市场的调节作用，实行外向型发展战略，推动轻重工业平衡发展，参与国际市场竞争，实现了快速的经济发展，使我国从一个人均 GDP 排名靠后的国家一跃成为中上等收入国家，并且具有进一步发展的巨大潜力。

世界工业发展经历了多次革命。第一次工业革命是 18 世纪 60 年代中期，从英国发起的技术革命是技术发展史上的一次巨大变革，它开创了以机器代替手工工具的时代。这不仅是一次技术改革，更是一场深刻的社会变革。第二次工业革命是 19 世纪最后 30 年和 20 世纪初，科学技术的进步和工业生产的高涨，被称为近代历史上的第二次工业革命。世界由“蒸汽时代”进入“电气时代”。在这一时期，一些发达资本主义国家的工业总产值超过了农业总产值。第三次工业革命是从 20 世纪四五十年代以来，在原子能、电子计算机、微电子技术、航天技术、分子生物学和遗传工程等领域取得重大突破，标志着新的科学技术革命的到来。这次科技革命被称为第三次科技革命。第四次工业革命也是第四次科技革命（20 世纪后期）。依据曾邦哲的观点，以系统科学的兴起到系统生物科学的形成为标志，系统科学、计算机科学、纳米科学与生命科学的理论和技术整合，形成系统生物科学与技术体系，包括系统生物学与合成生物学、系统遗传学与系统生物工程、系统医学与系统生物技术等学科体系，将引发转化医学、生物工业的产业革命。

知识拓展

表 7-1 世界工业的三次技术革命

项目	第一次工业技术革命	第二次工业技术革命	第三次工业技术革命
时间	18 世纪 60~70 年代	19 世纪 70 年代	20 世纪 50 年代
主要标志	蒸汽机的发明和应用	电气化（内燃机、电力的使用）	微电子技术的发展和应用
工业生产的影响	采煤、冶金、棉纺织、机械制造等工业	电力、化学、石油开采和加工、汽车制造、轮船制造、飞机制造等工业	电子计算机、核技术、高分子合成、基因工程、纳米技术、航空航天等工业
工业布局方式	煤铁复合体型	煤铁复合体型、临海型	临空型
工业布局变化	分散趋向集中	布局更加集中	集中趋向分散
影响工业布局的主要因素	燃料（动力）、原料	原料、燃料（动力）、交通运输	知识和技术、优美的环境、现代化的高速交通条件
主要工业中心和工业区	英国的伯明翰（钢铁）和曼彻斯特（棉纺织）等	美国的五大湖区、德国鲁尔区、英国中部地区、苏联的欧洲地区、日本太平洋沿岸工业区	美国的“硅谷”、日本的“硅岛”、苏格兰（英国）、慕尼黑（德国）、班加罗尔（印度）、中关村（中国）

第四次工业革命也称为工业 4.0，是利用信息化技术促进产业变革的时代，也就是智能化时代。这个概念最早出现在德国，在 2013 年的汉诺威工业博览会上正式推出，其技术基础是网络实体系统及物联网。

2015 年 5 月，国务院正式印发《中国制造 2025》，部署全面推进实施制造强国战略“中国制造 2025”。《中国制造 2025》由百余名院士专家着手制定，为中国制造业未来 10 年设计顶层规划和路线图，通过努力实现中国制造向中国创造、中国速度向中国质量、中国产品向中国品牌三大转变，推动中国到 2025 年基本实现工业化，迈入制造强国行列。“中国制造 2025”以体现信息技术与制造技术深度融合的数字化、网络化、智能化制造为主线。主要包括 8 项战略对策，具体如下。

（1）推行数字化、网络化、智能化制造。

（2）提升产品设计能力。

（3）完善制造业技术创新体系。

（4）强化制造基础。

（5）提升产品质量。

（6）推行绿色制造。

(7) 培养具有全球竞争力的企业群体和优势产业。

(8) 发展现代制造服务业。

当前的十项发展领域

(1) 新一代信息技术产业。集成电路及专用装备方面，着力提升集成电路设计水平，不断丰富知识产权(IP)和设计工具，突破关系国家信息与网络安全及电子整机产业发展的核心通用芯片，提升国产芯片的应用适配能力。大力发展掌握高密度封装及三维(3D)微组装技术，提升封装产业和测试的自主发展能力，形成关键制造装备供货能力。信息通信设备方面，掌握新型计算、高速互联、先进存储、体系化安全保障等核心技术，全面突破第五代移动通信(5G)技术、核心路由交换技术、超高速大容量智能光传输技术、“未来网络”核心技术和体系架构，积极推动量子计算、神经网络等发展。研发高端服务器、大容量存储、新型路由交换、新型智能终端、新一代基站、网络安全等设备，推动核心信息通信设备体系化发展与规模化应用。操作系统及工业软件方面，开发安全领域操作系统等工业基础软件。突破智能设计与仿真及其工具、制造物联与服务、工业大数据处理等高端工业软件核心技术，开发自主可控的高端工业平台软件和重点领域应用软件，建立完善工业软件集成标准与安全测评体系。推进自主工业软件体系化发展和产业化应用。

(2) 高档数控机床和机器人。高档数控机床方面，开发一批精密、高速、高效、柔性数控机床与基础制造装备及集成制造系统。加快高档数控机床、增材制造等前沿技术和装备的研发。以提升可靠性、精度保持性为重点，开发高档数控系统、伺服电机、轴承、光栅等主要功能部件及关键应用软件，加快实现产业化。加强用户工艺验证能力建设。机器人方面，围绕汽车、机械、电子、危险品制造、国防军工、化工、轻工等工业机器人、特种机器人，以及医疗健康、家庭服务、教育娱乐等服务机器人应用需求，积极研发新产品，促进机器人标准化、模块化发展，扩大市场应用。突破机器人本体、减速器、伺服电机、控制器、传感器与驱动器等关键零部件及系统集成设计制造等技术瓶颈。

(3) 航空航天装备。航空装备方面，加快大型飞机研制，适时启动宽体客机研制，鼓励国际合作研制重型直升机；推进干支线飞机、直升机、无人机和通用飞机产业化。突破高推重比、先进涡桨(轴)发动机及大涵道比涡扇发动机技术，建立发动机自主发展工业体系。开发先进机载设备及系统，形成自主完整的航空产业链。航天装备方面，发展新一代运载火箭、重型运载器，提升进入空间能力。加快推进国家民用空间基础设施建设，发展新型卫星等空间平台与有效载荷、空天地宽带互联网系统，形成长期持续稳定的卫星遥感、通信、导航等空间信息服务能力。推动载人航天、月球探测工程，适度发展深空探测。推进航天技术转化与空间技术应用。

(4) 海洋工程装备及高技术船舶。大力发展深海探测、资源开发利用、海上作业保障装备及其关键系统和专用设备。推动深海空间站、大型浮式结构物的开发和工程化。形成海洋工程装备综合试验、检测与鉴定能力，提高海洋开发利用水平。突破豪华邮轮设计建造技术，全面提升液化天然气船等高技术船舶国际竞争力，掌握重点配套设备集成化、智能化、模块化设计制造核心技术。

(5) 先进轨道交通装备。加快新材料、新技术和新工艺的应用，重点突破体系化安全保障、节能环保、数字化智能化网络化技术，研制先进可靠适用的产品和轻量化、模块化、谱系化产品。研发新一代绿色智能、高速重载轨道交通装备系统，围绕系统全寿命周期，向用户提供整体解决方案，建立世界领先的现代轨道交通产业体系。

(6) 节能与新能源汽车。继续支持电动汽车、燃料电池汽车发展，掌握汽车低碳化、信息化、智能化核心技术，提升动力电池、驱动电机、高效内燃机、先进变速器、轻量化材料、智能控制等核心技术的工程化和产业化能力，形成从关键零部件到整车的完整工业体系和创新体系，推动自主品牌节能与新能源汽车同国际先进水平接轨。

(7) 电力装备。推动大型高效超净排放煤电机组产业化和示范应用，进一步提高超大容量水电机组、核电机组、重型燃气轮机制造水平。推进新能源和可再生能源装备、先进储能装置、智能电网用输变电及用户端设备发展。突破大功率电力电子器件、高温超导材料等关键元器件和材料的制造及应用技术，形成产业化能力。

(8) 农机装备。重点发展粮、棉、油、糖等大宗粮食和战略性经济作物育、耕、种、管、收、运、储等主要生产过程使用的先进农机装备，加快发展大型拖拉机及其复式作业机具、大型高效联合收割机等高端农业装备及关键核心零部件。提高农机装备信息收集、智能决策和精准作业能力，推进形成面向农业生产的信息化整体解决方案。

(9) 新材料。以特种金属功能材料、高性能结构材料、功能性高分子材料、特种无机非金属材料和先进复合材料为发展重点，加快研发先进熔炼、凝固成型、气相沉积、型材加工、高效合成等新材料制备关键技术和装备，加强基础研究和体系建设，突破产业化制备瓶颈。积极发展军民共用特种新材料，加快技术双向转移转化，促进新材料产业军民融合发展。高度关注颠覆性新材料对传统材料的影响，做好超导材料、纳米材料、石墨烯、生物基材料等战略前沿材料提前布局和研制。加快基础材料升级换代。

(10) 生物医药及高性能医疗器械。发展针对重大疾病的化学药、中药、生物技术药物新产品，重点包括新机制和新靶点化学药、抗体药物、抗体药物偶联药、全新结构蛋白及多肽药物、新型疫苗、临床优势突出的创新中药及个性化治疗药物。提高医疗器械的创新能力和产业化水平，重点发展影像设备、医用机器人等高性能诊疗设备，全降解血管支架等高值医用耗材，可穿戴、远程诊疗等移动医疗产品。实现生物 3D 打印、诱导性多功能干细胞等新技术的突破和应用。

3. 第三产业生产与发展

第三产业是英国经济学家、新西兰奥塔哥大学教授费希尔在 1935 年首先提出来的一个术语。它是指除第一产业和第二产业以外的其他各业。第三产业是提供各种服务的产业，也称广义服务业。一般认为，区分三大产业有 3 个标准：①产品是否有形。有形的属第一、第二产业，无形的属第三产业。②生产与消费是否同时进行。生产与消费不同时进行的属第一、第二产业，同时进行的属第三产业。③生产者与消费者的远近。最远的是第

一产业，然后是第二产业，最近的是第三产业。

改革开放前，中国第三产业长期发展缓慢，比重偏低。改革开放以来，中国第三产业迅速发展，主要分两个时期。

第一个时期：1978—1991 年，恢复性高速增长时期。其特点是：第三产业增长速度高，比重提高快，但结构改善不大。第三产业增长主要靠传统服务业的带动。

第二个时期：1992—2006 年，结构改善期。其特点是：第三产业增长速度放慢，比重基本稳定，结构明显改善，新兴产业和高附加值产业发展势头好。2003 年国家统计局对三次产业做了重新划分，规定第三产业包括十五大类：交通运输、仓储和邮政业，信息传输、计算机服务和软件业，批发和零售业，住宿和餐饮业，金融业，房地产业，租赁和商务服务业，科学研究、技术服务和地质勘察业，水利、环境和公共设施管理业，居民服务和其他服务业，教育，卫生、社会保障和社会福利业，文化、体育和娱乐业，公共管理和社会组织，国际组织。

1952—2018 年，我国第三产业（服务业）增加值从 195 亿元扩大到 469 575 亿元，按不变价计算，年均增速达 8.4%，比国内生产总值（GDP）年均增速高出 0.3 个百分点。

中国特色社会主义进入了新时代，经济发展也进入了新时代，基本特征就是我国经济已由高速增长阶段转向高质量发展阶段。推动高质量发展，是保持经济持续健康发展的必然要求，是适应我国社会主要矛盾变化和全面建成小康社会、全面建设社会主义现代化国家的必然要求，是遵循经济规律发展的必然要求。要实现高质量发展，必须逐步转变我国的经济发展方式，坚持建设资源节约型、环境友好型社会，促进社会经济又好又快发展；将经济发展方式的转变与产业结构升级相结合，不忘第一、第二产业发展，加强产业融合发展的同时大力发展第三产业。

党的十八大以来，党中央、国务院高度重视服务业发展，推出了一系列改革举措来培育和促进服务业新经济、新动能的发展壮大，平台经济、共享经济、数字经济蓬勃发展，服务业发展进入新阶段。服务业转型升级有序推进，发展质量效益稳步提升。服务业迸发出前所未有的生机和活力，新技术、新产业、新业态、新商业模式层出不穷，服务业成为国民经济的第一大产业和经济发展的主动力，成为保障就业、财税、新增市场主体稳定增长的重要力量和基石。

（1）服务业成为第一大产业和经济增长的主要动力。我国加入世界贸易组织后，逐步放开了大部分服务业外资准入限制，服务业快速成长。党的十八大以来，伴随着我国经济结构转型升级的加快，服务业成为经济增长的新亮点。2013—2017 年，服务业年均增长 8%，高出第二产业 1.2 个百分点，在国民经济中的比重快速上升，引领我国经济稳步迈入高质量发展新阶段。

（2）服务业成为吸纳就业的主要渠道。党的十八大以来，“大众创业、万众创新”助推服务业新动能蓬勃发展，服务业吸纳就业能力显著增强。2012—2017 年，服务业就业人数增加 7 182 万人，而第一、第二产业分别减少 4 829 万人和 1 417 万人。据测算，服务业每增长 1 个百分点，带动新增就业 70 万人，能创造约 120 万个就业岗位，服务业拉动就业能力明显增强。

(3) 服务业成为财税增长的重要来源。党的十八大以来，我国政府进一步减税让利，全面推进“营改增”等税制改革，大幅削减企业税负，2013—2017年税收收入年均增长7.1%，其中服务业税收收入年均增长9.5%，高出第二产业5.1个百分点，对新增税收的贡献一直保持在50%以上；2017年，服务业新增税收占全部新增税收收入的比重为54.3%，是税收增长的重要来源。

(4) 服务业成为新增市场主体的主要领域。党的十八大以来，国家出台的一系列优化营商环境的改革举措，进一步激活了服务业发展潜力，2013—2016年，服务业法人单位年均增长15.8%，远快于1996—2012年6.3%的年均增速。其中，信息传输、软件和信息技术服务业，租赁和商务服务业，科学研究和技术服务业等现代服务业法人单位数量年均增长都在20%以上。当前，服务业企业占新登记注册企业的80%左右，成为新增市场主体的主力军。

三、社会生产的技能要求

1. 现代化新型农业栽培方式

(1) 墙式栽培。墙式栽培采用墙体与PVC管组合的一种栽培方式，PVC管内放置基质供作物生长。在无土栽培项目中，该栽培方式可作为隔断墙来使用，同时也有美化墙体的作用。

(2) 三层水培。三层水培以水作为作物生长的主要载体，同时配以营养液给作物提供生长所需的养分，该模式栽培设施封闭性、保温隔热性好，而且纯水培养，非常适合现场直接采摘食用。

(3) 管道式栽培。管道式无土栽培是一种新型的水培设施，可采用立体、平铺等结构方式，主要以种植叶菜类作物为主，该栽培模式生产的蔬菜洁净、无污染，可直接进行采摘食用。

(4) 立柱式栽培。立柱式栽培是柱子上安装多个类似花盆的栽培槽，里面放入基质进行栽培。立柱式栽培大多种植无公害草莓，草莓挂果后分布在栽培槽的四周，非常美观，采摘也非常方便，而且可以直接食用。

(5) A字架栽培。A字架栽培结构呈A字形分布，有利于作物的采光，也极大地方便了工作人员的日常操作。A字架式栽培结构灵活，可根据不同需要进行合理搭配。因A字架栽培操作简单、洁净，而成为时下阳台农业和屋顶农业的新宠，适合A字架栽培的蔬菜有生菜、油麦菜、油菜、木耳菜、香菜等。

(6) 气雾式栽培。气雾式栽培是将混合了营养液的水进行高压雾化后直接喷到作物的根系上的一种新型栽培模式，作物的根系直接悬挂于栽培容器的空间内部，通过根部接触气雾来满足生长所需的条件。气雾式栽培的优点是无公害、科技含量高、可直接食用，非常具有实用和观赏价值。

(7) 蔬菜树。“蔬菜树”采用多杆整枝的栽培方式和合理的调控手段，将一棵普通的伏地苗培养成覆盖面积数十平方米的“树体”，大大提高产量。展示了单株高产的惊人潜力。在栽培学研究和农业观光方面具有重要价值。

（8）空中栽培。空中栽培是利用深液流栽培模式，将农产品由传统的栽培转变成水培栽培。水生根系为植株提供充足的水肥，压蔓产生的不定根成为储藏根，实现了根系的分工合作，一次种植，多年采收。这种新型的栽培方式有着非常高的观赏价值和科研价值。

（9）沙生栽培。沙生栽培是一种仿沙漠环境的栽培方式，它是人为地将在沙漠中生长的植物移栽到温室内，用现代农业种植技术模仿沙漠干旱高温的环境，从而使没有去过沙漠的人也能在温室中看到这些新奇的植物。

（10）鱼菜共生。鱼菜共生是一种新型的复合耕作体系，它把水产养殖与水耕栽培两种原本完全不同的农耕技术，通过巧妙的生态设计，达到科学的协同共生，从而实现养鱼不换水而无水质忧患，种菜不施肥而正常成长的生态共生效应。

（11）草莓天瀑。草莓天瀑主要是以草莓为主，草莓种植在升降式栽培槽内，以基质培养和营养液为载体，草莓挂果后会主动垂直到栽培槽的两侧，并一直向下垂挂，形成一个瀑布状，故取名为“草莓天瀑”。游客置身于草莓下，可观赏，可采摘，具有极高的经济价值和观赏价值。

2. 畜牧技能

畜牧业主要包括牛、马、驴、骡、骆驼、猪、羊、鸡、鸭、鹅、兔、蜂等家畜家禽饲养业，以及鹿、貂、水獭、麝等野生经济动物驯养业。畜牧业与种植业并列为农业生产的两大支柱。发展畜牧业必须根据各地的自然经济条件，因地制宜，发挥优势。畜牧业养殖技术，包括培育和繁殖，其中养殖技术包括生猪养殖技术、家畜养殖技术、水产动植物养殖技术和特种养殖技术几大类。

3. 采摘果蔬技能

农作物采摘的关键是参照节气和植物生长规律，做到正确合理，适时采收，实现增产增收。采摘时间要掌握成熟度合适，太嫩会影响产量，太老则影响质量。一般采收适期为7~8分熟时，这时蔬菜嫩脆，纤维少、品质优，每天具体采收时间以上午9时前、下午6时后为宜。采收时，要用中指顶住花梗，然后用食指和拇指捏住，轻轻地掰下来，不要强拉硬扯，不要折断，不要采半截，要有顺序地从上到下，从内到外依次采净粗细、长短、成熟度一致的，不能漏采和强采。另外，随着科技的发展，农业机器人也可以担当采摘重任，它以农产品为操作对象，兼有人类部分信息感知和四肢行动功能。

4. 茶的干泡法

（1）备具。干泡法的茶具主要有茶道组（又称茶道六君子）、壶承（放盖碗和公道杯的用具）、盖碗（也可用壶）、公道杯、随手泡、水盂、过滤网和茶杯。

（2）洁具。干泡法中洗茶杯的方式有两种。一种是直接向摆好的茶杯中冲水，另一种是用茶夹将茶杯夹到水盂上方，进行洁具。在干泡法中选择第二种比较好，注意在夹杯子时要往里夹，手臂不要抬太高，而且每洗一个茶杯都要在茶巾上蘸一下，以保持桌面干爽。洁具完毕，要将茶杯放回茶托。

（3）赏茶。看茶的外形和颜色，以及闻干茶的香味，主要是给客人看。

（4）投茶。需要用到茶道组中的茶匙，将茶叶分到冲泡器皿。可根据喝茶的人数和口味来酌情加减投茶。

(5) 洗茶。是用水洗去茶尘，将沸水冲入盖碗，立刻倒进水盂，洗茶过程就结束了。洗茶又称快速润茶，即冲即出。

(6) 泡茶。洗完茶之后，就是泡茶了。泡茶水温应根据茶叶而定。高级绿茶一般用80℃左右的水。泡乌龙茶的水温一般为100℃的沸滚水，10s左右就可以出汤。出汤时，拇指和中指捏住盖碗的边缘，食指搭在盖子上，盖子和杯子间留出一道缝隙，让茶汤顺利流出。

(7) 奉茶。泡茶后就要奉茶，要记得奉茶的顺序是从右到左，虽然在喝茶时大家是人人平等，但在某些特定的场合，还是要区分一下身份差别，身份高的人要优先。

(8) 收具。喝完茶，最后一个步骤就是收具，将喝过的茶叶倒掉，所用器具洗干净摆放整齐。

除了泡茶步骤，茶艺重要的就是细节，如手该怎样放、茶具排列顺序、身体不能摇摆等，都需要多次实践才能做好。而且泡茶时尽量让自己的节奏慢下来，才能让品茶的朋友感到宁静。

茶艺师资格证报考条件

茶艺师资格证共设5个等级，分别为初级（国家职业资格五级）、中级（国家职业资格四级）、高级（国家职业资格三级）、技师（国家职业资格二级）、高级技师（国家职业资格一级）。

茶艺师资格证报考条件如下。

（一）初级茶艺师

国家资格五级：①经本职业初级正规培训达规定标准学时数，并取得毕（结）业证书。②在本职业连续见习工作2年以上。

（二）中级茶艺师

国家资格四级：①取得本职业初级资格证书后，连续从事本职业工作3年以上，经本职业中级正规培训达规定标准学时数，并取得毕（结）业证书。②取得本职业初级资格证书后，连续从事本职业工作5年以上。③取得经劳动保障行政部门审核认定的，以中级技能为培养目标的中等以上职业学校本职业（专业）毕业证书。

（三）高级茶艺师

国家资格三级：①取得本职业中级资格证书后，连续从事本职业工作3年以上，经本职业高级正规培训达规定标准学时数，并取得毕（结）业证书。②取得本职业中级职业资格证书后，连续从事本职业工作7年以上。③取得高级技工学校或经劳动保障行政部门审核的，以高级技能为培养目标的高等职业学校本职业（专业）毕业证书。④取得本职业中级职业资格证书的大专以上本专业或相关专业毕业生，连续从事本职业工作2年以上。

（四）技师茶艺师

国家资格二级：①取得本职业高级资格证书后，连续从事本职业工作5年以上，经本职业技师正规培训达规定标准学时数，并取得毕（结）业证书。②取得本职业高级职业资格证书后，连续从事本职业工作7年以上。③高级技工学校本专业毕业生，连续从事本职业工作满3年。

（五）高级技师茶艺师

国家资格一级：①取得本职业技师资格证书后，连续从事本职业工作4年以上，经本职业高级技师正规培训达规定标准学时数，并取得毕（结）业证书。②取得本职业技师职业资格证书后，连续从事本职业工作5年以上。

5. 化妆技能

（1）涂抹保湿霜/面霜或妆前乳。完美的妆容离不开前期的基础打底，皮肤要有水分才不会掉妆，所以每天化妆前都应该做好基础的保湿工作。保湿霜/面霜和妆前乳影响着整体妆容服帖度和自然度。如果妆前乳足够滋润，可以省略保湿霜/面霜这一步。注意如果要涂防晒，这一步骤是放在保湿霜/面霜或妆前乳之后，粉底之前。

（2）涂抹粉底（液状/膏状）。打底做好之后，上妆第一步就是涂粉底液。如果需自然轻薄妆效，可以直接用手或专业粉底刷涂抹粉底，在特别需要均匀肤色的地方，如鼻翼两侧和嘴角边可以用化妆海绵加以修饰；如果需完美遮盖力，可以借助专业粉底刷将粉底均匀扫在全脸。如有痘痘、痘印或斑点，可多扫两层以保证遮盖力。

（3）涂遮瑕膏。涂完粉底，看看脸上有哪些瑕疵的部分需要修正，挤出豆子大小的遮瑕膏，少量多次，局部涂抹用以遮盖。

（4）用散粉/蜜粉定妆。这一步很重要，可以令涂了粉底和遮瑕膏的脸部持久不脱妆，也能让皮肤看起来更完美，同时为后面的上妆步骤做好准备。用粉刷或粉扑蘸取少量粉，使用轻扫或按压的手法均匀覆盖至脸上，注意一次不要蘸取太多粉。

（5）眼妆。上眼妆的步骤如下。

第一步：涂眼影。可先选择浅色的眼影，蘸取眼影后在手背上确认用量，调整到理想的浓度。用平涂的手法平铺在眼睑，然后选用深色眼影从睫毛根部开始描画眼影，靠近睫毛根处的眼影颜色最深，向上颜色减淡，色彩与色彩之间不能有明显的分界线，色彩要过渡自然，画出晕染效果。

第二步：画眼线。在上下睫毛根部画上眼线，新手可以采用分段式画法，将整条眼线分三段来画，最后连接起来。如果担心眼睛会无神，也可以在上内眼睑画上内眼线，注意下面不要画得太粗。然后，小幅移动着描画填补睫毛根部空隙。最后，用棉花棒拖曳眼尾眼线，往后自然晕开，好让收尾的地方看起来不那么尖锐。

第三步：涂睫毛膏。刷睫毛膏之前，先用睫毛夹卷翘睫毛。为了得到最佳效果，将睫毛分为根部、中间、尖端三部分分别卷翘。横握毛刷，从睫毛根部开始向尖端仔细涂刷。

第四步：画眉毛。用眉笔或眉刷沿眉毛轮廓一点点斜向描至眉梢，最后用刷子晕染自然。

（6）唇妆。上唇妆的步骤如下。

第一步：涂润唇膏。首先涂上无色护唇膏给嘴唇滋润，这个步骤目的是让嘴唇补充好水分，十分重要。做好唇部保湿，唇部才容易上妆。

第二步：画唇线（这一步可省略）。找同色系的唇线笔勾勒唇形，并修正唇的边缘色，为后续上色做铺垫，且不易画出嘴唇边缘。

第三步：抹唇膏/唇彩。在涂唇膏时最好的办法不是直接涂在嘴上，应该采用唇刷。如果想让嘴唇看起来丰润，在涂抹时尽量把唇中部涂得丰厚一些，然后再慢慢拉向嘴角，注意嘴角涂得一定要浅而窄，这样唇部看起来就会莹润可爱。不喜欢涂唇膏的人可以只用唇彩。

（7）打腮红。用大号粉刷蘸取少量腮红粉从颧骨往太阳穴方向扫去，记得不要蘸太多粉。如果需要修容，那么先上腮红，然后是阴影，最后是高光。

化妆师资格证考试要求

化妆师资格证是等级考试的一种。化妆师分为 5 个等级：初级（五级）、中级（四级）、高级（三级）、技师（二级）、高级技师（一级）。（每级满足条件之一者即可报名）

（1）初级化妆师。经劳动或文化教育机构组织的本职业初级正规培训，达到标准学时数，并取得毕（结）业证书。报考者需年满 18 周岁以上。

（2）中级化妆师。①取得本职业初级职业资格证书后，连续从事本职业工作 2 年以上；②取得职业学校、艺术院校、普通中等专业学校相关专业中专以上毕（结）业证书。报考者需年满 18 周岁以上。

（3）高级化妆师。①取得职业技术学院、艺术院校、普通高等院校相关专业大专以上毕业证书；②取得本职业中级职业资格证书后，连续从事本职业工作 5 年以上；③连续从事本职业 12 年以上；④报考者需年满 22 周岁以上。

（4）化妆技师。①取得高级职业资格证书后，连续从事本职业工作 5 年以上，经本职业正规技师培训达到规定标准学时，并取得毕（结）业证书；②取得高级职业资格证书后，连续从事化妆工作 8 年以上；③取得高级职业资格证书，并从事化妆工作 15 年（含 15 年）以上；④大学本科化妆专业或相关专业毕业，并连续从事化妆工作 3 年以上。对于长期从事化妆工作或具有化妆专业较高学历和艺术成就者，经审核批准，可以破格。

（5）高级化妆技师。①取得技师职业资格证书后，连续从事化妆工作 4 年以上，经本职业正规高级技师培训达规定标准学时，并取得毕（结）业证书；②取得技师职业资格证书后，连续从事化妆工作 6 年以上；③取得技师职业资格证书，并从事本职业工作 20 年（含 20 年）以上。对于长期从事化妆工作或具有化妆专业较高学历和艺术成就者，经审核批准，可以破格。

课堂活动

职业适应能力测试

一、活动目标

教师通过测试引导学生了解自身职业适应能力水平。

二、活动时间

建议 20 分钟。

三、活动流程

1. 教师出示以下阅读材料，并要求学生先做自我测试，并提出问题：针对下面的具体问题提升职业适应能力的方法有哪些?

本测试共有 20 道题，每道题后附有 3 个可供选择的答案。请仔细阅读后，选出一个最符合你实际情况的答案。

(1) 假如朋友突然带来一个你最不喜欢的人到你家里，你会（　　）。

A. 表示惊奇

B. 把你的感觉完全隐藏

C. 暂时忍耐，以后再把实情告诉你的朋友

(2) 对自己的某次失败，你（　　）。

A. 只要别人有兴趣，随时都可以告诉他

B. 只在谈话时顺便说出来

C. 决不说，怕会被别人抓住弱点，对自己不利

(3) 遇到困难时，你（　　）。

A. 毫不犹豫地向有关人员征求意见

B. 经常向熟人请教

C. 很少麻烦别人

(4) 你骑车去一个较远的地方参加社交活动，找不到目的地，你（　　）。

A. 赶快查自带的地图

B. 大声埋怨，不知何时才能到达目的地

C. 耐心等待过路车或有人走过时，问个清楚

(5) 当你选择衣服时，你（　　）。

A. 总是固定在一种款式上

B. 跟随新潮流，希望适合自己

C. 在选定以前，先听取朋友或售货员的意见

(6) 当你知道将会有不愉快的事情时，你会（　　）。

A. 自己进入紧张状态

B. 相信事实并不会比预料的糟糕

C. 感觉完全有办法应付

(7) 在嘈杂混乱的环境里，你（　　）。

A. 总觉得很烦，不能静下心来学习

B. 仍能集中精力学习，但效率降低了

C. 不受影响，继续学习

(8) 和别人争吵起来时，你（　　）。

A. 能有力地反驳对方

B. 常常语无伦次，事后才想起如何反驳对方，可是已经晚了

C. 能反驳，但无多大力量

(9) 每次参加正式的考试或竞争，你（　　）。

A. 常常比平时的成绩更好些

B. 常常不如平时的成绩好

C. 和平时成绩差不多

(10) 必须在大庭广众面前讲话时，你（　　）。

A. 常常怯场，不知所措或说话结结巴巴

B. 感觉虽然难，但还是想方设法完成

C. 总能侃侃而谈

(11) 对团体或社会性的集会，你（　　）。

A. 总是想找领导讨论

B. 只有在知道讨论的题目时才参加

C. 讨厌在集会上说话，所以不参加

(12) 受到别人的批评，你（　　）。

A. 想找机会反过来批评他

B. 想查明受批评的原因

C. 想直接听一下批评的理由

(13) 当情况紧迫时，你（　　）。

A. 仍能注意到应该注意的细节

B. 粗心大意，丢三落四

C. 慌慌张张

(14) 参加各种比赛时，比赛越激烈，群众越热情，你（　　）。

A. 成绩越好

B. 成绩越上不去

C. 成绩不受影响

(15) 碰到阻力或困难时，你（　　）。

A. 经常改变既定的主意

B. 不改变既定的主意

C. 越有干劲

(16) 你符合下列哪种情况？(　　)

A. 不安于现状，总想改变点什么

B. 凡事只求“规范”，不办破格的事

C. 礼貌要讲，但事也要办

(17) 你赞成下面哪一种说法？(　　)

A. 只要是正确的，就坚持，不怕打击，不怕被孤立

B. 在矛盾方面让一让，就过去了

C. 尽量求和平，把批评和斗争降到最低的限度

(18) 假如自己被登报时，你（　　）。

A. 有点自豪，但不以为然

B. 很高兴，想让朋友也看看

C. 完全不感兴趣

(19) 为了给人留下好印象，你（　　）。

A. 想方设法，并花一定时间考虑计划

B. 不特意去做，但有机会就利用

C. 根本不想在别人面前做这件事

(20) 你同意下列哪一种观点？(　　)

A. 为了深入了解自己的国家，学习外国的东西是件好事

B. 外国的事与我们没有任何关系

C. 学习外国的东西比学本国的东西更有趣

计分方法：根据自己的选择，对照下面的计分表（见表 7-2)，计算出自己的分数。

表 7-2　职业适应能力测试计分表

选项	1	2	3	4	5	6	7	8	9	10	11	12	13	14	15	16	17	18	19	20
A	2	2	3	2	1	1	1	3	3	1	2	1	3	3	1	3	3	3	2	2
B	1	3	2	1	3	2	2	1	1	2	3	3	2	1	2	1	1	1	3	3
C	3	1	1	3	2	3	3	2	2	3	1	2	1	2	3	2	2	2	1	1

如果得分为 49~60 分，说明你的适应能力很强；

如果得分为 37~48 分，说明你的适应能力较强；

如果得分为 25~36 分，说明你的适应能力一般；

如果得分在 25 分以下，说明你的适应能力较差。

2. 教师将学生按照 6~8 人划分小组，小组按照这 20 个问题进行讨论并形成小组观点。

3. 每个小组选出一名代表分享本组观点和方法，其他小组可以对其进行提问，小组内其他成员也可以回答提出的问题；通过问题交流，将每个需要研讨的问题都弄清楚。

4. 教师进行分析、归纳、总结，根据各组在研讨过程中的表现给予点评并赋分。

任务三　创新创业劳动实践

学习目标

1. 了解大学生创新创业的政策和内容。

2. 了解国家针对大学生创业的支持政策，对大学生创业有理性的认知，了解创业大赛的相关内容。

3. 结合所学专业和个人兴趣参与创新创业项目。

案例导入

“这是我们从台湾引进的新品种西葫瓜，现在已大量上市，其销售一路看好。”在顺庆大学生创业园中，各种蔬菜瓜果挂满枝头，全国劳模程小波正在给园内工作人员做技术指导（见图7-1）。程小波是大学生创业园的负责人，从北京参加全国劳模表彰大会并获得全国劳模荣誉称号的他回来后顾不上休息，直接奔赴创业园进行辛苦的工作。自2006年到搬罾镇创业以来，程小波不断刷新当地有关农业的名词。他和创业园的一群大学生，把蔬菜产业搞得有声有色，在美丽的嘉陵江畔播撒致富的种子。

“我更喜欢蹲下来，和土地打交道。”在程小波的办公室，放着许多关于蔬菜种植的书。2001年，从四川农业大学园艺学院蔬菜专业毕业才半年的程小波，放弃了种子销售员的工作，到农村去种菜，听到这一消息，顿时家里炸开了锅。父母节衣缩食送他上大学，就是希望他跳出“农门”。“四年大学白念了！”父母生气，亲戚朋友也纷纷劝他回头，但他坚持了自己的选择，在土地上干起了红红火火的事业。

图7-1　程小波给园内工作人员做技术指导

程小波在竹林寺村带领当地村民发展高产大棚蔬菜570多亩，种植从我国台湾引进的东升南瓜、西葫瓜、山海椒等30多个品种的蔬菜。每天数十名农民工在地里采摘、包装，销往重庆、成都等地的蔬菜达100多吨。他说：“一个人富不算富，大家富了我做起来才有劲。”当地加入创业园的村民达56户，他还为当地1 000多户村民提供种苗和技术指导。

搬罾镇党委书记冯勇刚说，大学生创业园在农村“开花”，不仅让大学生到农村顺利就业，成为新型农民，同时带动农民入园，精细化经营自己的土地，并把先进管理模式、创新技术、生产经验一同带到农村，使农民实现增收致富。

大学生创新能力在我国近几年开始受到广泛关注，但由于大学生自身的因素和传统教

育的影响，导致我国大学生创新能力整体水平较低。大学生处于成年初期，是创造性思维开始活跃的时期，但辩证逻辑思维发展水平不高，创新意识不足，或者有灵感却缺乏付诸行动的勇气和毅力，知识积累和技能水平有限，导致大学生创新能力发展受限。另外，由于传统应试教育的影响，高等教育过程中多是以教师为主，注重书本知识的灌输，教师本身创新意识淡薄、缺乏创新能力，教学内容陈旧、更新速度慢，教学方式相对单一，对培养学生创新能力和实践动手能力的重视程度不够，学科高度专业化，这些也严重制约了大学生创新能力的发展。

一、创新创业

创新创业是指基于技术创新、产品创新、品牌创新、服务创新、商业模式创新、管理创新、组织创新、市场创新、渠道创新等方面的某一点或几点创新而进行的创业活动。创新强调的是开拓性与原创性，而创业强调的是通过实际行动获取利益的行为。创新是创新创业的特质，创业是创新创业的目标。

（一）创新创业的特点

1. 高风险

创新创业是建立在创新基础上的创业，但是创新受到人们现有认知、行为习惯等方面的影响，会面临被接受的阻碍，因而创新创业会面临比传统创业更高的风险。

2. 高回报

创新创业是通过对已有技术、产品和服务的更优化组合，对现有资源的更优化配置。能够给客户带来更大、更多的新价值，从而开创所在创业领域的“蓝海”，获取更多的竞争优势，也获取更大的回报。

3. 促进上升

创新创业是在创新基础上的创业活动，创新是创业的基础和前提，同时创业又是创新成果的载体和呈现，并在创业活动过程中，不断优化资源配置、总结提炼，以实现创新的更新与升级。创新带动创业，创业促进创新。

（二）大学生创新创业的优势和弊端

大学生创业是一种以在校大学生和毕业大学生的特殊群体为创业主体的创业过程。随着我国不断走向转型化进程及社会就业压力的不断加剧，创业逐渐成为在校大学生和毕业大学生的一种职业选择方式。

1. 优势

（1）大学生往往对未来充满希望，他们有着年轻的血液、充满激情，以及“初生牛犊不怕虎”的精神。

（2）大学生在学校里学到了很多理论性的知识，有着较高层次的技术优势。“用智力换资本”是大学生创业的特色和必然之路。一些风险投资家往往就是因为看中了大学生所掌握的先进技术，而愿意对其创业计划进行资助。

(3) 现代大学生有创新精神，有对传统观念和传统行业挑战的信心及欲望，而这种创新精神也往往造就了大学生创业的动力源泉，成为成功创业的精神基础。

(4) 大学生创业能提高自己的能力，增长社会实践经验。通过成功创业，可以实现自己的理想，证明自己的价值。

2. 弊端

(1) 大学生社会经验不足，常常盲目乐观，没有充足的心理准备。对于创业中的挫折和失败，许多创业者感到十分痛苦和茫然，甚至沮丧消沉。

(2) 急于求成、缺乏市场意识及商业管理经验。大学生虽然掌握了一定的书本知识，但终究缺乏必要的实践能力和经营管理经验，对市场营销等缺乏足够的认识，很难一下子胜任企业经理人的角色。

(3) 大学生对创业的理解还停留在仅有一个美妙想法与概念上。

(4) 大学生的市场观念较为淡薄，很少涉及技术或产品的市场空间。

(三) 大学生创新创业所需的基本能力

1. 自我认知及科学规划

刚进入大学校门的学生，对社会和自己的认识还非常有限。要想清楚地知道自己以后的发展方向在哪里，仅靠苦思冥想是找不到答案的。最好的办法就是通过自己去观察别人，征求“过来人”的意见，再结合自己的实际情况制定一些小目标，通过确定和实现这些小目标，再开始规划自己的人生。

在创业过程中，要经常性地提前计划或规划一些事情。在制订计划时一定要综合各种因素，形成切实可行的动作分解，要将任何可能的细节都考虑在内。而在实施的过程中要针对当下的具体情况进行，适时做调整。运营需要强有力的计划管理能力，只有具备这一能力才能让自己更靠近成功创业之门。

2. 胆识和魄力

团队筹备之初及运营后，会面临各种各样的决策，作为团队的灵魂。创业者的一举一动都左右着创业的发展走向和兴衰。前期创业者可能会广泛地征求亲朋好友的建议，一旦自己能够独立自主后，就必须要通过自己的智慧和胆识去决定各种大小事务。当在自主地做出决策时，谨慎是必不可少的，一旦优柔寡断可能就会失去一个绝佳商业的机会。同时，决策的胆识和魄力一定要建立在深思熟虑的基础之上，既要选择风险小又要兼顾利益最大化。

3. 团队管理、信息管理和目标管理

任何创业如同经营一家企业一样，需要制定各种制度。制度不在于多，而在于是否让所有相关人都能够明白其内容，并且严格执行。创业者需要针对自己团队的实际情况建立各种有效的管理制度，包括店员管理、培训，绩效考核等。同时，针对市场的不断发展变化而改进相应制度，只有这样才能让创业者及其团队立于不败之地，拥有发展的主动权。制度的制定和改进要基于客观事实，而不要想当然，要极力保证制度的可实施性。

对于大学生创业者而言，由于缺乏大量的社会实践经验，因此在接触各种信息时，难

免会有失偏颇地做一些决定。当创业者对信息无所适从的情况下，可以向过来人请教，加以甄别。要在观察和请教别人的过程中，不断提高自身管理信息的能力。

4. 谈判

在创业者的人际交往过程中，与人谈判的情况必不可少。谈判对创业者的要求是综合多面的，需要创业者有一定的语言组织能力、心理分析能力、人文素养等。要想在谈判中占据主动地位，必须要有很强的谈判能力。杰出的谈判能力能够让创业者在谈判过程中直接获得更多的利益。

5. 处理突发事件

创业过程中，不可避免地会发生一些突发事件。当事情发生时，需要积极应对。这些事情发生在创业者顾客身上，如果处理得当，还能起到广告效果。

6. 学习

在现代社会中，个体要想取得不断的成功，必须具备持续的学习能力。市场和行业的竞争日益激烈，大到一个企业，小到个人。要想力争上游，那就必须比竞争对手更快地掌握更多的知识，通过不断的学习使自己处于不败之地。对于大学生创业者而言，除了书本的理论知识，更要重视学习其他方面的综合能力。

7. 社会交往能力

良好的人际关系，不仅能给人带来快乐，而且还能助人走向成功。大学生创业者在开始创业后必将会接触到各种不同类型、身份的人，而接触的人大多都是与自己利益攸关的。所以从创业最开始就要学会与各种人打交道。要尽可能地去结交人脉，认识朋友，舍得给自己投资。在与前辈们的交流和学习当中不断认识到自己的不足，有针对性地加以完善。

8. 保持身心健康

创业者经常要与孤独和挫折为伴，绝大多数的创业过程不是一帆风顺的。保持乐观而稳定的心态，需要在长时间的历练中找到方法。大学生要放低姿态，平静地去接受一切可能的打击。同样，在得意时，也要克服骄傲的情绪，切不可沾沾自喜，妄自尊大。

身体是革命的本钱，创业者只有身体健康才能够支撑一切的打拼和奋斗。为事业拼搏而废寝忘食的精神非常值得肯定，但是终究不能视之为常态。大抵年轻的创业者都会精力旺盛，一旦投入工作中都很难自拔，但是在创业的过程中一定要注意劳逸结合，切莫因为过度劳累而让自己的健康状况下滑。

二、大学生创新创业相关比赛

（一）中国“互联网+”大学生创新创业大赛

中国“互联网+”大学生创新创业大赛，由教育部与有关部委共同主办。大赛旨在深化高等教育综合改革，激发大学生的创造力，培养造就“大众创业、万众创新”的主力军；推动赛事成果转化，促进“互联网+”新业态形成，服务经济提质增效升级；以创新引领创业、创业带动就业，推动高校毕业生更高质量创业就业。

首届中国“互联网+”大学生创新创业大赛采用校级初赛、省级复赛、全国总决赛三级赛制。在校级初赛、省级复赛的基础上，按照组委会配额择优遴选项目进入全国决赛。全国共产生300个团队入围全国总决赛，其中创意组100个团队，实践组200个团队。

截至2024年，大赛已举办了8届。每届冠军项目如下。

第一届冠军项目：哈尔滨工程大学项目“点触云安全系统”。

第二届冠军项目：西北工业大学“翱翔系列微小卫星”。

第三届冠军项目：浙江大学杭州光珀智能科技有限公司研发的一代固态面阵激光雷达。

第四届冠军项目：北京理工大学“中云智车——未来商用无人车行业定义者”项目。

第五届冠军项目：清华大学交叉双旋翼复合推力尾桨无人直升机。

第五届比赛共有来自全球五大洲120个国家和地区的、1 153所国外高校的6 000多名大学生参赛，堪称一场“百国千校”参与的世界大学生双创奥运会（见图7-2）。大学生创业者达到35万人，同比增长8.2%。23.8万个创新创业项目的100万名大学生踏上“青年红色筑梦之旅”（见图7-3），走进革命老区、贫困山区、城乡社区，对接农户74.8万户、企业24 204家，签订合作协议16 800余项，产生经济效益约64亿元。

图7-2　第五届中国“互联网+”大学生创新创业大赛

图7-3　第五届中国“互联网+”大学生创新创业大赛“青年红色筑梦之旅”活动启动仪式

第六届冠军项目：北京理工大学“星网测通”。

第七届冠军项目：南昌大学“中科光芯——硅基无荧光粉发光芯片产业化应用”。

第八届冠军项目：南京理工大学“光影流转”。

经过几年的发展，中国“互联网+”大学生创新创业大赛已经成为覆盖全国所有高校、面向全体高校学生、影响最大的赛事活动之一。大赛就是“摇篮”，是给大学生提供一个爆发想象力的舞台，同时也是深化产教融合、促进产业转型升级的重要平台。

知识拓展

教育部关于举办第六届中国国际“互联网+”大学生创新创业大赛的通知

教高函〔2020〕5号

各省、自治区、直辖市教育厅（教委），新疆生产建设兵团教育局，有关部门（单位）教育司（局），部属各高等学校、部省合建各高等学校，国家开放大学：

为全面落实习近平总书记给中国“互联网+”大学生创新创业大赛“青年红色筑梦之旅”大学生的重要回信精神，深入推进大众创业万众创新，引领创新创业教育国际交流合作，加快培养创新创业人才，促进创新驱动创业、创业引领就业，定于2020年6月至11月举办第六届中国国际“互联网+”大学生创新创业大赛。现将有关事项通知如下。

一、大赛主题

我敢闯、我会创。

二、大赛目的与任务

以赛促学，培养创新创业生力军。大赛旨在激发学生的创造力，激励广大青年扎根中国大地了解国情民情，锤炼意志品质，开拓国际视野，在创新创业中增长智慧才干，把激昂的青春梦融入伟大的中国梦，努力成长为德才兼备的有为人才。

以赛促教，探索素质教育新途径。把大赛作为深化创新创业教育改革的重要抓手，引导各类学校主动服务国家战略和区域发展，深化人才培养综合改革，全面推进素质教育，切实提高学生的创新精神、创业意识和创新创业能力。推动人才培养范式深刻变革，形成新的人才质量观、教学质量观、质量文化观。

以赛促创，搭建成果转化新平台。推动赛事成果转化和产学研用紧密结合，促进“互联网+”新业态形成，服务经济高质量发展，努力形成高校毕业生更高质量创业就业的新局面。

三、大赛总体安排

第六届大赛将力争做到“五个更”。一是更国际。立足粤港澳大湾区，融入全球创新创业浪潮，汇聚世界一流大学，打造同场竞技、相互促进、人文交流的国际大平台。二是更教育。深化创新创业教育改革，构建德智体美劳“五育平台”，培养学生敢闯的素质、会创的能力；助力脱贫攻坚，提升学生社会责任感和担当精神。三是更全面。做强高教、国际、职教、萌芽各版块，探索形成各学段有机衔接的创新创业教育链条，实现区域、学校、学生类型全覆盖。四是更创新。广泛开展大学生和中学生创新活动，助推科研成果转化应用，服务国家创新发展。五是更中国。以大赛为载体，推出创新创业教育的中国经验、中国模式，提升我国高等教育的影响力、感召力和塑造力。

第六届大赛将举办“1+6”系列活动。“1”是主体赛事，包括高教主赛道（详见附件1）、“青年红色筑梦之旅”赛道（详见附件2）、职教赛道（详见附件3）、萌芽赛道（详见附件4）。“6”是6项同期活动，包括“智闯未来”青年红色筑梦之旅活动、“智创未来”全球创新创业成果展、“智绘未来”世界湾区高等教育峰会、“智联未来”全球独角兽企业尖峰论坛、“智享未来”全球青年学术大咖面对面、“智投未来”投融资竞标会。

四、组织机构

本届大赛由教育部、中央统战部、中央网络安全和信息化委员会办公室、国家发展改革委、工业和信息化部、人力资源社会保障部、农业农村部、中国科学院、中国工程院、国家知识产权局、国务院扶贫开发领导小组办公室、共青团中央和广东省人民政府共同主办，华南理工大学、广州市人民政府和深圳市人民政府承办。

大赛设立组织委员会（简称大赛组委会），由教育部部长陈宝生和广东省省长马兴瑞担任主任，教育部副部长钟登华和广东省副省长覃伟中担任副主任，教育部高教司司长吴岩担任秘书长，有关部门（单位）负责人作为成员，负责大赛的组织实施。

大赛设立专家委员会，由中国工程院原常务副院长潘云鹤担任主任、国家知识产权局原局长田力普担任副主任，行业企业、投资机构、创业孵化机构、大学科技园、公益组织、高校和科研院所专家作为成员，负责参赛项目的评审工作，指导大学生创新创业。

大赛设立纪律与监督委员会，对大赛组织评审工作、协办单位相关工作进行监督，对违反大赛纪律的行为予以处理。

大赛总决赛由中国建设银行冠名支持，各地教育部门可积极争取中国建设银行分支机构对省赛的赞助支持。大赛由相关组织参与协办（名单经大赛纪律与监督委员会认可后另发）。

各省（区、市）和新疆生产建设兵团可根据实际成立相应的机构，开展本地初赛和复赛的组织实施、项目评审和推荐等工作。

五、参赛项目要求

1. 参赛项目能够将移动互联网、云计算、大数据、人工智能、物联网、下一代通信技术、区块链等新一代信息技术与经济社会各领域紧密结合，服务新型基础设施建设，培育新产品、新服务、新业态、新模式；发挥互联网在促进产业升级以及信息化和工业化深度融合中的作用，服务新型基础设施建设，促进制造业、农业、能源、环保等产业转型升级；发挥互联网在社会服务中的作用，创新网络化服务模式，促进互联网与教育、医疗、交通、金融、消费生活等深度融合（各赛道参赛项目类型详见附件）。

2. 参赛项目须真实、健康、合法，无任何不良信息，项目立意应弘扬正能量，践行社会主义核心价值观。参赛项目不得侵犯他人知识产权；所涉及的发明创造、专利技术、资源等必须拥有清晰合法的知识产权或物权；抄袭、盗用、提供虚假材料或违反相关法律法规一经发现即刻丧失参赛相关权利并自负一切法律责任。

3. 参赛项目涉及他人知识产权的，报名时须提交完整的具有法律效力的所有人书面授权许可书、专利证书等；已完成工商登记注册的创业项目，报名时须提交营业执照及统一社会信用代码等相关复印件、单位概况、法定代表人情况、股权结构等。参赛项目可提供当前财务数据、已获投资情况、带动就业情况等相关证明材料。在大赛通知发布前已获投资 1 000 万元及以上或在 2019 年及之前任意一个年度的收入达到 1 000 万元及以上的参赛项目，请在全国总决赛时提供相应佐证材料。

4. 参赛项目根据各赛道相应的要求，只能选择一个符合要求的赛道参赛。已获往届中国“互联网+”大学生创新创业大赛全国总决赛各赛道金奖和银奖的项目，不可报名参

加本届大赛。

5. 各省（区、市）教育厅（教委），新疆生产建设兵团教育局，各有关学校负责审核参赛对象资格。

六、比赛赛制

1. 大赛主要采用校级初赛、省级复赛、全国总决赛三级赛制（不含萌芽赛道）。校级初赛由各校负责组织，省级复赛由各地负责组织，全国总决赛由各地按照大赛组委会确定的配额择优遴选推荐项目。大赛组委会将综合考虑各地报名团队数、参赛院校数和创新创业教育工作情况等因素分配全国总决赛名额。

2. 全国共产生1 600个项目入围全国总决赛（港澳台地区参赛名额单列），其中高教主赛道1 000个（中国大陆参赛项目600个、国际参赛项目400个，中国港澳台地区参赛项目数量另定）、“青年红色筑梦之旅”赛道200个、职教赛道200个、萌芽赛道200个。

3. 高教主赛道每所高校入选全国总决赛项目总数不超过4个，“青年红色筑梦之旅”赛道、职教赛道、萌芽赛道每所院校入选全国总决赛项目各不超过2个。

七、赛程安排

1. 参赛报名（2020年6月）。参赛团队通过登录“全国大学生创业服务网”（cy. ncss. cn）或微信公众号（名称为“全国大学生创业服务网”或“中国互联网+大学生创新创业大赛”）任一方式进行报名。报名系统开放时间为2020年6月11日，截止时间由各地根据复赛安排自行决定，但不得晚于8月15日。国际参赛项目通过全球青年创新领袖共同体促进会官网（www. pilcchina. org）进行报名（具体安排另行通知）。赛事咨询请通过“中国互联网+大学生创新创业大赛”微信公众号进行咨询，参赛团队可在“全国大学生创业服务网”（cy. ncss. cn）资料下载板块，下载学生操作手册，指导报名参赛。

2. 初赛复赛（2020年6—9月中旬）。各地各校登录cy. ncss. cn/gl/login进行大赛管理和信息查看。省级管理用户使用大赛组委会统一分配的账号进行登录，校级账号由各省级管理用户进行管理。初赛复赛的比赛环节、评审方式等由各校、各地自行决定。各地各校要正确研判当地的疫情形势，原则上采用线上路演的方式开展校级初赛和省级复赛，尽量减少线下同期活动，并做好相关疫情防控预案。大赛组委会已组织有关单位加紧开发免费的网上路演平台（另行通知），各地各校可根据自身情况选择使用。各地在9月15日前完成省级复赛，遴选参加全国总决赛的候选项目（推荐项目应有名次排序，供全国总决赛参考）。国际参赛项目的推荐遴选工作另行安排。

3. 全国总决赛（2020年11月上旬）。大赛专家委员会对入围全国总决赛项目进行网上评审，择优选拔项目进行现场比赛，决出金奖、银奖、铜奖。

大赛组委会将通过“全国大学生创业服务网”为参赛团队提供项目展示、创业指导、投资对接等服务。各项目团队可以登录“全国大学生创业服务网”查看相关信息。各地可以利用网站提供的资源，为参赛团队做好服务。华为技术有限公司将为参赛团队提供多种资源支持。

八、评审规则

评审规则将于近期公布，请登录“全国大学生创业服务网”（cy. ncss. cn）查看具体内容。

九、大赛奖项

大赛设金奖、银奖、铜奖和各类单项奖；另设高校集体奖、省市组织奖和优秀创新创业导师奖（详见附件）。

十、宣传发动

各地各校要认真做好大赛的宣传动员和组织工作。各省级教育行政部门要做好统筹协调，高教、职教和普教职能处室共同参与，组织做好省内比赛和项目推荐工作。各校要认真组织动员团队参赛，为在校生和毕业生参与竞赛提供必要的条件和支持，做好学校初赛组织工作。鼓励教师将科技成果产业化，带领学生创新创业。根据情况组织师生观看大学生创新创业题材电影，激励更多学生了解"双创"、投身"双创"。

各地各校要坚持以赛促学、以赛促教、以赛促创，积极推进学生创新创业训练和实践，不断提高创新创业人才培养水平，为建设创新型国家提供源源不断的人才智力支撑。

十一、大赛组委会联系方式

1. 大赛工作QQ群号为：460798492，请参赛省（区、市）教育厅（教委）和新疆生产建设兵团教育局指定两名工作人员加入该群，便于赛事工作沟通交流。

2. 大赛组委会联系人：

全国高等学校学生信息咨询与就业指导中心　萧潇

联系电话：010-68352259　　电子邮箱：jybdcw@ chsi. com. cn

地址：北京市西城区西直门外大街18号金贸大厦C3座　　邮编：100044

华南理工大学　王科　徐昕

联系电话：020-87110452　　传真：020-87114453

电子邮箱：adsa@ scut. edu. cn

地址：广东省广州市天河区五山路381号　　邮编：510641

教育部高等教育司综合处　王亚南

联系电话：010-66097850　　电子邮箱：internetplus@ moe. edu. cn

地址：北京市西城区大木仓胡同37号　　邮编：100816

教育部

2020年6月3日

（二）"挑战杯"中国大学生创业计划竞赛

"挑战杯"中国大学生创业计划竞赛，简称"小挑"，是由共青团中央、中国科协、教育部、全国学联主办的大学生课外科技文化活动中一项具有导向性、示范性和群众性的创新创业竞赛活动，每两年举办一届。大赛旨在培养创新意识、启迪创意思维、提升创造能力、造就创业人才。深入学习贯彻习近平新时代中国特色社会主义思想，聚焦为党育人功能，从实践教育角度出发，引导和激励高校学生弘扬时代精神，把握时代脉搏，将所学知识与经济社会发展紧密结合，培养和提高创新、创造、创业的意识和能力，并在此基础上促进高校学生就业创业教育的蓬勃开展，发现和培养一批具有创新思维和创业潜力的优

秀人才。“挑战杯”标志如图 7-4 所示。

挑战杯

图 7-4　“挑战杯”标志

根据参赛对象，分普通高校和职业院校两类。设科技创新和未来产业、乡村振兴和脱贫攻坚、城市治理和社会服务、生态环保和可持续发展、文化创意和区域合作 5 个组别。大赛分校级初赛、省级复赛和全国决赛。校级初赛由各校组织，广泛发动学生参与，遴选参加省级复赛项目。省级复赛由各省（自治区、直辖市）组织，遴选参加全国决赛项目。全国决赛由全国组委会聘请专家根据项目社会价值、实践过程、创新意义、发展前景和团队协作等综合评定金奖、银奖、铜奖等项目。

第一届汇集了全国 120 余所高校近 400 件作品。第二届大会共收到来自全国 24 个省、市、自治区 137 所高校的 455 个作品。第三届竞赛组委会共收到来自全国 29 个省、市、自治区 244 所高校的参赛作品共 542 个。第四届有来自全国 29 个省、市、自治区 276 所高校的 603 个作品参加了竞赛。第五届在终审决赛期间的投资意向洽谈会上，共有 3 个项目与 4 家企业正式签约，风险投资达 2 225 万元。第七届竞赛共收到来自全国 374 所高校（含港澳台地区）的 640 个创业作品，参赛学生达 6 000 多名。第八届有内地 152 所高校的 200 个作品进入全国决赛。竞赛评审委员会共评出金奖作品 65 个，银奖作品 135 个，铜奖作品 450 个。

从第三届开始，有了明显的投资。第三届竞赛受到社会各界尤其是企业界和风险投资界的关注。据统计，部分参赛作品开赛前就吸引了部分风险投资，金额达 10 400 万元，其中签订合同的项目 6 个，签约金额 4 640 万元。决赛期间，正式签约项目 4 个，金额达 5 760 万元。到第五届赛前共有 13 个参赛项目与 25 家企业达成投资意向，获得了 5 921. 35 万元的风险投资。

截至 2024 年，大赛已开展第十四届，由共青团中央、教育部、中国科协、全国学联、人力资源社会保障部、陕西省人民政府共同举办，西安交通大学、共青团陕西省委承办。大赛设置 5 个组别，分普通高校和职业院校分别进行竞赛评选。

（三）国家级大学生创新创业训练计划

国家级大学生创新创业训练计划（见图 7-5），简称“国创计划”，旨在促进高等学校转变教育思想观念，改革人才培养模式，强化创新创业能力训练，增强高校学生的创新能力和在创新基础上的创业能力，培养适应创新型国家建设需要的高水平创新人才。“国创计划”内容包括创新训练项目、创业训练项目和创业实践项目三类。

图 7-5　国家级大学生创新创业训练计划平台

（1）创新训练项目。创新训练项目是本科生个人或团队在导师指导下，自主完成创新性研究项目设计、研究条件准备和项目实施、研究报告撰写、成果（学术）交流等工作。

（2）创业训练项目。创业训练项目是本科生团队在导师指导下，团队中每个学生在项目实施过程中扮演一个或多个具体的角色，编制商业计划书、开展可行性研究、模拟企业运行、参加企业实践、撰写创业报告等工作。

（3）创业实践项目。创业实践项目是学生团队在学校导师和企业导师的共同指导下，采用前期创新训练项目（或创新性实验）的成果，提出一项具有市场前景的创新性产品或服务，以此为基础开展创业实践活动。

国家级大学生创新创业训练计划项目面向本科生申报，原则上要求项目负责人在毕业前完成项目。创业实践项目负责人毕业后可根据情况更换负责人，或者是在能继续履行项目负责人职责的情况下，以大学生自主创业者的身份继续担任项目负责人。创业实践项目结束时，要按照有关法律法规和政策妥善处理各项事务。

三、大学生创新创业相关政策

为引导大学生多渠道就业，尤其是鼓励自主创业和灵活就业，政府出台了《关于进一步做好普通高等学校毕业生就业工作的实施意见》（以下简称《意见》）。《意见》规定，对于自主创业的毕业生，可以在注册登记、贷款融资、税费减免、创业服务等方面获得扶持。大学生创业可以放宽一定的行业限制，如申办个体工商户、个人独资企业、合伙企业时，除法律法规另有规定之外，将不受最低出资金额限制。对打算创业的大学生来说，了解这些政策，才能走好创业的第一步。

相关政策如下。

（1）大学毕业生在毕业后两年内自主创业，到创业实体所在地的工商部门办理营业执照，注册资金（本）在 50 万元以下的，允许分期到位，首期到位资金不低于注册资本的

10%（出资额不低于 3 万元），1 年内实缴注册资本追加到 50%以上，余款可在三年内分期到位。

（2）大学毕业生新办咨询业、信息业、技术服务业的企业或经营单位，经税务部门批准，免征企业所得税两年；新办从事交通运输、邮电通信的企业或经营单位，经税务部门批准，第一年免征企业所得税，第二年减半征收企业所得税；新办从事公用事业、商业、物资业、对外贸易业、旅游业、物流业、仓储业、居民服务业、饮食业、教育文化事业、卫生事业的企业或经营单位，经税务部门批准，免征企业所得税一年。

（3）各国有商业银行、股份制银行、城市商业银行和有条件的城市信用社要为自主创业的大学毕业生提供小额贷款，并简化程序，提供开户和结算便利，贷款额度在 2 万元左右。贷款期限最长为两年，到期确定需延长的，可申请延期一次。贷款利息按照中国人民银行公布的贷款利率确定，担保最高限额为担保基金的 5 倍，期限与贷款期限相同。

（4）政府人事行政部门所属的人才中介服务机构，免费为自主创业大学毕业生保管人事档案（包括代办社保、职称、档案工资等有关手续）两年；提供免费查询人才、劳动力供求信息，免费发布招聘广告等服务；适当减免参加人才集市或人才劳务交流活动收费；优惠为创办企业的员工提供一次培训、测评服务。

大学生自主创业优惠政策为鼓励高校毕业生自主创业，以创业带动就业，财政部、国家税务总局发出《关于支持和促进就业有关税收政策的通知》，明确自主创业的大学毕业生从毕业年度起可享受三年税收减免的优惠政策。其中，高校毕业生在校期间创业的，可向所在高校申领《高校毕业生自主创业证》；离校后创业的，可凭毕业证书直接向创业地县以上人社部门申请核发《就业失业登记证》，作为享受政策的凭证。

课堂活动

请根据实际情况填写以下问卷。

大学生自主创业调查问卷

1. 你怎么理解创业？（单选）

A. 开创一份新事业　　B. 开办一家新公司

C. 开发一项新产品或服务　　D. 开展一项冒险性活动

E. 其他

2. 你觉得在创业过程中男性和女性谁更有优势？

A. 男性　　B. 女性

3. 你是否有创业意愿？（单选）

A. 从没想过　　B. 有意愿，但不强烈

C. 有较强的意愿　　D. 有强烈的意愿

E. 一定要创业

4. 请选择你对以下问题的认可程度：（1 为非常不赞同，2 为不赞同，3 为赞同，4 为比较赞同，5 为非常赞同）

(1) 我希望尽自己所能成为一名企业家。 1 2 3 4 5
(2) 我的职业目标就是成为一名企业家。 1 2 3 4 5
(3) 我会尽一切努力开创属于自己的一份事业。 1 2 3 4 5
(4) 我立志未来创办属于自己的一家公司。 1 2 3 4 5
(5) 我很严肃地思考过要不要创业的问题。 1 2 3 4 5

5. 如果你打算创业，主要是为了什么？(单选)
A. 实现个人理想 B. 服务社会、创业报国
C. 响应国家“双创”号召 D. 赚钱
E. 自由的生活方式 F. 就业压力大、工作不好找
G. 抓住好的商机 H. 其他

6. 你认为创业者需具备的个性特征是什么？(限选 3 项)
A. 创造力 B. 自信 C. 风险承担 D. 百折不挠
E. 有理想抱负 F. 追求自由 G. 自控力 H. 开放
I. 擅交际 J. 警觉性 (对商业信息嗅觉灵敏) K. 其他

7. 如何评价你就读院校的创业文化？(单选)
A. 相关课程、活动较少，创业宣传和支持力度有限，对创业仍然缺少认知
B. 学校开始重视创业，成立了相关机构，相关课程、活动越来越多，创业氛围正在形成
C. 学校高度重视创业，相关机构很多，各种课程、活动扑面而来，创业氛围浓厚

8. 你就读的院校是否成立了以下机构？(多选)
A. 创业类专业 B. 创业学院
C. 创业类专业硕士项目 D. 创业训练营
E. 创新创业教育平台 F. 大学科技园 (或孵化器、众创空间)
G. 大学生创业指导中心 H. 创业投资基金
I. 创业研究中心 (研究院) J. 大学生创业社团
K. 创业实践基地 L. 其他

9. 你就读的院校是否开设了创业教育相关的课程？(单选)
A. 无 B. 有，但很少
C. 不少，且越来越多 D. 很多

10. 你是否愿意修读创业教育相关的课程或培训？(单选)
A. 非常愿意 B. 比较愿意 C. 一般 D. 比较不愿意
E. 非常不愿意

11. 如果开设创业教育相关的课程，你最希望的是什么？(单选)
A. 开设独立的专业 B. 全校公共课 C. 专业选修课 D. 创业实践课

12. 你希望自己所在的院校开设哪些创业教育相关的课程或培训？(限选 3 项)
A. 管理 B. 营销 C. 财务 D. 法律
E. 运营 F. 产品开发 G. 案例分析 H. 其他

13. 你希望自己所在院校开设的创业教育相关课程的主要教学形式是什么？（多选）

A. 理论讲授　　B. 实践分享　　C. 案例分析　　D. 模拟创业

E. 创业能力培养　　F. 其他

14. 你就读的院校是否有创业相关的实践类培训活动（如创业训练、讲座、沙龙、竞赛等）？（单选）

A. 无　　B. 有，但很少

C. 不少，且越来越多　　D. 很多

15. 假如你准备创业，你希望学校给予哪些帮助？（限选 3 项）

A. 资金资助　　B. 创业导师指导

C. 提供创业场地　　D. 创业课程

E. 创业实践训练　　F. 创业孵化平台支持

G. 创业政策咨询　　H. 学分减免

I. 其他

16. 你对职业成功的看法？（5 为完全同意；4 为基本同意；3 为不确定；2 为基本不同意；1 为完全不同意）

（1）职业成功就是在职位上不断获得晋升，直到组织的高层。　1　2　3　4　5

（2）工作中获得更多的权力，能够控制影响别人就是职业成功。　1　2　3　4　5

（3）职业成功就是通过工作能赚很多钱。　1　2　3　4　5

（4）当我的潜能得到充分发挥时，我才算是职业成功的。　1　2　3　4　5

（5）从事自己喜欢的职业是职业成功。　1　2　3　4　5

（6）不断从事有挑战性的工作就是职业成功。　1　2　3　4　5

（7）工作中有热情、有激情，感到充实，就是职业成功。　1　2　3　4　5

（8）工作之余还有充分的时间享受生活就是职业成功。　1　2　3　4　5

（9）工作中能兼顾到家庭，做到工作和家庭平衡就是职业成功。　1　2　3　4　5

（10）工作业绩再大，如果没有健康的身体，就不算职业成功。　1　2　3　4　5

17. 工作中你的状态如何？（5 为完全同意；4 为基本同意；3 为不确定；2 为基本不同意；1 为完全不同意）

（1）在工作中，我感到自己迸发出能量。　1　2　3　4　5

（2）我觉得所从事的工作目的明确，而且很有意义。　1　2　3　4　5

（3）当我工作时，时间总是过得飞快。　1　2　3　4　5

（4）工作时，我感到自己强大并且充满活力。　1　2　3　4　5

（5）我对工作充满热情。　1　2　3　4　5

（6）工作时我会忘记周围的一切。　1　2　3　4　5

（7）工作激发了我的灵感。　1　2　3　4　5

（8）早上一起床，我就想要去工作。　1　2　3　4　5

（9）忙碌工作时，我会感到快乐。　1　2　3　4　5

（10）我为自己所从事的工作感到自豪。　1　2　3　4　5

(11) 我沉浸于自己的工作中。 1 2 3 4 5
(12) 我可以一次连续工作很长时间。 1 2 3 4 5
(13) 对我来说，我的工作具有挑战性。 1 2 3 4 5
(14) 我在工作时会达到忘我的境界。 1 2 3 4 5
(15) 工作时，即使感到疲劳，我也能很快地恢复。 1 2 3 4 5
(16) 我觉得自己离不开这份工作。 1 2 3 4 5
(17) 即使工作进展不顺利，我也总能锲而不舍。 1 2 3 4 5
(18) 我能够很容易想象出未来工作中的自己。 1 2 3 4 5
(19) 对未来工作景象，我头脑中有非常清晰的画面。 1 2 3 4 5
(20) 对我来说，未来职业情景很容易想象到。 1 2 3 4 5
(21) 我很清楚自己在未来工作中想成为一个怎样的角色。 1 2 3 4 5

下　篇

提升职业素养

职业素养的提升

项目八

职业素养的提升

导读

高素质的职业人，是一个具有健康心理和生理素质、科学文化素质、良好思想品德的人，也应该是掌握一定劳动技能的劳动者。人们无论是从事理论研究、科学发明，还是从事行政管理、市场营销，乃至工农业的生产，都是以一个劳动者的身份立足于社会的。因此，培养自己热爱劳动和劳动人民的品质，增强劳动观念和意识，提升职业素养至关重要。

职业素养不是与生俱来的，它需要后天的培养。从呱呱落地到咿呀学语，人类从无知到懵懂，逐渐了解社会，认识社会。随着年龄的增长，心智的成熟，知识的积累，人类在认识社会的同时渐渐树立了个人独有的世界观、价值观与人生观。各种观念的树立渐渐培养了个人对学习、对工作的认识，并渐渐地形成个人独有的职业素养。大学生可以通过洞悉职业认识，了解职业发展与变迁，洞悉职业发展趋势和新职业，清晰职业定位并做好职业规划；探索人的兴趣、性格、能力，更好地认识自己，让自己做匹配的合适的职业；初入职场后养成终身学习的良好习惯，主动学习、不断探索、自我更新、学以致用、优化知识，更好地实现职业生涯价值和实现个人梦想。

任务一　职业意识与入职准备

学习目标

1. 理解学生角色与职业角色的区别。
2. 愿意尝试尽快适应职场环境的方法和在工作中运用融入工作团队的方法。

案例导入

中小微企业是高职生就业的理想职业定位

中小微企业是指中小型企业、微型企业、经营部、个体工商户的统称。目前，全国范围内经工商注册登记的中小微企业占全部注册企业总数的90%以上，其上缴税收比例已经达到全国企业上缴税收的50%。中小微企业的工业总产值、销售收入、实现利税分别占总量的60%、57%和40%，流通领域中小微企业占全国零售的90%以上，大约提供了75%的城镇就业机会。中小微企业已经成为劳动社会经济的新增长点，成为推动中国经济社会发展的重要力量。

但中小微企业优质人才匮乏，求贤若渴。市场调查显示，中小微企业是人才需求面广、数量大的雇主，招聘市场上长年不断招聘的企业往往都是中小微企业。中小微企业员工的学历普遍偏低，这类企业对高素质技能型职业人才格外青睐。因大型企业往往门槛较高，而中小型企业数量多、人才需求大，个人学习成长空间大，所以高职毕业生初入职场不妨选择中小微企业，它们是高职生的理想职业定位。

一、职场与职业意识

（一）职场

职场指一切可以就职的场所，包括所有机关、企事业单位。学生上学的最终目的是为走上职场做准备，学校和职场大不相同，主要体现在以下几个方面。

1. 学校和职场的目标不同

学校的目标是培养人，学生在学校是学知识的；职场的目标是用有知识的人去获取更多的利益。职场也会有意地培养人，只是培养人是为了公司的壮大和生存。

2. 在学校与在职场的人的价值不同

在学校，学生的任务就是完成学习任务，取得好成绩，获得综合素质的提升；在职场上，员工的任务是完成工作任务，带给公司更多的利益，获得综合素质的提升。

3. 学校和职场完成任务的方式不同

在学校里，学生基本上是“单兵作战”，独自完成各类作业、试卷、设计，即使需要做一些团队作业，比较用功的学生也可以单独完成；在职场上，几乎所有的任务都需要通过团队协作完成，并且要遵守各种规则和惯例，按公司要求的特定的方式工作。

4. 失误或违规带来的后果或处罚不同

在学校犯错，后果再怎么样也不会太严重，至少对学校不会造成太大的影响；在职场，员工的一个小失误，不仅会影响个人发展，还可能给所在单位造成重大的损失。

5. 学校和职场对人的要求不同

学校的管理相对来说是有很大自由度的；职场更多的则是服从、遵从，按规章办事，制度严格。

正因为学校和职场这两个环境有众多不同的地方，对于初入职场的新人来说，尽快让自己“去学生化”适应“职业化”，就显得尤为重要了。

（二）职场的关键要素

1. 职业定位

职业定位就是清晰地明确一个人在职业上的发展方向，它是人在整个生涯发展历程中的战略性问题，也是根本性问题。职业定位包括三层含义：一是确定自己是谁，自己适合做什么工作；二是告诉别人自己是谁，自己擅长做什么工作；三是根据自己的爱好、特长、能力以及个性，将自己放在一个合适的工作（生活）的岗位上。职业定位是自我定位和社会定位两者的统一，是一个动态过程，需要结合个人职业生涯的不同阶段不断做出修正调整。

大学生的职业定位受就业意识支配，它是大学生价值观的重要组成部分。而就业意识的核心是就业动机，大学生的就业动机总是从一定的动机出发并指向一定的目标。谋生型、创业型和贡献型三种就业动机影响着大学生的职业定位。

2. 职业素质

职业素质是工作者对职业了解与适应能力的一种综合体现，主要表现在职业兴趣、职业能力、职业个性及职业情况等方面。影响和制约职业素质的因素很多，主要包括受教育程度、实践经验、社会环境、工作经历以及自身的一些基本情况（如身体状况等）。工作者是否能够顺利适应职场环境，取得职场成就，很大程度上取决于个人的职业素质。职业素质越高的人，获得成功的机会就越多。

3. 职业意识

职业意识是指人们对职业的认知、意向及所持的观点，是正确认识和把握社会需求对自己进行正确社会定位的思维能力，是指工作者对自己未来所从事的职业，有明确的追求和全面、清醒的认识，包括职业的就业现状、发展前景等。职业意识能够为人们指明方向，成为人们以某一特定职业去为人类和社会进步服务的内在精神支柱。

4. 职业规划

职业规划是对职业生涯乃至人生进行持续的系统的计划的过程。初入职场，职业规划有助于使个人认清自身发展的进程和事业目标，作为选择职业与承担任务的依据，把相关的工作经验积累起来，准确地充分利用有关的机会与资源，指引自我不断进步与完善。职业规划能够准确评价个人特点和强项，评估个人目标和现状的差距，提供奋斗的策略，增强职业竞争力。

5. 职业发展

职业发展是致力于个人职业道路的探索、建立、取得成功和成就的终身的职业活动。根据中国职业规划师协会的定义：职业发展就是在自己选定的领域里，在自己能力所及的范围内，成为最好的专家，也就是在某一领域有深入和广泛的经验，对该领域有深刻而独到的认知的人。

（三）学生与职业人的认知

学生：接收任务、储备知识、培养能力，经济无法完全独立，一直生活在家长和学校

的庇护下，社会经验缺乏，人际交往较为简单。

职业人：工作目的性明确，家庭经济压力大，环境变化大，工作负荷量大，更强的社会责任感，承担各类风险，生活独立，与同事心灵沟通较少，生活较为单一，人际关系复杂。

学生与职业人的区别主要在以下几方面。

1. 社会责任不同

大学生是以学习、探索为主要任务，整个角色过程是接受教育、储备知识、锻炼能力的过程。学好科学文化知识，掌握为人民服务的本领，使自己德、智、体全面发展是其主要社会责任。

职业人是以其特定的身份去履行职责，依靠自己的本领或技能为社会和他人服务，完成工作来体现。职业人必须适应社会、服从管理，在工作中犯了错误，必须承担成本和风险的责任，以及相应的社会责任。

2. 社会规范不同

《高等学校学生行为准则》规范学生学习、做人和发展。学生是受教育者，在其违反角色规范时，惩罚是辅助手段，以教育帮助为主。

对职业角色的规范因职业的不同而各不相同，但都比学生的社会规范更严格，一旦违背其社会规范，就要承担一定的责任，甚至是法律责任。

3. 社会权利不同

学生的主要活动是学习，因此，学生角色强调对知识的输入、吸收与接纳，对知识的输出和运用强调较少。当毕业生参加工作后，如果不能及时有效地转变活动方式，将所学知识应用、输出和创造性地发挥，则会感到工作难以适应。

职业人依法行使职权，开展工作，运用自己的知识和能力，向外界提供自己的劳动，即运用和输出、应用与创造性地发挥自己的知识和才能，向外界提供专业的服务。要求结合实际创造性地发挥水平，并在履行义务的同时取得报酬。

4. 面对的环境不同

学生：寝室—教室—食堂三点一线的简单而安静的生活方式，感受单纯而简单的校园文化气氛。学习时间可弹性安排，有较长的节假休息日，教学大纲提供清晰的学习目标，学术上多鼓励师生讨论甚至争论；规定的时间内完成布置作业或工作即可。

职业人：面临的社会环境是快速的生活节奏、紧张的工作和加班，在单位里，规定上下班时间，不能迟到早退，经常加班加点，节假日很少，工作任务又急又重；老板通常对讨论不感兴趣，多数老板比较独断；一切以经济利益为导向；要完成上司或老板交给的一件件具体的、实实在在的工作任务等。

5. 自我管理的要求不同

学校生活是一种集体生活，实行统一的作息制度，对学生提出统一的行为规范，学生违反了纪律要受到惩罚，因此许多学生对学校管理形成了依赖心理。此外，学生在校的生活来源主要依赖家庭支持。

对于职业人，单位只在工作时间对员工提出要求，其他时间主要由员工自行支配，没有统一严格的方式来管理约束。经济开始独立，家庭和社会期望毕业生不仅在经济上独立，而且在心理及其他方面也能独立。因此，职业角色对毕业生的独立性与自我管理能力提出了更高的要求。

6. 人际关系不同

学生的主要任务是掌握科学文化知识，提高自身的素质和能力，这主要取决于学生本身，竞争只是促进学习的手段，并未从根本上影响学生的利益，由此决定学生的人际关系是比较简单的。

成为职业人后，竞争是不可避免的，竞争的胜败直接关系到利益的分配，由此决定了职业人之间的关系是相对复杂的。

（四）职业意识

1. 职业意识的概念

职业意识是指作为职业人所具有的意识，它是人们对职业劳动的认识、评价、情感和态度等心理成分的综合反映，是职业道德、职业操守、职业行为等职业要素的总和，是支配和调控全部职业行为和职业活动的调节器。

职业意识包含经营意识、前瞻意识、营销意识、全局意识、危机意识、安全意识、角色意识、自动意识、表率意识、责任意识、诚信意识、规则意识、自律意识、问题意识、自信意识、竞争意识、沟通意识、团队意识、服务意识、创新意识、效率意识等方面。

2. 职业意识的重要性

马克思主义哲学告诉我们，存在决定意识，意识对存在具有反作用。职业意识对大学生的职业社会化起着重要的作用。大多数人认为职业意识是对所从事的专业的认同，因而，职业意识可以最大限度地激发人的活力和创造性，是敬业精神的前提。职业意识强的人会在工作中努力拼搏、奋斗不息；积极健康的职业意识有助于大学生职业选择的顺利实现、职业生涯的顺利发展和事业的成功。

二、进入职场的自我准备

（一）职场基本要求

1. 具备职业精神

职业人要想适应职场环境，必须具备明确的工作目标和强烈的责任心，有良好的职业态度，能踏实、高效地完成本职工作，塑造值得信赖的职业形象，获得上级、同事及客户的信任。

2. 良好的职场礼仪

优秀的职业人应当具备良好的职场礼仪，打造符合职业要求的形象，塑造良好的职业化行为，对外展现个人态度、个人修养、个人能力，同时也能代表组织的良好形象及管理水平。

3. 良好的职业心态

优秀的职业人都拥有好奇心和求知欲，勇于面对挫折与挑战，勇于承担任务及责任，能够坦然接受失败，具备强大的抗压能力，善于解决问题，处理矛盾，化压力为动力。

4. 过硬的职业技能

优秀的职业人需要具备持续学习的能力，高效合作的团队协作能力，能够迅速融入团队的沟通与适应能力，足够专业与理智的自控能力，能够主动出击、创造机遇的执行力和行动力，具有敏锐的思维觉察力与创新能力。

5. 形成正确的价值观和职业价值观

价值观是指个人对客观事物（包括人、物、事）和自身行为结果的意义、作用、效果和重要性的总体评价，是对什么是好的、什么是应该做的总的看法，是推动并指引一个人做出决定、采取行动的原则和标准，是个性心理结构的核心因素之一。人的价值观在形成之后会相对持久和稳定，但也会随着人们经历或经验的增加而发生变化。

职业价值观是个人追求的与工作有关的目标，是个人价值观在职业问题上的反映，即个人对于与工作有关的客观事物的意义、重要性的评价和看法。职业价值观体现了一个人真正想从工作中得到什么，它决定了个体对工作的相对稳定的、内在的追求，对于个体的职业选择和发展起到方向导引和动力维持的作用。

大学生进入职场的过程中，应有意识地建立一些与职业和工作有关的价值观，可以帮助自己改进工作习惯和工作效率。

大学生应该具备的职业价值观

(1) 将职业发展的愿景作为行动指南，在决定如何安排生活中的每一天时，给予使命相关目标最高的优先权。

(2) 重视出勤和准时。无论是在工作中，还是在学校或日常生活中，好的出勤和准时会潜移默化地影响个人声誉。

(3) 重视时间管理。重视时间的人会充分地利用时间，会更合理地安排时间。

(4) 重视整洁、秩序和速度。整洁、秩序和速度是工作效率的保障，应给予足够重视。

(5) 聪明地工作。寻求导致好的结果的灵活方法，而非单纯地埋头苦干、蛮干。

(6) 对自己负责。要在意自己每天到底做了哪些工作，反思所做的工作对自己工作绩效和生活质量的提高有没有起到促进作用。

(7) 重视休息和放松。过度工作会导致工作压力增高，甚至工作耗竭，适当地休息有助于保障工作效率和工作质量。

(8) 关注效果。将注意力放在影响工作成效的关键因素上，而非工作本身。

（二）其他要求

1. 学会目标设定和自我激励

目标是人们想要达到的结果、境况、目的或状态。目标设定是一种激励方法，设置特定的、具有适当难度的目标能够有效地提升个体的工作效果。

目标设定是一门艺术，在目标设定过程中，可以参考以下原则：

（1）形成简明的目标。一个实用的目标通常可以用简洁明了的方式表达出来，过长的目标表述会涉及太多的行动，难以作为一个行动指南为行动服务。

（2）描述当达成目标后将会怎样。所列出的目标应该明确，应该是对实际行动的描述。

（3）设定现实的目标。目标既不能过于简单又不能过难，应当是具有一定的挑战性，但是通过努力可以实现的。

（4）在不同时期设定不同目标。目标最好根据不同时期而有所不同，设立日常、短期、中期或长期目标。

（5）在个人目标设定中保留一些幻想，幻想目标可以弥合职业和生活目标之间的鸿沟，可以帮助个体进行自我调整，有助于缓解焦虑。

（6）经常回顾自己的目标。要经常回顾目标实现情况，并确保这个目标还有激励作用。

2. 掌握自我激励的技巧

目标的设定可以为个体带来心理上的激励，但更重要的是，人们要学会更好地自我激励。常见的自我激励的技巧包括以下几项。

（1）寻找工作的乐趣或工作本身的价值，寻找挑战和新鲜感。

（2）获得工作绩效的反馈。反馈信息很重要，它实际上代表着一种回报，如果知道自己的努力是有价值的，就会感到欢欣鼓舞。

（3）注重自我行为矫正。行为矫正是一个在做对事情时给予奖励而在做错时给予惩罚的激励系统，人们可以运用这套机制来改变自己的行为，如克服饮食障碍、烟瘾、网瘾、啃手指头以及无故拖延时间等。

（4）使技能提升与个体的目标相联系。个体应该接受适当的培训来提高自己的技能水平，以满足工作岗位的需要。适当的培训会给个体带来出色完成工作的信心，同时也会加强个体对自我效能的认知。

（5）提升自我期望的水平。个体可以对自己的期望更高一些，尽管高的自我期望和积极的心理状态需要花很长的时间来培养，但是在很多情况下，它们非常重要。

（6）培养强烈的工作道德准则。一个自我激励的高效战略就是培养强烈的工作道德准则。如果个体认为大部分工作是很有意义的，并且是愉快的，那么自然很容易受到激励。

3. 杜绝拖延行为

拖延行为本身并不是十分严重的问题，然而当拖延行为积累成习惯，进而影响到工作进展、人生发展，甚至带来其他负面的情绪时，就需要采取有效措施杜绝这种现象的不断扩大。

造成拖延的原因很多，常见的原因主要有以下几个。

（1）不够自信：容易逃避，产生拖延。

（2）完美主义者：要求太高，过分追求完美。

（3）内心消极颓废：觉得什么事情都很难。

（4）顾虑重重：对失败及至成功的恐惧，顾虑太多，执行力弱。

（5）过度自信：错误估计时间进度。

（6）缺乏干劲：得过且过，能拖多久是多久。

（7）外部因素：非个人原因造成的拖延。

个体可以在以下几方面做出调整。

（1）学会善待自己。重新定位自我，学会自我减压，不必求全责备。

（2）学会“储蓄”时间。当身心疲惫时，不妨停一停，换一个环境，把工作能量储存起来，再回来全力再战。

（3）自我奖励。每完成一项工作后给自己一个奖励，即使有些工作没有得到及时的回报，或者效果很难确切地看出来，也可以为完成工作而自我奖励一番。

（4）设定完工期限。为了自我约束，必须定下最后期限，最后期限是一种无形压力，以避免毫无计划的自我放任。

4. 提升解决问题的效能

无论多么复杂的问题，如果个体遵循一个标准的问题解决步骤，通常会产生良好的效果。问题解决的步骤如下。

（1）觉察问题。问题解决开始于人们意识到了问题的存在。

（2）界定问题。在采取任何行动之前，必须首先明确和澄清问题的原因。界定问题时，通常会从人、材料、机器和设备、物理环境、方法的角度提出问题。

（3）寻找创新方法。创造力与想象力也同问题解决和决策相关。成功的决策者有能力想出多的解决方法，那些迫使自己寻找不同的问题解决方法的人，更有可能寻找到突破性解决方法。

（4）权衡不同方法。这个步骤仅指对先前阶段所产生出来的不同解决方法的利弊进行检查。一个重大决策中，应该严肃考虑每一种方法。在实践中，权衡不同方法通常是指记录下每种可能选择的好处和坏处。

（5）做出选择。在选择解决方法时，不必过分执着于为自己的问题寻找唯一正确的答案，许多问题都会有多种解决方法。

（6）实施选择。在自己决定了采用哪套方案后，将自己的选择付诸实施。

（7）评估选择。实施选择后，个体要评估自己的选择是否达到理性的效果，从而判断问题解决的有效性，并根据评估结果对前述问题的解决过程进行回顾、反思和调整。

（三）职业取向

职业取向，也称为职业性向，是人们选择职业前对所青睐的职业的种类、方向进行的挑选和确定。职业取向是人们进入社会生活领域前所必需进行的一种重要行为。

根据《中国职业规划师（CCDM）认证培训教程》指出，按照霍兰德兴趣量表维度，可以把职业取向分为如下6个方向（见图8-1）。

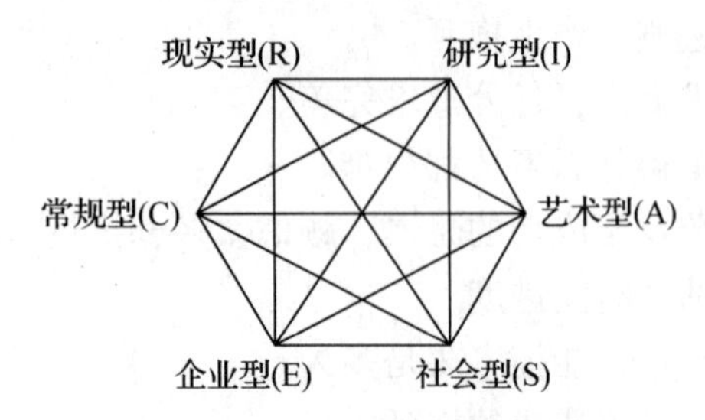

图8-1　霍兰德职业兴趣图

1. 社会型（S）

共同特征：喜欢与人交往、不断结交新的朋友、善言谈、愿意教导别人。关心社会问题、渴望发挥自己的社会作用。寻求广泛的人际关系，比较看重社会义务和社会道德。

典型职业：喜欢要求与人打交道的工作，能够不断结交新的朋友，从事提供信息、启迪、帮助、培训、开发或治疗等事务，并具备相应能力。例如，教育工作者（教师、教育行政人员）、社会工作者（咨询人员、公关人员）。

2. 企业型（E）

共同特征：追求权力、权威和物质财富，具有领导才能。喜欢竞争、敢冒风险、有野心、抱负。为人务实，习惯以利益得失、权利、地位、金钱等来衡量做事的价值，做事有较强的目的性。

典型职业：喜欢要求具备经营、管理、劝服、监督和领导才能，以实现机构、政治、社会及经济目标的工作，并具备相应的能力。例如，项目经理、销售人员、营销管理人员、政府官员、企业领导、法官、律师。

3. 常规型（C）

共同特点：尊重权威和规章制度，喜欢按计划办事，细心、有条理，习惯接受他人的指挥和领导，自己不谋求领导职务；喜欢关注实际和细节情况，通常较为谨慎和保守，缺乏创造性，不喜欢冒险和竞争，富有自我牺牲精神。

典型职业：喜欢要求注意细节、精确度，有系统，有条理，具有记录、按特定要求或程序组织数据和文字信息的职业，并具备相应能力。例如，秘书、办公室人员、记事员、会计、行政助理、图书馆管理员、出纳员、打字员、投资分析员。

4. 现实型（R）

共同特点：愿意使用工具从事操作性工作，动手能力强，做事手脚灵活，动作协调。偏好于具体任务，不善言辞，做事保守，较为谦虚；缺乏社交能力，通常喜欢独立做事。

典型职业：喜欢使用工具、机器，需要基本操作技能的工作。对要求具备机械方面才能、体力或从事与物件、机器、工具、运动器材、植物、动物相关的职业有兴趣，并具备相应能力。例如，技术性职业（计算机硬件人员、摄影师、制图员、机械装配工）、技能

性职业（木匠、厨师、技工、修理工、农民、一般劳动）。

5. 研究型（I）

共同特点：思想家而非实干家，抽象思维能力强，求知欲强，肯动脑，善思考，不愿动手；喜欢独立的和富有创造性的工作；知识渊博，有学识才能，不善于领导他人；考虑问题理性，做事喜欢精确，喜欢逻辑分析和推理，不断探讨未知的领域。

典型职业：喜欢智力的、抽象的、分析的、独立的定向任务，喜欢要求具备智力或分析才能，并将其用于观察、估测、衡量、形成理论、最终解决问题的工作，且具备相应的能力。例如，科学研究人员、教师、工程师、计算机编程人员、医生、系统分析员。

6. 艺术型（A）

共同特点：有创造力，乐于创造新颖、与众不同的成果，渴望表现自己的个性，实现自身的价值；做事理想化，追求完美，不重实际；具有一定的艺术才能和个性；善于表达、怀旧，心态较为复杂。

典型职业：喜欢的工作要求具备艺术修养、创造力、表达能力和直觉，并将其用于语言、行为、声音、颜色和形式的审美、思索和感受，且具备相应的能力；不善于事务性工作。例如，艺术方面（演员、导演、艺术设计师、雕刻家、建筑师、摄影家、广告制作人）、音乐方面、文学方面。

大多数人都并非只有一种性向（如一个人的性向中很可能同时包含着社会性向、实际性向和调研性向这 3 种）。霍兰德认为，这些性向越相似，相容性越强，则一个人在选择职业时所面临的内在冲突和犹豫就会越少。当人格和职业相匹配时，会产生最高的满意度和最低的流动率。例如，社会型的个体应该从事社会型的工作，社会型的工作对现实型的人则可能不合适。

三、入职实践技能

（一）全面了解新环境

1. 主动了解企业的基本情况

正所谓“知己知彼，百战不殆”，在正式进入企业就职之前，应该通过各种途径搜集企业信息，全面了解就业单位情况，包括企业的建制沿革、发展现状、企业文化、组织架构、工作流程、规章制度、薪资福利等，可以减少自己心理上的不适应感，尽快进入工作角色，为今后正式就职融入团队打下较好的基础。

2. 认可企业的文化

企业文化是文化现象在企业中的体现，是在一定社会历史环境下，企业及其成员在长期生产经营活动中形成的文化观念和文化形式的总和，是企业员工共同的价值取向、经营哲学、行为规范、共同信念和凝聚力的价值观念体系。对新员工而言，熟悉本企业文化是了解本企业的关键环节。只有了解和体会企业文化，才能迅速理解企业的精神和宗旨，使自己的行为符合公司或企业的总体目标，适应企业发展的步伐，使自己迅速融入公司这一大家庭，以及和公司员工的人际交往之中。

知识拓展

1988 年，24 岁的杨元庆进入联想工作，公司给他安排的第一份工作是做销售业务员。多年以后，杨元庆还清楚记得，他骑着一辆破旧自行车，穿行在北京的大街小巷，去推销联想产品时的情景。

虽然刚开始杨元庆并不喜欢销售工作，但他觉得那就是自己的责任，干得非常认真，并且卓有成效。正是销售工作的历练，杨元庆后来才能够面对诸多困难而毫不退缩。也正是杨元庆敏锐的市场眼光和出色的客户服务，引起了联想集团前总裁柳传志的注意。

1992 年 4 月，联想集团任命杨元庆为计算机辅助设备部总经理。他在这个位置上依旧尽职尽责，不仅创造出了很好的业绩，而且还带出了一支十分优秀的营销队伍，两年后，柳传志任命杨元庆为联想微机事业部总经理，把从研发到物流的所有权力都交给了他。

2001 年 4 月，37 岁的杨元庆正式出任联想 CEO。柳传志在给他新的责任的同时，也给了他新的机遇；杨元庆在承担这份责任时，也抓住了机遇，在磨炼中让自己得以不断成长。经过不断“折腾”，杨元庆最终被炼成了一块好钢。柳传志就是让他们在不断锤炼中成长，让他们承担起责任，使他们的能力在承担责任的过程中不断提升。

（二）职业思维转换

导向决定方向，方向比努力更重要。有意识树立职业思维，是入职准备的重要一环。

1. 树立客户意识

客户意识是一个人或一个团队、一家企业对待客户的态度和思想状态，可具体分为以下几方面：关注客户需求的意识，理解行业/客户/需求原因，站在客户的角度考虑客户的价值追求，及时响应客户的意识，及时响应客户，把客户放在心里重要的位置；持续服务客户的意识：站在客户的角度考虑客户的价值追求，全流程服务；团队协作服务客户的意识，明确协作的共同目标，视彼此为帮助自己实现目标的资源。

2. 树立标准意识

一点都不能差，差一点也不行。我们常讲，工作要有标准。标准是衡量事物及行为的准则和遵循。任何一项事业、一项工作、一种行为都有标准。按标准办事，就会把好事办好，把实事办实，事业才能少走弯路，工作才能有所进步；相反，如果不按标准办事，可能就会产生一时的效益，但最终都不得不面对失败的局面。

3. 树立流程意识

流程能力，主要的核心在于 3 个方面：①这件事情的整个过程是什么，其中要精确到什么人、事、物；②可以最大限度为这件事情做什么；③在这件事情当中领导需要做什么，在领导需要做的事情中，应该提前为他做什么。想清楚了这 3 个问题，厘清了这 3 个思路，相信你做什么事情，都会有一个清晰完整的反应，也可以为领导节省不少时间和精力。

4. 树立安全意识

职场上突发情况时有发生，尤其是一些高风险行业，风险的突发性和不可预测性更强。一个岗位出现问题，殃及的可能是整体。在职场上，需要时刻保持警醒的头脑，防患于未然。

5. 树立问题意识

树立问题意识，坚持问题导向。要勤于发现问题，乐于分析问题，善于解决问题。

6. 树立创新意识

创新是一个民族进步的灵魂，是一个企业兴旺发达的不竭动力。在激烈的市场竞争中，惟创新者进，惟创新者强，惟创新者胜。生活从不眷顾因循守旧、满足现状者，从不等待不思进取、坐享其成者，而是将更多的机遇留给善于和勇于创新的人。

（三）融入工作团队的方法

1. 加强对班组的理解和认识

班组属于团队的一种形式，它是企业的基层组织。班组一般分为服务性班组和生产性班组两大类。企业的生产活动都在班组中进行，班组工作的好坏直接关系着企业经营的成败。班组是生产经营活动的基本单位，是最基本的生产单位，也是企业的最基层管理单位，直接面对每个员工，企业的文化、规章制度和精神风貌最终是要通过班组这种团队贯彻到每个员工。

2. 提升挫折耐受能力

挫折耐受能力是指个体在遭遇挫折情境时，经得起打击和压力，可以摆脱和排解困境而使自己避免心理与行为问题的能力，这反映了一个人的心理素质水平。因为当代的大学生很多从小遇到的困难和挫折较少，导致其自身独立能力差，承受挫折的能力比较弱，所以提升挫折耐受能力对于现在的大学生来说非常重要。

3. 提高学习自主性

自主学习能力是工作团队对其成员的基本要求，也是工作团队成员的核心素质的体现。在崇尚提高团队创新力、构建创新型团队的社会，自主学习能力是非常重要的。

4. 加强自我管理能力

如今，市场竞争激烈，自我管理能力不仅是企事业单位提高运营效率的有效手段，还是团队成员从业和发展个人能力的基本要求，所以国内众多企事业单位和其他组织机构都把自我管理能力作为对高素质人才的基本素质要求。

课堂活动

绘制“理想职业”规划彩虹图

一、活动目标

了解与自己的兴趣、能力相匹配的职业，树立初步的职业理想。

二、活动时间

建议 20 分钟。

三、活动准备

空白纸、彩笔若干。

四、活动流程

1. 教师引导学生想象自己未来的生活角色，并在空白纸张上画彩虹图的半圆（见图 8-2）。

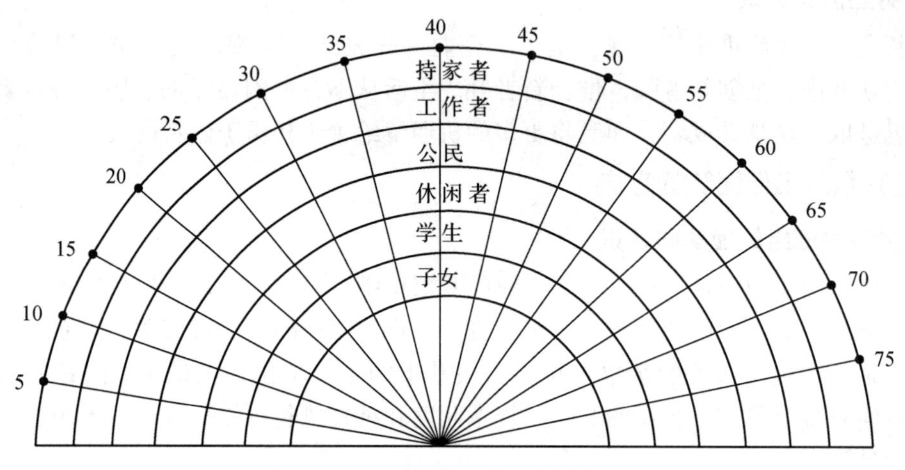

图 8-2　空白职业生涯规划彩虹图

2. 标注年龄阶段和自己可能扮演的角色名称。

3. 将在某个年龄阶段所希望扮演角色的区域按照个人认为的重要程度，涂上颜色，一种角色一种颜色。

4. 教师将学生按照 6~8 人划分小组，每个组员进行组内分享，谈一下自己对职业变化的思考。

5. 每组推选 1 名代表在班级上分享他对职业变化的思考。

6. 教师进行分析、归纳、总结，并根据每个人在整个活动中的表现赋分。

任务二　大学生可持续发展能力

学习目标

1. 理解可持续发展能力的概念和内涵。
2. 了解大学生可持续发展能力的构成。

余婷的未雨绸缪

又是一年毕业季，与其他同学相比，2019 届旅游专业毕业生余婷的求职过程比较顺利，她很快就成功应聘到一家公司任文员，薪水待遇她也很满意。

求职时，余婷并没有四处撒网投递简历。因为在大二时，她对职业岗位定位还不精准，所学的专业看似“万金油”，哪个行业都可以干，她意识到应该给自己一个明确的定位：自己想做什么？自己能做什么？所以，在校期间，她除了学好专业课外，还自学了与办公自动化相关的课程。她研究了一些招聘信息后发现，目前旅游专业需求并不高，但文员需求量大，只要熟练掌握办公软件的操作，招聘单位就很难不动心。

分析：选择劳动岗位时需要从自身出发，包括个人的兴趣、性格、能力等，既要考虑客观因素，又要结合自身的主观意向，选择一个适合自己、能够发挥长处的最匹配的行业和岗位，余婷目前的选择也许不是最好的，但绝对是非常明智的。职业定位一定要落在“定”和“准”上，要善于从小事、从最具体的职业岗位做起，只要这种小事、具体事与自己的最终职业目标一致，有利于个人职业目标的实现，都可以选择确定为自己的最初劳动岗位，要把内、外优势结合起来，拧成一股绳，形成职场打拼的强有力的核心竞争力。

一、大学生可持续发展能力的概念与特征

大学生的可持续发展，是指大学生作为个体的人以全面发展为目标，在大学阶段及以后的社会生活中不断拓展发展空间，提升发展的层次和水平，发掘自身潜力；是指大学生在大学阶段及其以后的职业生涯中连续不断地发展和完善，以实现长远永续发展，其追求的目标是大学生个体素质的不断完善、和谐和臻美。

大学生可持续发展能力是指大学生持续不断地获取运用和创新知识的能力、完善其个性的能力，也就是说大学生个体有意识地、自觉地按照人与自然、人与社会的发展规律，与时俱进，不断地调整自身的行为方式，提升自身生存发展的质量与层次，从而达到人与自然、个体与社会的持续和谐发展的目的，以真正实现人的全面发展。大学生可持续发展能力强调了大学生可持续发展的主动性、协调性、持续性，是以大学生的长远发展为目标的。

（一）大学生可持续发展能力的特征

大学生可持续发展能力与人的可持续发展能力既有共性又有区别，具有持续性、可塑性、整体性、主动性等特点。

1. 持续性

大学生现阶段的发展不能以牺牲未来发展利益为代价，自身的发展不能以损害他人甚至集体和国家利益为代价。大学生的可持续发展能力着眼于长远永续发展，既要满足自己

发展的需要，也要照顾到他人发展的需要及满足社会发展的需要；既要满足当前发展的需要，也要满足未来发展的需要。大学生的可持续发展能力是在学习和实践活动的基础上形成和发展起来的，是一个从无到有、由量变到质变、由低层次向高层次，不断整合优化的过程，这一过程贯穿生命始终。

2. 可塑性

大学生具有发展空间是培养大学生可持续发展能力的前提。大学生处于成年初期，相对于成年中期和成年晚期的人来说，能力的可塑性更强，发展空间更大。大学生要实现可持续发展，必须掌握一些至关重要的能力，而在这些能力中有一部分恰恰是大学生缺乏的，还有一些是大学生已经掌握的但有待加强的。这些能力是能够通过教育施加作用和大学生发挥主观能动性双管齐下进行培养的，是具有可塑性的。

3. 整体性

可持续发展是比一般发展更高一层次的发展，人的可持续发展能力不是一般能力的简单堆积，而应该是在知识、能力、素质整合和内在统一的基础上形成的能力结构。大学生可持续发展能力是由影响大学生可持续发展的各种能力要素构成的有机整体，不同的能力要素在大学生可持续发展过程中发挥着不同的作用，这些要素共同作用和服务于大学生的可持续发展，任何一种要素的缺失都会影响和制约大学生的可持续发展。

4. 主动性

大学生可持续发展能力为大学生的可持续发展和全面发展服务，是社会环境、学校教育和大学生自身相互作用的结果。学校教育在能力培养的过程中起主导作用。但是，外因要通过内因起作用，大学生要实现可持续发展，仅靠教育是远远不够的，大学生发展空间的拓展、能力的提升和潜力的发挥需要充分发挥主体的主动性，在合理的发展目标的指引下，在强大的发展动力的推动下，实现由他律到自律的转变，由外部推进到自主发展的转变。

（二）大学生可持续发展能力的培养

可持续发展是一种全新的发展理念，为人的发展指明了一条新的路径和方向，而人的发展又主要通过教育来实现。2002 年 12 月，联合国大会决定开展“教育促进可持续发展十年（2005—2014 年）”活动，旨在使每个受教育者成为具有可持续发展意识和能力的“可持续发展的人”。

培养大学生可持续发展能力是立足于大学生的长远永续发展，在完善大学生知识结构的基础上培养其可持续发展能力，提升其综合素质，在实现人自身的可持续发展的同时促进自然和社会的可持续发展。大学生可持续发展能力的培养需坚持可持续发展的公平性、持续性、共同性原则。首先，人与人之间是平等的，每个人要拥有自己的发展空间，拥有发展的权利，不得随意侵害他人的发展利益；其次，培养大学生可持续发展能力的目的之一是要激发大学生的潜能，提升发展的层次，促进大学生的永续性发展，以牺牲未来发展换来现阶段的发展和以牺牲他人利益为代价的发展都是不可持续的；最后，大学生可持续发展能力的培养是一项系统工程，需要学校、社会和学生三方协作，单靠某一个人或某一单位、某一部门是无法见实效的。

职业基本能力

职业基本能力分为一般职业能力、专业能力和综合能力。

(1) 一般职业能力主要是指一般的学习能力、文字和语言运用能力、数学运用能力、空间判断能力、形体知觉能力、颜色分辨能力、手的灵巧度、手眼协调能力等。

任何职业岗位的工作都需要与人打交道，因此，人际交往能力、团队协作能力、对环境的适应能力，以及遇到挫折时良好的心理承受能力都是我们在职业活动中不可缺少的能力。

(2) 专业能力，主要是指从事某一职业的专业能力。在求职过程中，招聘方十分关注的就是求职者是否具备胜任岗位工作的专业能力。

(3) 综合能力。包括跨职业的专业能力、方法能力、社会能力和个人能力。

社会能力，主要是指一个人的团队协作能力、人际交往和善于沟通的能力。在工作中能够协同他人共同完成工作，对他人公正宽容，具有准确裁定事物的判断力和自律能力等，这是岗位胜任和在工作中开拓进取的重要条件。

个人能力，一个人的职业道德会越来越受到全社会的尊重和赞赏，爱岗敬业、工作负责、注重细节的职业人格会得到全社会的肯定和推崇。

二、大学生可持续发展能力的构成

（一）大学生可持续发展能力的主要构成要素

大学生的可持续发展能力并不是某一种能力，也不是多种能力的简单叠加，而是由不同能力要素构成的一个层次性结构。大学生可持续发展能力的构成要素有许多，如学习能力、创新能力、合作能力、适应能力、就业能力等，根据不同能力要素对大学生可持续发展所发挥的作用将大学生可持续发展能力的要素分为基础要素、核心要素、拓展要素 3 个层面。

1. 基础要素

基础要素是指大学生生存和一般发展所需要具备的能力要素，主要包括道德能力、学习能力、自我保健能力和心理保健能力。

(1) 道德能力。道德是人的精神动力，道德能力对大学生可持续发展具有导向和保证的作用。“一个缺乏道德能力的人，只能是混沌地生存，而永远也不可能自主地生活。”一个人只有具备道德能力才能适应道德环境和社会的变化，顺应社会变化发展的规律，在日益复杂的道德生活中，做出正确的道德判断，处理好各种道德关系，成为时代先进道德的践履者，从而实现道德上的自由。《国家中长期教育改革和发展规划纲要（2010—2020

年）》指出要坚持以人为本，德育为先，切实加强和改进未成年人思想道德建设和大学生思想政治教育工作。道德教育是学校德育的重要内容，其核心是培养受教育者的道德能力。道德能力主要包括道德认知能力、道德评价能力和道德实践能力。道德认知能力和道德评价能力是基础，道德实践能力是落脚点。“具有理性的、自主的道德判断和道德选择能力的个体是保持整个社会的道德对现实生活的批判态度和超越功能的前提条件。”

人们进行道德活动的前提是具有一定的道德认知能力，即对道德活动和道德规范等有自己的观点及认识，然后才能在此基础上对道德行为或道德现象做出善或恶的道德评价。而且，仅有道德认知能力和道德评价能力是远远不够的，正确的道德认知和评价并不会必然导致作为主体的人主动实施道德行为，道德能力的关键在于道德实践能力，即将道德付诸实践，做出道德行为的能力。

（2）学习能力。培养大学生的学习能力是大学生生存和发展的需要，也是构建学习化社会的必然要求。学习能力既是个人生存和谋求发展所必须具备的能力，又是人的各种能力中最重要、最具生命力的能力。人在学习的基础上建立起自己的世界观、人生观、价值观，能更好地适应社会发展的需要。在学习中学会学习，可以使自身的发展更具目的性，效率更高。科学技术的发展和新知识、新技术、新学科的涌现要求人们必须拓宽视野，自主更新知识、学习观念和学习方法，整合优化知识结构，提升专业技能，只有这样才能顺应社会历史潮流，实现可持续发展。

从可持续发展的角度来看，主要培养大学生的终身学习能力。“我们的学生将是终身学习者。他们所掌握的技能和他们在学校教育经历中所培养的学习者意识将在他们的职业和个人生活中享用。”

培养大学生的终身学习能力有利于其不断挖掘自身潜力，激发其学习的主动性、积极性，为解决工作、学习和生活中遇到的各种问题奠定基础，为大学生获得更大的发展空间、实现个人价值和社会价值提供源源不断的智力和精神支持。终身生存和发展所需要的知识、价值、技能与理解的获得，需要通过自主学习来实现，即学习者根据自己的条件和兴趣、制定个人学习目标和计划，在完成学习任务时选择、使用和调整学习程序、方法、资源等，对学习过程进行检测、反馈、控制和调节，通过对学习过程和结果进行合理、客观的评价，从而有效提升学习的效率。终身学习是一个持续性过程，还需要有良好的毅力提供源源不断的精神支持。

（3）自我保健能力。健康是人的基本权利，是生活质量的基础。大学生可持续发展需要良好的生理和心理基础做保障。大学生在学习、生活乃至以后的工作过程中会遇到各种问题，这时候就需要进行维护和调节，即自我保健。这种自我保持身心健康的能力称为自我保健能力，它由生理保健能力和心理保健能力构成。健康的体魄是顺利开展活动的生理基础。大学生处于成年初期，这一般是人的体质和身体机能较好的时期，但良好的体质和生理机能也需要有生理保健能力做保障，它要求大学生树立正确的健康观念，强化保健意识，对自己的身体状况有全面正确的认知，掌握基本的保健知识和保健技能，培养浓厚的体育兴趣，积极参加保健活动，保持良好的保健习惯，增强身体素质。

（4）心理保健能力，即自我保持心理健康的能力。大学生的心理健康可以从以下几项

标准来进行衡量：智力正常、情绪健康稳定、意志坚强、人格完整、自我意识良好、人际关系和谐、社会适应能力良好。较强的承受挫折能力和抗压能力是大学生维持心理健康的基石。一方面，大学生处于心理发展的不稳定时期，在大学生涯中会面临学习、人际交往、恋爱、求职就业等压力，在以后的生活中也会面临婚姻、事业发展、养老、抚养小孩等带来的压力，满足社会、家庭对大学生的期望、对成功的渴望的压力，处理得不好就会引发一系列的心理健康问题，甚至引发生理疾病。大学生要发展就必须学会面对和处理这些压力，变压力为发展的动力，保持良好的心理状态，适应环境的变化，应对人生中的各种挑战。“压力是生活的一部分，成功地应对压力将使你获得一种满意的体验。”另一方面，人的一生不可能永远一帆风顺，大学生在大学阶段及以后的日常学习、工作和生活中，总会遇到无法克服或难以克服的困难，勇于面对挫折的人能客观理性地总结经验教训，及时采取适当的对策和策略，顺利地解决问题，对于个人来说是一个很好的学习、成长和提高的契机，可以让人的精神世界更加强大。相反地，在挫折面前退缩、放弃的人永远无法获得成功，无法实现长远发展。

2. 核心要素

核心要素是指对大学生可持续发展起关键支撑作用的能力要素，主要包括专业能力、创新能力和人际交往能力。

（1）专业能力。专业能力将不同专业的大学生区别开来，是大学生发展和就业的核心竞争力，是学生就业的风向标，是用人单位录用和考察职员的一个重要指标。培养大学生的专业能力既是大学生顺利就业和发展的需要，也是促进社会发展的需要。“专业能力是指在专业培养目标涉及的业务领域内由相关的知识、技能、方法和智力等因素综合内化外显的解决实践性或应用性问题的能力。”

（2）创新能力。创新能力是大学生可持续发展的动力源泉，是高等学校人才培养的重点内容之一。“学校的工作是培养一代跨世纪的新人，这样的人一定是富于创造性的，而不是人云亦云、墨守成规的。”《国家中长期人才发展规划纲要（2010—2020年）》指出，要“突出培养创新型科技人才，围绕提高自主创新能力、建设创新型国家，以高层次创新型科技人才为重点……建设宏大的创新型科技人才队伍。”大学生作为高等人才的重要组成部分，培养他们的创新能力是建设创新型国家的需要。

创新能力是大学生综合素质的集中体现和升华，主要包括创新意识、创新精神、创新思维、创新技能和创新人格等。其中，创新意识是创新的动力和灵魂，主要包括主体意识、问题意识、超越意识等；创新精神主要表现为“独立精神、探索精神、批判精神和献身精神”；创新思维主要包括批判思维、发散思维、逆向思维等内容；创新技能主要包括获取和处理信息能力、敏锐的观察力、丰富的想象力、创新成果表达和转化能力，以及实践操作技能等；创新人格主要包括创新品德、创新情感、创新个性、创新习惯等。

（3）人际交往能力。人在本质上是社会性的人，不能脱离其他个体而存在。“一个人的发展取决于和他直接或间接进行交往的其他一切人的发展。”和谐的人际关系是大学生实现可持续发展的重要前提。良好的沟通、协作能力对大学生的学业及今后在职业生活和个人生活上取得成功，都是非常关键的。缺乏和谐而稳定的人际关系和社会支持，将会成为大学生可持续发展的瓶颈。

培养大学生的人际交往能力，其最终目的是教会大学生如何正确处理人与人之间的关系，即如何做人。在大学校园中，大学生的交往对象主要是来自不同地区、不同专业、不同民族的老师和学生，以后他们还将面对来自不同职业、不同领域、不同国家的人，这就对大学生的人际交往能力提出了较高的要求。竞争与合作是人际交往的主要表现形式。在广泛的社会交往中，人们通过与其他个体开展良性竞争和友好合作，可以在情感、知识、信息、技能等方面实现有效的沟通和交流，取人之长、补己之短，互帮互助，共同提高。竞争能力强调人的竞争优势和竞争力，但需要有良好的道德做保障，恶性竞争虽然能取得短期利益，但是以损害他人的利益换来的，会破坏与他人的人际关系，缩小了发展的空间，最终影响个人的长远发展。合作能力建立在沟通能力、组织协调能力和灵活应变能力的基础上，需要有较高的集体意识、主动参与意识和团队合作精神。

3. 拓展要素

拓展要素是指能更好地提升大学生可持续发展能力的层次和水平的能力要素，主要包括社会服务能力、自律能力和国际交流能力。

（1）社会服务能力。社会为人的发展创造了条件，人不能只是一味地索取而不知奉献。国家投入大量的人力、物力用于培养大学生，大学生应该提升自己的社会服务能力，用自己的实际行动回报社会。一方面是大学生实现自身社会价值的需要；另一方面也是社会发展的需要。社会经济的不断发展和社会主义和谐社会建设工作的推进对社会服务的数量和质量提出了更高的要求，迫切需要一大批服务意识强、社会服务能力高的人才。通过鼓励大学生参与社会服务，可以有效增强大学生的社会责任意识和奉献精神。大学生社会服务多以社会中的弱势群体（烈属、军属、复员退伍军人、老年人、残疾人、无依靠儿童、贫困者等）为关爱对象，通过志愿服务的形式，关怀社会弱势群体，帮助他们解决生活中的问题，可以在一定程度和范围内缓和社会矛盾，改善人与人之间的关系，提升他们的生活质量和品质，有利于社会主义和谐社会的构建。

（2）自律能力。自律能力是指人用正确的原则自觉控制、约束和调节自己的情绪、言行的能力。自律能力强的人能有效地排除外界干扰，很好地控制自己的情绪和行为，保持良好的心境，维持和谐的人际关系；自律能力弱的人则容易被他人或外部环境所影响，会产生焦虑、抑郁、暴躁等情绪，并与外界产生言语和肢体上的冲突，严重者会放纵自己，甚至因为情绪不能向外部宣泄而自残。大学生由于自身心理发展的不稳定性，又涉世不深，容易受到外界不良风气的影响，难以抵制各种诱惑，缺乏自律能力的人就很难保持自己的道德底线，坚持做人的基本原则，片面强调民主、自由和权利，而忘记了责任和义务，不能正确地认识、评价和规范自己的行为，与他人的关系越来越疏远，与社会发展背道而驰，这将严重影响大学生的长远发展。

（3）国际交流能力。在全球化背景下，国与国之间的交流和合作日益频繁，高等教育也逐渐走向国际化。高校是国际交流与合作的重要载体，大学生是国际交流合作和国内外高校交流的重要纽带。培养大学生国际交流能力，是国际交流与合作的要求，也是高等教育国际化的需要。现代大学作为高级人才培养基地，应“适应国家经济社会对外开放的要

求，培养大批具有国际视野、通晓国际规则、能够参与国际事务和国际竞争的国际化人才”。国际交流能力要求大学生具有较高的外语听、说、读、写能力，还要求对外国的文化、礼仪及社会发展的基本情况有一定的了解，只有这样，才能有效地进行国际交流，更好地发挥桥梁和纽带作用。

（二）大学生可持续发展能力存在的问题及原因

由于社会环境中负面因素的影响，以及家庭教育不到位、学校教育存在一定问题和大学生缺乏可持续发展意识等原因，当前我国大学生可持续发展能力的现状并不乐观。

1. 道德能力方面

我国大力倡导以“爱国守法、明礼诚信、团结友善、勤俭自强、敬业奉献”为内容的基本道德规范，“以社会公德、职业道德、家庭美德为着力点”积极推进公民道德建设，构建了社会主义核心价值体系，目的就是引导全国人民以此为标准和目标来规范自己的道德行为，但大学生却不同程度地出现了道德评判标准不一，道德水平参差不齐，道德行为和道德判断脱节、在道德问题面前表现冷漠、道德行为失范等问题。

2. 学习能力方面

培养大学生学习能力的直接目的是让学生会学习。不会学习就难以生存，难以发展，就会在竞争中被淘汰。但是，由于大学阶段的学习与高中阶段的学习存在较大差异，面对这一转变，不少大学生难以适应，出现了学习动力不足、学习策略选择不当、学习方法转变不及时等问题。再加上大学生终身学习意识不强，缺乏系统的、良好的学习指导，以及不良学习风气的影响，这些都会影响大学生终身学习能力的提高。

3. 自我保健能力方面

进入大学以后，大学生的时间和活动安排比较自由，基于网络的游戏、阅读、交友成为大学生休闲的主要方式，再加上部分大学生自控能力差，不少大学生成为宅男宅女，忽视了健康的生活习惯的保持，不能保证充足的睡眠和休息，没有养成体育锻炼的习惯，重智育轻体育，对体育活动缺乏兴趣，缺乏基本的生理健康知识，导致身体状况变差，疾病不断。另外，由于学校体育设施更新率比较低、设施数量或种类不能满足大学生需要等原因，也在一定程度上影响了大学生生理保健能力的提高。

4. 专业能力方面

大学生的专业能力主要存在以下两个方面的问题。

（1）专业能力薄弱。由于经费短缺及专业教师水平的限制，导致专业实习和社会实践条件跟不上学生专业能力培养的需要，实习场所、相应设备、提供给学生实习的时间有限，实习和实践的形式单一，内容也比较简单，不能很好地锻炼大学生的专业能力。还有一部分大学生对专业实习和社会实践的重视程度不够，不能有针对性地培养自身的专业能力，白白浪费了有限的资源和有利条件。

（2）专业能力水平不适应社会发展要求。在社会发展迅速的今天，大学生必须紧跟时代步伐，提升专业能力的水平和层次，个人专业能力的发展必须与社会需要衔接，才不至于在激烈的竞争中被淘汰，才能获得更多的发展机会。不少大学生虽然掌握了丰富的专业知识，但是不能将其应用于社会实践中，专业技能水平不高，不能创造性地运用专业知识和技能解决问题，与社会的要求还有一定差距。

5. 人际交往能力方面

第一，由于大学生不能客观正确地认识自己，导致自我意识出现偏差，容易产生自卑感，再加上部分学生对人际交往过分担忧及性格内向害羞等原因，导致大学生参与人际交往活动的主动性和积极性不高。

第二，很多大学生本身缺乏人际交往技能，表达能力和沟通技巧有待提升，部分学生“以自我为中心”或迷失自己，一味地委曲求全，这是与人际交往的初衷相违背的。

第三，学校、教师虽然了解人际交往对大学生的重要性，但是由于每个人的人际交往情况的差异性，学校和教师没有足够的精力去关心学生的人际交往状况，对出现人际交往危机的学生也只能通过简单的谈话和教育进行缓解，不能从根本上解决问题。另外，也有不少大学生片面强调个人能力，团队意识薄弱、缺乏协作能力，这也不利于大学生的长远发展。

6. 社会服务能力方面

社会服务能力和自律能力方面，部分大学生受社会上功利、浮躁、拜金等不良风气的影响，比较关注自身经济利益的取得，精神世界相对贫瘠，缺乏一定的社会责任感和奉献精神，对社会服务的关注度和参与度不高，社会服务的质量有待加强，这都要得益于大学生社会服务能力的提高。当代大学生处于成年初期，情绪比较丰富但不稳定，容易受外界环境和他人的影响，在面对抉择时容易摇摆不定，且很多大学生从小受到家庭的呵护，容易以自我为中心，我行我素，自我管理和自我约束能力不强，再加上大部分大学生从小都是在家长和老师的督促和教导下逐渐成长，比较习惯于他律，严重缺乏自律意识。在进入大学这个相对宽松自由的环境后，往往会放松对自己的要求，少数大学生甚至过度放纵自己，自律能力亟待提高。

三、大学生可持续发展能力培养实践

大学生可持续发展能力的培育需要充分发挥大学生自身的内驱力，否则再好的教育也是徒劳无功的。“把发展的主动权交给学生是中外教育家们所揭示的教育规律，也是各级各类学校教育成功之所在。”

（一）道德能力的培养

1. 树立正确的人生观、世界观、价值观

德智体美劳，德育为先。当代大学生应加强政治理论学习，通过理论学习，不断提高自己的科学文化知识水平。大学生必须充分认识我国的国情，悠久的历史文化，继承中华民族的优良美德，激发自身的爱国主义情感，明确自己的社会责任，树立崇高的理想与信念，把全心全意为人民服务作为自己的行动指南。只有树立正确的世界观、人生观、价值观，才能在纷繁复杂的现实生活中保持清醒的头脑，明辨是非，把握人生成才的方向，才能正确对待成才道路上所面临的各种境遇，不断排除成才道路上的障碍，勇往直前。

2. 加强精神文明建设

思想品德修养是一项艰巨的、长期的任务，要使自己具有高尚的道德情操，就必须善于总结提高，狠下功夫。思想品德修养贵在自觉，贵在实践，从点滴做起，从我做起，这样日积月累就会取得长足进步。大学生的思想修养可以彰显时代的风采，谈吐温文尔雅，气宇轩昂，举止落落大方，遵纪守法，关注社会民生，要做到这些，大学期间的历练便不可放松。大学生正处在人生观、价值观的形成时期，因此，可以确定自己学习的榜样，以先进人物为楷模，这样就会不断激励自己向更高的思想境界攀登。

3. 与理论知识相结合，加强社会实践

“纸上得来终觉浅，绝知此事要躬行。”这句话充分说明了社会实践的重要性，在掌握科学理论知识的同时应加强社会实践。大学生要走出校园，走出课堂，走向社会这个大课堂，积极参加社会实践，如志愿服务等一系列的实践活动，为个人的成长进步、为将来的建功立业奠定良好的基础，通过实践增强自身的社会责任感和历史使命感，奉献自己的爱心，增加自己的社会经验与阅历，进一步提高自身觉悟意识与能力，开阔自己的视野，自觉抵制社会上的不良风气、违规行为，在实践中自我教宣、自我管理、自我服务、自我规范、自我完善。

（二）学习能力的培养

1. 明确学习态度

大学生要有发自内心的强烈的求知欲望，变“要我学”为“我要学”，表现出主动积极的态度，正视学习中的困难和挫折，及时调整自己的消极心理，培养学习的主动性和自信心。

2. 确立学习目标

没有目标，人就会茫然，不知所措。没有准备的人就是准备失败的人。所以，大学生要认真进行自我发展设计，规划出最适合自己的学习生涯发展路线，制订出适合自己的长期、中期、近期学习目标及详细计划，并坚持执行。

明智的职业选择

小霞是一名计算机网络技术专业的女生，对口工作都是与计算机相关的，但是她觉得自己并不喜欢做技术，专业知识学的也不够好，因此决定换个就业方向。

刚开始她很迷茫，不知道自己能做什么。一个偶然的机遇，她在学校招生就业处担任了学生助理，平时负责帮助老师组织校内招聘会，接待用人单位，因此和很多企业的人力资源经理有过接触，也了解了很多不同行业的企业信息。由于长期接触招聘工作，并且经常帮助老师处理办公室行政事务，她对人力资源工作产生了兴趣，便开始有意识地留意学校有哪些企业可以提供人力资源岗位，并且了解人力资源岗位的具体要求。因为经常组织招聘活动，她对招聘流程有了清晰了解，再加上出色的沟通能力和组织协调能力，小霞很快就被一家企业人力资源部录用。

分析：有的学生对专业不了解，凭感觉选择了专业，学完后，发现和当初自己想象的不一样，不想从事相关工作，这时候应该怎么选择？小霞在关键的时候做出了正确的职业选择。一个人的职业成就与所学专业没有直接关联。在求职的时候，大学毕业生的专业跟将要应聘的职位几乎不相关也是可能存在的情况，但只要他们实际上具备这个职位所需求的各项技能，就可以证明自己有资格去胜任它。

3. 合理分配时间

首先要合理安排学习、娱乐与工作。既然学习是学生的天职，娱乐也好，社会工作也好，都只能位居其次。大学生每天必须留出足够的时间消化当天的学习内容、预习新课，才能做到游刃有余。在此基础上，可以发展个人爱好，参加社团活动，培养个人素质，提升社交能力。

至于具体何时学习，何时娱乐、工作，本无定数。课多时，适当向要上的课做一些倾斜；课少时，完成学习任务后，应该尽情地放松，享受生活的快乐。

4. 探索学习方法

自主学习，探索出一套最有效的适合自己的学习方法非常重要。大学生对不同的课程应当根据个人的学习特点，各个击破。

兴趣使他不会疲倦

年仅 40 岁就获得诺贝尔奖的丁肇中，从小就对物理有浓厚的兴趣。20 岁时，他带着仅有的 100 美元，远赴重洋到美国密歇根大学学习数学和物理。在 3 年多的时间里，他刻苦读书，把全部精力都放到学业中去，有人问他："这样刻苦攻读，你不觉得苦吗?"丁肇中笑着答道："不、不、不，一点也不，没有任何人强迫我这样做，正相反，我觉得很快乐。因为我有兴趣，我急于要探索物理世界秘密。"正因为如此，丁肇中以优异的成绩毕业，并被留在普林斯顿从事研究工作，后来，又成为哥伦比亚大学助理研究员，与里奇特同一天发现了 J/Q 粒子，共同获得了诺贝尔物理学奖。

作为世界顶尖的物理学家，本可像许多科学家那样工作到六七十岁后功成身退，但他依然选择奋战在科研一线。他说，好奇心和兴趣是他生命的原动力，"工作就是我的兴趣，兴趣使我不会疲倦。"

5. 完善学习策略

完善的学习策略有 3 个组成部分：预习、听讲和复习。预习主要是对下节课要学习的内容进行提前学习，解决一些问题的同时要发现问题；听讲主要是带着预习时的问题来听讲，在听讲的过程中要参与课堂讨论，解决问题和发表自己的观点；复习主要是对已学习的内容要及时进行温习，以达到扎实掌握知识的目的。

（三）自律能力的培养

1. 加强大学生认知教育，增强自律意识

大学生自律认知教育就是专门针对大学生这个特殊群体而进行的自律教育，是培养大学生自我约束、自我监督、自我抉择、自我调控、自我激励行为的教育活动。大学生自律教育这种教育活动是高校进行理想教育、道德教育及人生观教育的重要途径。对大学生进行自律教育，就是增强大学生对自律的认识，提高其明辨是非的能力，引导大学生正确运用情感调控自我；就是增强其自律意志，加强学生自我教育，引导大学生自我监督、自我调控自己的行为。大学生是一个特殊的社会群体，他们既有许多优点，也有不少缺点。一方面他们已趋于成熟，对现实有独立的思考，不习惯事无巨细地受别人控制和限制；另一方面受年龄、心理、生理影响，又往往缺乏自我控制能力和辩证思维能力，容易出现盲动、盲然、盲从现象，这就决定了大学生的自律教育有其特殊性，即不需要过多地控制，但需要恰当地引导、教育、约束、提醒。

2. 加强大学生法律意识，增强自律毅力

绝大部分大学生年龄都在18周岁以上。我国的法律已经确定他们的成人地位。也就是说，他们已经具备了承担刑事和民事及校纪校规等法律责任的能力。作为一个社会人，他们应该知道自己的言行准则和法律约束力。学生家长也普遍认为，子女一进入大学，就等于将子女包给了学校，大学就成了高级幼儿园，学生的衣食住行全由学校包办，导致学生的依赖思想增强。由于大学生大多数是独生子女，在家依靠父母，在外依靠学校，对自己的言行缺乏责任感，缺乏自我控制和自我修正的能力。因此，加强大学生的法制意识，增强其社会责任感是非常重要的。

3. 加强大学生道德修养，增强自律品质

大学生的生理特点中包含喜欢接受且容易接受事物的特点，很多大学生对一些目标和成绩的追求很容易陷入自律弱化甚至缺失的误区。表现在自律能力方面就是急功近利，认为对自律能力的培养是对自己的桎梏，反过来却要求他人或社会向自己的处事原则妥协。部分学生的成才意识强，但大多只考虑自己，往往以自我为中心，因此这部分学生缺乏集体观念，骨子里缺少集体的概念，缺乏社会公共意识，个人功利色彩浓厚，只用经济利益或市场经济的标准来考量行为，对法律和道德的约束很少顾及。部分学生在竞争中将个人利益绝对化，从而造成了自律与慎独能力差，个人能力培养趋向单一，行为功利，采用具体利益标准、市场经济标准来衡量自己的行为，而不是用法律标准、社会道德标准、个人慎独来约束自己的言行。

思考人生

一、活动目标

探索人职匹配，促进对个人生涯规划的思考。

二、活动时间

20 分钟。

三、活动流程

1. 请学生思考一下自己喜欢做的五件事，其中，哪些可能与将来的职业有关，把它们写在表 8-1 中。

表 8-1　自己喜欢做的五件事

序号	喜欢做的事情	有关的职业
1		
2		
3		
4		
5		

2. 根据表 8-1 中所填写的内容，谈谈自己的感受。

3. 将学生分成若干组，每组选出组长，由组长负责对问题进行讨论并归纳组内同学的想法。

4. 组内推选出一名代表在班级分享本组想法，其他小组可以对其进行提问，小组内其他成员也可以回答提出的问题。

5. 教师进行分析、归纳、总结，根据各组在研讨过程中的表现予以赋分。

任务三　学习型社会与终身学习

学习目标

1. 理解终身学习的概念和内涵。
2. 能复述终身学习的特点，掌握培养终身学习的 5 个习惯。

在图书馆上“大学”的金克木

1935 年，只有小学学历的金克木经人介绍，到北京大学图书馆工作，负责借书还书。一天，他忽然想道：“我为什么不能也像那些教授、学生一样读一些书呢?”但如何在书海中寻到最有价值的书，令他一筹莫展。后来，他想到了一个办法——“索引”，就像他根据“索引”给借书人找书一样，反过来，他也可以从借书人那里搜索到有价值的书啊！从此，借书人就成了他的“导师”。白天，他在借书台和书库间穿梭，晚上他就偷偷阅读那

些被别人借过的书。他的“导师”五花八门，但以毕业生为主，这些学生要写论文，因此他们借的书都很有方向性。

给金克木留下深刻印象的，是一位从十几公里外步行赶来的教授。他夹着布包，手拿一张纸往借书台上一放，一言不发。金克木接过一看，上面全是些古书名。待这位教授走后，金克木赶紧把记下来的书名默写出来，以后有了空闲，便按照书单到善本书库中一一查看。日久天长，这个曾经的懵懂少年不仅靠自学精通了梵语、印地语等十多种语言文字，还在文学、历史、天文等领域卓有成就，成为一代奇才，与季羡林、张中行和邓广铭并称为“燕园四老”。

一、学习型社会

学习型社会，就是用相应的机制和手段促进并保障全民学习和终身学习的社会，其基本特征是善于不断学习，形成全民学习、终身学习、积极向上的社会风气。其核心内涵是全民学习、终身学习。学习型社会是时代发展和社会进步的产物，它对学习的要求比以往任何时候都更强烈、更持久、更全面。全社会的人只有不断地学习，才能应对新的挑战。学习型社会不是自然而然形成的，需要人们根据实践发展的要求，努力建设学习型家庭、学习型组织、学习型企业、学习型社区和学习型城市等。学习型社会是 20 世纪 60 年代由美国学者哈钦斯首先提出的。20 世纪 70 年代，联合国教科文组织提出，人类要向着学习化社会前进。此后，许多国家相继开展了学习型社会创建活动。

学习型社会要求学习行为的社会化和普遍化，它包括学习型公民、学习型组织、学习型城市、学习型政党、学习型政府等。要求学习行为的持续性和长久性，个人要终身学习和教育，企业要不断组织员工学习与变革，国家要始终保持竞争的动力和创新的活力。创建学习型社会，要大力加强国家信息网络的建设、改善知识传播的技术条件；创造鼓励学习，促进创新的文化氛围，培育重视知识、重视人才的观念和机制。党的二十大报告指出要“推进教育数字化，建设全民终身学习的学习型社会、学习型大国。”

二、终身学习

终身学习是社会每个成员为适应社会发展和实现个体发展的需要，贯穿于人的一生的、持续的学习过程。终身教育和终身学习提出后，各国普遍重视并积极实践。终身学习启示大学生在学校学习过程中要养成主动的、不断探索的、自我更新的、学以致用的和优化知识的良好习惯。

（一）终身学习理论产生的背景

终身学习的思想古已有之，儒家学派创始人孔子宣称：“吾十有五而志于学，三十而立，四十不惑，五十而知天命，六十而耳顺，七十而从心所欲不逾矩。”人们常说的“活到老，学到老”“学无止境”，其实就是终身学习。

随着社会的发展，终身学习在新的背景下有了新活力。

（1）新时期，社会的、职业的、家庭日常生活的急剧变化，导致人们必须更新知识观念，以获得新的适应力。20世纪50年代末至60年代初，正值技术革新及社会结构发生急剧变化的时期。这一巨大变化不仅表现在生产、流通、消费等领域的经济结构、过程及功能方面，甚至还影响到日常生活方式和普通家庭生活，使之也发生了巨大的变化。每个人面对的是全新的和不断变化发展的职业、家庭和社会生活。如果要与之适应，人们就必须用新的知识、技能和观念来武装自己。终身教育强调人的一生必须不间断地接受教育和学习，以及不断地更新知识，保持应变能力，其理念正好符合时代、社会及个人的需求，因此终身教育理念一经提出，就获得了前所未有的重视。

（2）人们对现实生活及自我实现要求的不断高涨。第二次世界大战后，随着经济条件的改善，人们逐渐从衣食住行的窘境中解脱出来。电子器具的普及，使人们摆脱了体力劳动和家务劳动的拖累，现代人也开始拥有更充裕的自由支配时间。外部条件的改善，使人们开始注重精神生活的充实，期望通过个人努力来达到自我完善。要实现高层次、高品质的精神追求，靠一次性的学校教育是难以达到的，只有依靠终身教育的支持才有可能完成。

（3）人们要求对传统学校教育甚至教育体系进行根本的改革，从而期望产生一种全新的教育理念。自近代学校教育制度建立以来，学校在担负培养和塑造年轻一代的责任方面，起到了其他社会活动所不能替代的作用。但自20世纪60年代以来，学校教育的矛盾、弊病也与日俱增。例如，儿童大量逃学现象、校园暴力、考试竞争的激化，以及学校因竞争造成的差别扩大和偏重学历造成的学校与社会严重脱节等。在这种情况下，人们普遍希望能从根本上对旧的教育制度进行改革。提倡学校教育、家庭教育和社会教育（成人教育）三者有机结合，教育开放的终身教育必然受到人们的欢迎。

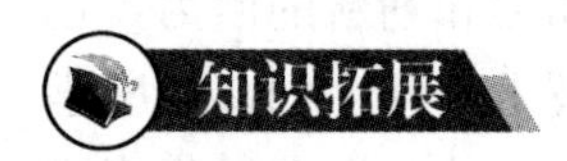

宿管阿姨考上研究生

1991年从河南信阳师范学院毕业后，原梦园先是当老师，后被调到银行工作。婚后，她鼓励技校毕业的丈夫继续深造，丈夫一路念到博士，在上海一所大学任教。

2011年，原梦园的儿子到上海读初三，她来上海“督学”。为了给儿子作表率，她常到家附近的上海交通大学上自习，并在2016年通过成人高考，考入了复旦大学汉语言文学专业。

2018年，因儿子计划考复旦大学的研究生，原梦园决定“伴考”，并报考了上海交通大学。为了提高英语水平，她应聘成了上海交通大学留学生公寓的宿舍管理员。

2019年7月20日，她离开了上海交通大学宿舍管理员岗位，前往广西大学攻读硕士学位，与她一同开始研究生学习的，还有她23岁的儿子，只不过，儿子将继续留在上海，去复旦大学求学。

“只要你愿意学，什么时候开始都不会晚。”

“圆梦的道路不论多艰险，路的尽头一定是梦圆。”这个微信签名，道尽了上海交通大学宿舍管理员原梦园的心路和智慧。

（二）终身学习的特点

1. 终身性

终身性是终身教育最大的特征。它突破了正规学校的框架，把教育看成是每个人一生中连续不断的学习过程，是人在一生中所受到的各种培养的总和，实现了从学前期到老年期的整个教育过程的统一。终身学习既包括正规教育，又包括非正规教育。它包括了教育体系的各个阶段和各种形式。

2. 广泛性

终身教育既包括家庭教育、学校教育，也包括社会教育。可以说，它包括人的各个阶段，是一切时间、一切地点、一切场合和一切方面的教育。终身教育扩大了学习天地，为整个教育事业注入了新的活力。

3. 全民性

终身教育的全民性，是指接受终身教育的人，包括所有的人，无论男女老幼、贫富差别、种族性别。联合国教科文组织汉堡教育研究员达贝提出终身教育具有民主化的特色，反对教育只是为所谓的精英服务，使具有多种能力的一般民众能平等获得教育机会。而事实上，当今社会中的每个人都要学会生存，而要学会生存就离不开终身教育，因为生存发展是时代的主流，要生存必须会学习，这是现代社会给每个人提出的新课题。

4. 灵活性与实用性

现代终身学习具有灵活性，表现在任何需要学习的人，可以随时随地接受任何形式的教育。学习的时间、地点、内容、方式均由个人决定。每个人可以根据自己的特点和需要选择最适合自己的学习方式。

（三）终身学习的意义

1. 终身学习是职业生存的需要

以往，一个人只要在学校学好一个专业，就可以一辈子当专家；学会一种技术和手艺，就可以受用终身。然而，随着现代科学技术的发展，许多行业已不再是代代相承、永远不变。尤其是信息技术的迅猛发展，对人们的生活方式、学习方式产生着重要的影响，终身学习的重要性也越来越明显。“只有终身学习，终身受教育，才能终身就业”，终身学习已经成为现代劳动力市场的一条基本规律。

2. 终身学习是被尊重的需要

劳动者想要受人尊重，首先得有一定的学识，具备较高的素质。而学习是获得这些的前提和必要条件。学习是人类生存和发展的重要手段，终身学习是个体自身发展的必由之路。“活到老，学到老”是每个人应有的学习观。

如果个体不能经常更新知识结构，不能对新知识、新技能保持好奇与敏锐，就有可能落后于时代的脚步，成为别人眼里的“老古董”，甚至被职场和社会淘汰。

3. 终身学习是提高幸福感的需要

幸福感是一种心理体验，它既是对生活的客观条件和所处状态的一种事实判断，又是对生活的主观意义和满足程度的一种价值判断。它表现为在生活满意度的基础上产生的一种积极心理体验。而幸福感指数，就是衡量这种感受具体程度的主观指标数值。终身学习可使个体紧跟时代的脚步，获得社会的认可。当个人的认识有所提高，职场发展顺利，个人生活的满意度也会随之提升，从而提升幸福指数。

从对幸福感的影响因素的分析中不难发现，就业状况、收入水平、教育程度等因素起着至关重要的作用，而这些因素都可以通过终身学习去获得。对于个体来说，只有通过自己的刻苦努力，坚持不断地学习和实践，才能紧扣时代的脉搏，跟上时代的步伐，进而才可能拥有较好的职业和收入，提升职业幸福指数。

4. 终身学习是适应社会和实现个人梦想的必然要求

学习是人类生存和发展的重要手段，当代大学生要想更好地适应社会，驰骋职场，终身学习是必由之路。因此，大学生必须通过学习，不断丰富自己。通过终身学习，不仅可以促进自己的学识、能力和素质的全面发展，而且可以提升个人的社会竞争力，适应飞速发展的社会，进而实现个人梦想。

三、培养终身学习的实践技能

（一）培养主动学习的习惯

主动学习是指把学习当作一种发自内心的、反映个体需要的活动。它的对立面是被动学习，即把学习当作一项外来的、不得不接受的活动。主动学习的习惯，本质上是视学习为自己的迫切需要和愿望，坚持不懈地进行自主学习、自我评价、自我监督，必要的时候进行适当的自我调节，使学习效率更高、效果更好。培养主动学习的习惯要做到5个方面：①把学习当成自己的事情；②对学习有如饥似渴的需要；③对自己的学习及时有效地进行评价；④主动调节自己的学习行为以适应不同的环境和需要；⑤遇到困难坚持不懈。

（二）培养不断探索的习惯

不断探索，就是在未知的领域里，凭借自己的兴趣爱好以及自己的发现和寻找进行学习，多方寻求答案，解决疑问。培养不断探索的习惯，首先要对周围的某些事物、现象，以及听到的观点、看法有浓厚的兴趣。如果周围的任何事物和现象都引不起学生的丝毫兴趣，不能令其有所感触，不能让其心动，那么就不可能产生真正的探索。探索首先来源于兴趣，其次还需要不断丰富自己的信息资源。信息资源既包括人的方面的资源，也包括知识方面的资源。

（三）培养自我更新的习惯

21世纪是“知识爆炸”的时代，知识老化加速，人员更替频繁，社会变化急剧，任何人都不可能拥有足以应对社会发展的知识。

自我更新，就是不固守已经掌握的知识和形成的能力，从发展和提高的角度，对自己

的知识、认识和能力不断地进行完善。培养自我更新的习惯，要让自己持有开放的心态，培养对新事物、新现象的敏感性；要善于反思、自我更新；要虚心接纳，重视别人的意见。

（四）培养学以致用的习惯

"学以致用"一方面在于把间接的经验和知识还原为活的、有实用价值的知识。这个还原的过程需要有一双敏锐的眼睛和始终思考的习惯。而始终思考的习惯，会让学生不断去发现现象背后隐藏的规律。另一方面在于动手。理论上行得通的东西，在实践中做起来可能远远比想象的复杂得多。对于技术性的工作，最优秀的往往不是学历高的人，而是有操作倾向、操作能力和操作经验的人。在"学以致用"的过程中，多做，就会发现自己能做的事情很多；少做，就会发现能做的事情越来越少。

培养学以致用的习惯，首先要经常观察和思考。观察和思考是一切智慧的源泉。可以说，几乎所有的发现都来源于细心的观察和思考。其次，要学会"做"。"做"是这一习惯的核心，要不断动手去做实验，验证自己提出的想法和观点。

（五）培养优化知识的习惯

21 世纪最重要的学习能力就是学会管理知识和处理信息。具体来说，每个人不可能也不需要记住所有的知识，但是他知道去哪里找自己需要的知识，并且能够迅速地找到；每个人不可能也不需要了解所有的信息，但是他知道最重要的信息是什么，并且明确自己该如何行动。

培养优化知识的习惯要做到以下几点。

（1）要多思考。学习是一个"悟"的过程，而"悟"是别人替代不了的。

（2）要多复习。读书学习有一个把书变薄再变厚的过程，即读完厚厚的书或学完一系列的课程，经过反思会悟出最关键的东西，这就是把书由厚变薄。抓住最关键的东西，加以联想、引申、升华，薄薄的东西便逐步加厚，又成为一本厚书。但是，这已经不是原来的书，而是学习者个人独创的书。

（3）多动笔。俗话说："好记性不如烂笔头。"由于写作比讲话往往更深刻、更理性、更严谨，多动笔便成为反思的基本方法之一。

（4）要有效利用互联网。在互联网时代，每个人都可以在任何时间和地点，开始学习任何课程。除此之外，学习者还可以自己掌握学习进度，在一定程度上解决了教学时间限制的问题。

沙盘活动——做学习的选择题

一、活动目标

正确认识终身学习；探索在正当与非正当情况下，如何应对。

二、活动时间

建议 30 分钟。

三、活动过程

1. 教师准备人生初始卡片（如主动学习、自我探索、不断更新等）、经历卡片（如参加义务教育、获得人生荣誉、遭遇人生变故等）、选择牌（“接受”或“不接受”）。

2. 每位学生可选择 3～5 张卡牌作为自己的初始卡片，根据教师一段段的指令经历，学生做出选择，从而进行分组。

3. 通过经历卡片与选择卡片，教师将不同选择的学生进行分组，从而获得不一样的人生。

4. 每一组人生结尾，选择 1～2 名学生进行分享，告诉大家自己为什么这样选择，自己的想法是什么，是否有同样的伙伴，等等。

5. 在经历不同的经历卡片时，不同选择会影响手中原有卡片的保留或失去。

6. 教师进行归纳、分析和总结，引导学生认识终身学习的重要性。

参考文献

[1] 刘艾玉. 劳动社会学教程 [M]. 北京：北京大学出版社，2004.

[2] 顾明远，边守正. 陶行知选集 [M]. 北京：教育科学出版社，2011.

[3] 本书编写组. 马克思主义基本原理概论 [M]. 北京：高等教育出版社，2013.

[4] 罗小秋. 职场安全与健康 [M]. 北京：高等教育出版社，2009.

[5] 陈宇，姚臻. 就业与创业指导 [M]. 北京：外语教学与研究出版社，2014.

[6] 陈烈强. 高职创业教育与实践 [M]. 广州：华南理工大学出版社，2014.

[7] 彭新宇，陈承欢，陈秀清. 职业素养的诊断与提高 [M]. 北京：电子工业出版社，2018.

[8] 刘向兵. 劳动的名义 [M]. 北京：中国工人出版社，2018.

[9] 檀传宝. 劳动创造美好生活 [M]. 北京：中国劳动社会保障出版社，2019.

[10] 刘向兵，等. 新时代高校劳动教育论纲 [M]. 北京：社会科学文献出版社，2019.